本著作系 2024 年度教育部人文社会科学研究规划基金项目"乡村教师社会情感能力及其对留岗意愿的影响研究"（项目编号：24YJA880059）、2025 年河北省教育厅在读研究生创新能力培养资助项目"基于'中医药文化'的小学劳动教育校本课程开发研究"（项目编号：CXZZBS2025124）的阶段性研究成果

新时代中小学生劳动教育理论与实践研究

梁玉龙 著

燕山大学出版社

·秦皇岛·

图书在版编目（CIP）数据

新时代中小学生劳动教育理论与实践研究 / 梁玉龙著. — 秦皇岛：燕山大学出版社，2025.6. — ISBN 978-7-5761-0824-8

Ⅰ.G633.932

中国国家版本馆 CIP 数据核字第 2025YU4427 号

新时代中小学生劳动教育理论与实践研究
XIN SHIDAI ZHONG XIAO XUESHENG LAODONG JIAOYU LILUN YU SHIJIAN YANJIU

梁玉龙 著

出 版 人：陈 玉	
责任编辑：孙志强	策划编辑：孙志强
责任印制：吴 波	封面设计：刘馨泽
出版发行：燕山大学出版社	电 话：0335-8387555
地 址：河北省秦皇岛市河北大街西段 438 号	邮政编码：066004
印 刷：涿州市般润文化传播有限公司	经 销：全国新华书店
开 本：710 mm×1000 mm 1/16	印 张：15
版 次：2025 年 6 月第 1 版	印 次：2025 年 6 月第 1 次印刷
书 号：ISBN 978-7-5761-0824-8	字 数：247 千字
定 价：75.00 元	

版权所有 侵权必究

如发生印刷、装订质量问题，读者可与出版社联系调换

联系电话：0335-8387718

序　言

党的十八大以来，党和国家事业发生了历史性变革。我国发展已经步入了新的历史起点，中国特色社会主义进入了新时代。以习近平同志为核心的党中央高瞻远瞩，十分重视劳动教育。

2018年9月，习近平总书记在全国教育大会上指出，要将劳动教育纳入全面发展教育之中，并提出了"五育共举"的新表述。2020年3月，中共中央、国务院印发的《关于全面加强新时代大中小学劳动教育的意见》中强调，要把劳动教育纳入人才培养全过程，贯通大中小学不同学段。同年7月，教育部印发的《大中小学劳动教育指导纲要（试行）》中要求大中小学应独立开设劳动教育必修课，从此，拉开了大中小学实施劳动教育必修课的序幕。

党的二十大报告指出："教育是国之大计、党之大计。培养什么人、怎样培养人、为谁培养人是教育的根本问题。"教育抓什么？德、智、体、美、劳都不可偏废，要实现"五育共举"。其中"德"定方向，"智"长才干，"体"强身躯，"美"塑心灵，"劳"铸理想。劳动教育作为"五育"的重要组成部分，具有立德、增智、强体和育美的综合价值，肩负着培养全面发展的时代新人的使命。

2022年，教育部正式印发的《义务教育劳动课程标准（2022年版）》将劳动教育从综合实践活动课程中独立出来，使其成为"五育"中的一员，有了自己的"主阵地"，成为法定的"必修课"。劳动课程标准明确指出劳动课程要培养学生的核心素养，即劳动素养。新时代，社会结构、劳动形式、劳动内容都发生了显著变化，亟须明确新时代劳动"新"在哪里、如何进行课程设计、如何进行资源开发等一系列问题。在新时代社会背景下，为有效地实施新时代中小学劳动教育，《新时代中小学生劳动教育理论与实践研究》一书出版，恰逢其时。

本书主要包括八章内容，具体章节如下：

第一章 新时代劳动教育的内涵与定位。本章主要阐述了新时代劳动教育的相关概念及特征，以及新时代劳动教育立"新"的具体表现、基本原则和主要路径。

第二章 新时代中小学生劳动教育理论基础与价值意义。本章主要阐述了新时代中小学劳动教育理论基础，即马克思主义劳动教育思想、陶行知劳动教育思想与交叠影响域理论，以及劳动教育理论对新时代劳动教育课程目标确立、课程内容选择与组织、课程实施与课程评价的指导价值；新时代劳动教育的价值意义，即新时代劳动教育是全面落实立德树人教育任务的重要路径，是促进学生全面协调发展的现实需要，是实现中华民族伟大复兴的现实客观要求，是信息化与数字时代社会发展的必然要求。

第三章 新时代中小学生劳动教育课程设计与研究。本章主要阐述了新时代中小学生劳动教育"课程目标设计""课程内容设计""课程组织逻辑""课程实施方式""课程评价设计""课程作业设计"。劳动教育者在劳动课程设计时，应基于新时代劳动教育的特征，坚持"学生为本"，紧紧围绕"劳动核心素养"育人目标，对课程各个环节展开设计与研究。

第四章 新时代中小学生劳动教育课程资源的开发与利用。本章对"劳动教育课程资源开发内容""劳动教育课程资源开发主体""劳动教育课程资源开发价值取向""劳动教育课程资源开发路径"等多个问题进行了探讨，希望劳动教育者能够从中得到启发，积极挖掘、开发与利用家庭、学校与社会等劳动教育资源，不断丰富劳动教育的内容与形式，从而全面助力学生劳动素养的提升。

第五章 新时代中小学生劳动教育实施体系构建。本章主要论述了通过开设劳动教育必修课程、开发特色劳动校本课程、在学科教学中有机渗透劳动教育、积极组织课外校外劳动实践活动、打造蕴含劳动教育元素的校园文化等路径，全方位构建出综合性、实践性、开放性、针对性的劳动教育实施体系。

第六章 国外劳动教育的实践、探索及研究启示。本章对美国、德国、英国、俄罗斯、日本、新加坡与芬兰等国家开展劳动教育的现状展开分析，提炼与总结不同国家开展劳动教育的特点与经验，从而提出对我国中小学开展劳动教育的经验启示。

第七章　新时代中小学生劳动教育保障体系构建。本章主要论述了新时代中小学生劳动教育保障体系的构建，需要统筹教师、制度、课程与家校社等多方面影响因素。家庭、政府、学校、教师以及社会等育人主体应"以学生为中心"，各司其职，共同协作，形成育人合力，共同探索劳动教育育人新模式。

第八章　新时代乡村振兴视域下乡村学校开展劳动教育的实践研究。本章基于新时代乡村振兴社会背景，分析了乡村学校开展劳动教育的现状、意义、劣势与优势等各方面；对乡土劳动教育资源进行了分类，并对新时代乡村学校乡土劳动教育资源开发的原则进行了探讨，以及对新时代乡村学校开展劳动教育的路径展开了探索，旨在提升乡村劳动教育者课程开发与实施能力，增强乡村学生爱农、爱家乡之情，为乡村振兴储备人才"加油"与"助力"。

本书围绕新时代劳动教育内涵、理论与价值、课程设计、资源开发、实施体系、国外经验等内容展开，用于帮助劳动教育者厘清新时代劳动教育的内涵与重点，提高其活动策划与安全实施能力，为劳动教育者提供可模仿、可借鉴的范本，同时也希望可以丰富劳动教育的理论内涵。本书可作为中小学劳动教育者的参考用书，希望能对贯彻落实新时代劳动教育提供一定的帮助与学术指导，能为新时代劳动教育的进步与发展贡献一份力量。

目　录

第一章　新时代劳动教育的内涵与定位……………………………… 1
　第一节　新时代劳动教育相关概念界定及特征………………………… 1
　第二节　新时代劳动教育立"新"的具体表现………………………… 8
　第三节　新时代劳动教育立"新"的基本原则………………………… 12
　第四节　新时代劳动教育立"新"的主要路径………………………… 15
　小结……………………………………………………………………… 18

第二章　新时代中小学生劳动教育理论基础与价值意义……………… 19
　第一节　马克思主义劳动教育思想……………………………………… 19
　第二节　陶行知劳动教育思想…………………………………………… 22
　第三节　交叠影响域理论………………………………………………… 25
　第四节　新时代中小学生劳动教育的价值意义………………………… 28
　小结……………………………………………………………………… 33

第三章　新时代中小学生劳动教育课程设计与研究…………………… 34
　第一节　新时代中小学生劳动教育课程目标的设计…………………… 34
　第二节　新时代中小学生劳动教育课程内容的设计…………………… 39
　第三节　新时代中小学生劳动教育课程组织的逻辑…………………… 48
　第四节　新时代中小学生劳动教育课程实施的方式…………………… 53
　第五节　新时代中小学生劳动教育课程评价的设计…………………… 60
　第六节　新时代中小学生劳动教育课程作业的设计…………………… 70

· 1 ·

小结……………………………………………………………………… 78

第四章　新时代中小学生劳动教育课程资源的开发与利用……… 79
第一节　新时代中小学生劳动教育课程资源开发概论………… 79
第二节　新时代中小学生劳动教育课程资源开发的主体与价值取向…… 84
第三节　新时代中小学劳动教育课程资源开发的路径………… 89
小结……………………………………………………………………… 98

第五章　新时代中小学劳动教育实施体系构建…………………… 99
第一节　新时代中小学生劳动教育实施体系概述……………… 99
第二节　新时代中小学生劳动教育校本课程开发……………… 102
第三节　新时代中小学生劳动教育与学科教学相结合………… 115
第四节　新时代中小学生劳动教育与课外校外活动相结合…… 129
第五节　新时代中小学生劳动教育与校园文化相结合………… 131
小结……………………………………………………………………… 136

第六章　国外劳动教育的实践、探索及研究启示………………… 138
第一节　美国的劳动教育………………………………………… 138
第二节　德国的劳动教育………………………………………… 144
第三节　英国的劳动教育………………………………………… 152
第四节　俄罗斯的劳动教育……………………………………… 160
第五节　日本的劳动教育………………………………………… 166
第六节　新加坡的劳动教育……………………………………… 173
第七节　芬兰的劳动教育………………………………………… 177
小结……………………………………………………………………… 187

第七章　新时代中小学生劳动教育保障体系构建………………… 189
第一节　完善劳动师资保障机制………………………………… 189
第二节　健全劳动安全保障机制………………………………… 200

第三节　完善课程结构保障机制 ·· 205
第四节　构建协同育人保障机制 ·· 208
小结 ·· 215

第八章　新时代乡村振兴视域下乡村学校开展劳动教育的实践研究 ······ 216
第一节　新时代乡村学校开展劳动教育的背景 ·························· 216
第二节　新时代乡村学校乡土劳动教育资源开发的原则 ············· 220
第三节　新时代乡村学校开展劳动教育的路径 ························· 223
小结 ·· 227

第一章 新时代劳动教育的内涵与定位

劳动是人的本质活动,是区分人类与动物的重要标志。从某种程度上来说,劳动创造了人本身,主要体现在劳动不仅赋予了人的自然属性,还使人在劳动中具有了社会属性。进入社会主义新时代,以习近平同志为核心的党中央高度重视劳动教育,提出新时代劳动教育具有立德、增智、强体和育美的综合育人价值。因此,探索新时代社会背景下劳动教育的概念、内涵以及育人原则等内容,既是新时代落实劳动教育的需要,也是改善"五育"失衡现状、培养未来社会发展所需人才的必然要求。

第一节 新时代劳动教育相关概念界定及特征

一、新时代劳动教育相关概念界定

(一)新时代

党的十八大以来,党和国家事业发生了历史性变革。中国特色社会主义进入了新时代。我国社会主要矛盾也随之发生了根本性变化,已经转化为人民日益增长的美好生活需要和不平衡不充分的发展之间的矛盾。我国步入新时代之后,劳动教育被赋予了新的时代内涵,更加关注学生劳动观念的树立与劳动素养的培养。

(二)劳动

劳动作为人类特有的最基本的实践活动,是人类存在与社会发展的基本方式。随着社会经济的发展,人们对劳动的认知也处于不断变化与发展之中。在古语中,"劳"和"动"是被分开使用的。在《说文解字》中"劳"解释为:"勞,劇也。从力,熒省。熒,火燒冂,用力者勞。"①其意思是指火烧了房屋,用力救火者感到疲惫与辛苦。由此可知,"勞(劳)"的本意蕴含着费力与疲惫之意。"动"字解释为:"動,作也。从力重聲。"其有起身、移动的意思。从此可知,"劳动"兼有"劳"与"动"之意,是一种起身从事耗费力气的体力活动。随着社会的进步与发展,劳动的形式与内容也在不断地变化与丰富。

关于劳动的概念,在其内涵与外延上均有变化。研究者一般认为劳动有狭义与广义之说。狭义的劳动仅指生产和生活中的劳动。比如,《现代汉语词典》中,"劳动"有三层释义:一是人类创造物质财富或精神财富的过程;二是专指体力劳动;三是进行体力劳动。②相比之下,专指体力劳动之说,在一定程度上窄化了劳动的内涵。广义的劳动除了生产与生活中的劳动,还包括形式多样的现代劳动,比如运用脑力劳动进行写作、设计等活动。恩格斯在《反杜林论》中将劳动描述为给每个人提供了一个全面发展和表现自己体力和脑力的机会,是创造一切财富的源泉;人类通过体力和脑力劳动相结合的形式不断推动着社会生产和自身的发展③。由此可见,恩格斯对劳动的内涵理解得更加深刻、丰富。在新时代,檀传宝(2019)认为在教育情境内,学生参与劳动是培养素养目标的重要社会实践活动之一④。徐海娇、柳海民(2017)从教育场域上认为劳动是一种创造性的实践活动,从人与自然、人与社会及人与自身三重维度出发教人求真、至善、臻美⑤。由此可知,在新时代背景下,劳动不仅是促进社会发展的动力,还是促进人全面发展的内在需要。

基于以上对劳动的相关研究,本研究从教育角度对劳动进行如下定义:劳

---

① 胡佩华. 新时代大学生劳动观教育研究 [D]. 西安:西安理工大学,2023.
② 中国社会科学院语言研究所词典编辑室. 现代汉语词典(修订本)[M]. 北京:商务印书馆,2001:755.
③ 恩格斯. 反杜林论 [M]. 吴黎平,译. 北京:生活·读书·新知三联书店,1950:373.
④ 檀传宝. 劳动教育的概念理解:如何认识劳动教育概念的基本内涵与基本特征 [J]. 中国教育学刊,2019(2):82-84.
⑤ 徐海娇,柳海民. 遮蔽与祛蔽:劳动的教育意蕴:基于马克思劳动概念的价值澄明 [J]. 湖北社会科学,2017(6):13-18.

动是学生有目的参与的、在实践过程中获得个体素养发展的、具有创造性的体力与脑力相结合的活动。

（三）劳动教育

不同时期，研究者关于劳动教育的概念与内涵各有侧重。一般来说，劳动教育概念界定主要包含三种类型。

一是，将劳动教育视为劳动知识与技能的传授。比如成有信（1993）强调劳动教育是"培养学生具有现代工农业的基本知识和基本技能的教育"[①]。中国共产党成立之初，为了解决当时社会经济衰败的现状，将社会活动、生产劳动纳入教育实践框架之中，此时的劳动教育偏重生产生活实践活动。

二是，将劳动教育视为德育的重要载体或思想教育内容的重要组成内容。比如《辞海》提出劳动教育是德育的内容之一，通过日常生活劳动有助于使学生形成热爱劳动和劳动人民、珍惜劳动成果的品质，同时有助于帮助学生树立正确的劳动观点和劳动态度。赵荣辉（2016）指出劳动教育作为促进学生发展的一种育人方式，蕴含着丰富的德性教化价值，能够激发学生的德性潜质，涵养学生"责任、创造、韧性、恻隐之心、良心、实践智慧、公共精神"等德行品质，引导学生趋向道德生活，逐步成长为德行完满的人[②]。袁利平、陈川南（2021）指出劳动教育的道德力量表现在弘扬中华民族勤劳的优秀传统美德，促进人与自然和谐共生的持续发展，协调社会成员稳定良好的人际关系[③]。

三是，基于新时代，劳动教育重视培养学生劳动素养，将劳动教育界定为促进人全面发展的实践教育形式。比如檀传宝（2019）指出劳动教育核心在于培养学生健康的、符合社会主义建设的劳动价值观，是以提升学生劳动素养的方式促进学生全面发展的教育活动[④]。王斌等人（2020）认为劳动教育是以体力和脑力相结合为媒介，培养具有正确劳动价值观的人和"全面发展的人"的教

[①] 成有信. 教育学原理 [M]. 郑州：河南教育出版社，1993：390.

[②] 赵荣辉. 劳动德性论 [J]. 教育学术月刊，2016（1）：18-22.

[③] 袁利平，陈川南. 劳动教育的道德意义及其实现 [J]. 教育科学研究，2021（6）：12-17，31.

[④] 檀传宝. 劳动教育的概念理解：如何认识劳动教育概念的基本内涵与基本特征 [J]. 中国教育学刊，2019（2）：82-84.

育实践活动①。方亮（2022）指出新时代劳动教育的内涵一方面要立足人的整体性，即强调五育之间相统一的发展样态；另一方面新时代劳动教育的内涵以劳动素养为导向，以促进学生的全面发展为宗旨②。顾建军、管光海（2022）指出新时代的劳动教育承载价值塑造、知识学习与能力提升等综合育人价值，强调学生在掌握基本劳动知识与劳动技能的过程中，感悟劳动的意义价值，塑造劳动观念，形成勤俭、奋斗、创新、奉献的劳动精神，彰显的是对知、情、意、行的关照，指向学生完整人格的发展③。余文森等人（2020）强调新时代中小学劳动教育具有三层内涵：其一，更加突出劳动在促使人的成长过程中的作用；其二，更加关注教育的劳动性与劳动的教育性的结合，重视"劳力劳心"，在劳动实践过程中使学生学会生存与生活、学会劳动与创造；其三，新时代的劳动教育是"五育融合"的黏合剂，以实现"完整的人"为最终目标④。

由此可知，人们对劳动教育的内涵认识在不断加深。新时代劳动教育的内涵注重培养学生的劳动素养，促进学生的全面发展。基于新时代，依据《关于全面加强新时代大中小学劳动教育的意见》《义务教育劳动课程标准（2022 年版）》等政策和文献对劳动教育的介绍，本研究认为新时代劳动教育是教育者通过劳动与教育相统一，重视"劳力劳心"，以促进学生树立正确的劳动价值观和培养学生劳动素养为目标，在日常生活劳动、生产劳动与社会服务性劳动中对学生实施的有目的、有计划、有组织的实践活动。

（四）劳动素养

《义务教育劳动课程标准（2022 年版）》指出劳动课程要培养学生的核心素养，即劳动素养。由此可知，劳动素养的重要性。"劳动素养"一词由"劳动"与"素养"两部分组成。"劳动"作为人类实践活动的一种特殊形式，多指创造物质与精神财富的活动。在《现代汉语词典》中，"素养"被释义为

---

① 王斌，何建军. 论新时代劳动教育的三重维度 [J]. 教育导刊，2020（5）：12-17.
② 方亮. 劳动教育的历史变迁与时代内涵 [J]. 清华大学教育研究，2022，43（5）：114-120.
③ 顾建军，管光海. 系统建设劳动课程落实劳动教育：义务教育劳动课程标准（2022 年版）解读 [J]. 基础教育课程，2022（9）：65-71.
④ 余文森，殷世东. 新时代中小学劳动教育的内涵、类型与实施策略 [J]. 全球教育展望，2020，49（10）：92-101.

"平日的修养"。修养一般有两层含义，一方面指通过后天学习，在理论、知识、艺术、思想等方面达到的一定水平；另一方面指在人际交往中，正确待人接物的态度①。

由此可知，"素养"一词涵盖知识、能力、态度等多个维度，符合认知、技能和情感的教育目标价值导向。檀传宝（2019）对"劳动素养"进行了解释，即"劳动素养"指通过生活和教育活动形成的与劳动有关的人的素养，主要包括劳动的价值观（态度）、劳动习惯、劳动的知识与能力等维度。同时指出"劳动素养"有广义与狭义之说，广义的"劳动素养"一般指劳动价值观，而狭义的劳动素养则专指与劳动相关的知识、能力与习惯等②。苏霍姆林斯基指出"劳动素养"不仅包含较为完善的劳动技能和技巧，还涉及在劳动活动中表现出来的道德品质、劳动品质等③。纪德奎、陈璐瑶（2021）将"劳动素养"理解为个体经过体力劳动和脑力劳动而产生的与劳动有关的基本品质修养和行为能力，而对于中小学而言，"劳动素养"是中小学生通过日常生活劳动、生产劳动以及志愿服务劳动等教育活动，逐步形成并深化的与劳动活动相关的必备品格和关键能力④。

《义务教育劳动课程标准（2022年版）》指出劳动课程的目标是培养学生的劳动素养，即学生在学习与劳动实践过程中逐步形成的适应个人终身发展和社会发展所需要的正确价值观、必备品格和关键能力⑤。劳动素养是劳动课程育人价值的集中体现，主要包括"劳动观念""劳动能力""劳动习惯和品质""劳动精神"四个维度，各维度具体内涵见图1-1-1。

---

① 中国社会科学院语言研究所词典编辑室. 现代汉语词典 [M]. 北京：商务印书馆，2016：1475.

② 檀传宝. 劳动教育的概念理解：如何认识劳动教育概念的基本内涵与基本特征 [J]. 中国教育学刊，2019（2）：84.

③ Ｂ Ａ苏霍姆林斯基. 帕夫雷什中学 [M]. 赵玮，王义高，蔡兴文，等译. 北京：教育科学出版社，1983：362.

④ 纪德奎，陈璐瑶. 劳动素养的内涵、结构体系及培养路径 [J]. 天津师范大学学报（基础教育版），2021，22（2）：16.

⑤ 中华人民共和国教育部. 义务教育劳动课程标准（2022年版）[M]. 北京：北京师范大学出版社，2022：4.

综合不同学者与《义务教育劳动课程标准（2022年版）》对"劳动素养"概念含义的界定，以及依据新时代中国的教育目标和社会需要，本研究尝试将"劳动素养"界定为：中小学生劳动素养是指学生通过日常生活劳动、生产劳动以及社会服务性劳动，在接受与其相应学段的劳动教育活动过程中，逐步形成的适应个人和社会发展需要所必备的品质、正确价值观与关键能力，主要包括"劳动观念""劳动能力""劳动习惯和品质""劳动精神"四个维度。由此可知，"劳动素养"是关于学生在认知、能力、习惯和精神等多维度要求的结合体。

图 1-1-1　劳动素养的基本结构

二、新时代劳动教育的特征

劳动教育在不同时代蕴含着不同的时代特征，新时代劳动教育主要包含时代性、实践性、导向性、综合性与创造性等特征，具体描述如下：

（一）时代性

时代性是指在不同的历史背景下，由于社会生产力水平的变化，劳动教育被赋予了不同的时代内涵与时代目标。新时代，随着生产结构的转变、经济水平的提高，社会对于劳动的需求也随之发生了变化。在新时代，劳动教育的时代性日益凸显，主要表现在育人目标要重视培养学生劳动素养；育人内容要全面，还应体现新技术、新工艺；实施方式应坚持"以人为本"，除了强调学生动手实践之外，还应让学生走出校门进行职业体验等；评价方式应注重评价内容多维化、评价方法多样化、评价主体多元化。

（二）实践性

劳动需要参与者亲身动手体验。这决定了劳动教育具有实践性特征。新时代劳动教育单纯依靠说教是远远不够的，还需要学生通过全通道式感官系统（视觉、听觉、味觉等）参与劳动实践过程。在劳动实践过程中进行体验、锻炼与接受教育，体验劳动的艰辛与快乐，从而树立正确的劳动观念，积累劳动经验，养成良好的劳动精神、劳动品质与习惯。

（三）导向性

随着社会经济的发展，人们生活水平的提高，在智能数字化时代，社会上不劳而获、贪图享乐、躺平、摆烂等思想不断蔓延，严重影响着学生的健康成长。造成其原因的主要因素是缺乏对学生进行劳动价值观的教育。新时代劳动教育是一种价值召唤，是在中国共产党的领导下，引导学生树立正确的劳动观念，教育学生学会尊重劳动，尊重普通劳动者，珍惜劳动成果，明白"劳动是一切幸福的源泉""三百六十行，行行出状元""幸福是奋斗出来的"等道理。价值导向作为新时代劳动教育的重要目标，是实施劳动教育必须重视的内容。

（四）综合性

劳动教育具有整合其他"四育"的功能，即树德、增智、强体、育美的综合育人价值。德育方面：劳动教育可以帮助学生树立正确的劳动观念，养成良好的劳动品质与习惯，传承劳动精神等。智育方面：劳动教育有助于学生在动手与实践过程中发展思维、提升问题解决能力等。体育方面：劳动教育有助于增强学生体质，促进学生身体健康发展。美育方面：劳动教育有助于提升学生对美的感受力与想象力，增强学生创造美的能力。劳动教育功能的有效发挥对其他"四育"功能的实现具有重要的助力作用。总之，一个合格的新时代劳动者，除了要树立正确的观念，还需要掌握必要的劳动知识与技能，拥有健康的身体，以及对美的感受力与创造力。

（五）创造性

创新是一个民族发展的不竭动力。创新精神是学生发展核心素养的重要组成部分。人工智能时代，产品更新换代日益加速。新时代提升中国学生核心素养更加关注培养学生创新意识与提升学生创新能力。不言而喻，新时代劳动教育应重视培养学生的劳动创新能力。其主要实施方式可采用探究法、项目式学习等方法，鼓励学生讨论、合作、探究、创作，从而发散学生思维，培养学生的动手能力与创新能力。

第二节　新时代劳动教育立"新"的具体表现

新时代劳动教育应在遵循社会主义劳动价值规律的基础上，突出时代之"新"。只有正确把握新时代劳动教育"新"在何处，才能深刻地理解新时代劳动教育的内涵，才能培养出满足新时代未来社会发展所需的人才。新时代劳动教育之"新"主要体现在以下几个方面：

一、劳动内涵之新：劳动课程重视培养学生劳动素养

《义务教育劳动课程标准（2022年版）》指出劳动课程要重视培养学生的劳动素养，即"劳动观念""劳动能力""劳动习惯和品质""劳动精神"[①]，从而实现学生懂劳动、会劳动与爱劳动的育人目标。

（一）重视劳动观念培养

新时代劳动教育强调引导学生正确、全面地认识劳动，培养学生树立正确的劳动观念，引导学生尊重劳动、尊重普通劳动者，珍惜劳动成果，了解不同职业劳动者的辛苦，树立劳动最光荣、最崇高、最伟大、最美丽的观念。

（二）重视劳动能力培养

新时代劳动教育强调有计划地组织学生参加生活劳动、生产劳动和社会性服务劳动，让学生在劳动实践活动中掌握劳动知识与劳动技能，积累劳动经验。新时代劳动教育关注学生在劳动学习过程中的体验和感悟，重视培养学生的动手实践能力、合作沟通能力与创新能力。

（三）重视劳动习惯和品质培养

新时代劳动教育重视培养学生良好的劳动习惯和品质，注重引导学生在劳动中养成安全劳动、规范劳动、有始有终劳动等良好劳动习惯，以及形成诚实守信、吃苦耐劳、认真负责等优秀劳动品质。

---

① 中华人民共和国教育部.义务教育劳动课程标准（2022年版）[M].北京：北京师范大学出版社，2022：4.

（四）重视劳动精神培养

劳动精神作为劳动者在实践活动中秉持的劳动信念与信仰，是劳动者人格特质的重要体现，具有引导、示范与激励的作用。新时代劳动教育应重视弘扬与传承劳动精神，主要表现为勤俭节约、敬业奉献、精益求精、艰苦奋斗等劳动精神。

二、劳动内容之新：涵盖三大类劳动十个任务群

随着时代的发展，劳动形式与内容更加复杂多元，丰富多样，涵盖了不同行业。《义务教育劳动课程标准（2022年版）》将劳动内容细化为日常生活劳动、生产劳动和社会服务性劳动三大类，并根据劳动类型设置了十大任务群，若干个劳动项目。具体内容见图1-2-1。

```
                        ┌─ 日常生活劳动 ─┬─ 1.清洁与卫生
                        │                ├─ 2.整理与收纳
                        │                ├─ 3.烹饪与营养
                        │                └─ 4.家用器具使用与维护
                        │
        劳动课程内容 ───┼─ 生产劳动 ─────┬─ 5.农业生产劳动
                        │                ├─ 6.传统工艺制作
                        │                ├─ 7.工业生产劳动
                        │                └─ 8.新技术体验与应用
                        │
                        └─ 社会服务性劳动 ┬─ 9.现代服务业劳动
                                         └─ 10.公益劳动与志愿服务
```

图 1-2-1　劳动教育内容

由图1-2-1可知，新时代劳动教育内容十分丰富，不仅注重选择体现中华优秀传统文化和工匠精神的手工劳动内容，还重视新形态、新技术、新工艺等现代劳动内容，同时涵盖了生活、生产与服务三大劳动主题。由此可知，新时代劳动教育不仅重视传承传统文化，还与时俱进，重视培养学生学习与掌握新技术。

三、劳动体系之新：统筹纵向衔接与横向贯通

新时代中小学劳动教育针对不同学段学生以及学科等的特点，构建了纵向

衔接与横向贯通的劳动育人体系。

（一）纵向衔接方面：依据不同学段学生特点开设劳动教育必修课程

新时代劳动教育内容依据不同学段学生的心理发展特点，坚持"由浅入深""螺旋上升"的课程设置原则，开设中小学劳动教育必修课程。课程内容依据学生特点、课程目标选取劳动项目任务群，确保劳动教育课时每周不少于1课时。不同学段教学内容见表1-2-1。

表1-2-1　不同学段劳动教育内容

学段	劳动内容
小学低年级（1~2年级）	以个人生活起居为主要内容，教育学生学会个人物品整理、清洗，进行简单的家庭清扫和垃圾分类等，会进行简单的手工制作，同时对服务性劳动不作要求
小学中高年级学生（3~6年级）	以校园劳动和家庭劳动为主要内容开展劳动教育，学生应积极参与家居清洁、收纳整理，并会制作简单的家常菜等；应组织学生适当参加校园卫生保洁、垃圾分类处理、绿化美化等活动；适当组织学生参加社区环保、公共卫生服务等力所能及的公益劳动，增强学生社会服务意识；初步体验种植、养殖、手工制作等简单的生产劳动，初步学会与他人合作劳动，珍惜劳动成果
初中生（7~9年级）	应兼顾家政学习、校内外生产劳动、服务性劳动，安排劳动教育内容，开展职业启蒙教育，让学生在劳动过程中体会劳动创造美好生活，从而养成认真负责、吃苦耐劳的劳动品质和安全意识，增强其公共服务意识和责任担当精神
普通高中	劳动教育应围绕丰富的职业体验，开展服务性劳动和生产劳动，使学生在劳动实践中接受锻炼，磨炼意志，具有劳动自立意识和主动服务他人、服务社会的情怀

（二）横向贯通方面：发挥不同学科、活动的劳动育人价值

新时代劳动教育不仅需要依据不同学段学生的特点及发展需求开设劳动必修课程，还需要依据学科、活动特点，积极探索在学科教学中融入劳动教育，在课外校外活动中安排劳动教育，在校园文化中强化劳动教育，从而有效落实劳动教育，发挥综合育人能力。2020年教育部印发的《大中小学劳动教育指导纲要（试行）》指出不同学科应重视挖掘学科劳动元素，在学科教学中有机融入劳动教育，发挥学科劳动育人价值。比如在语文、历史、艺术、思政等学科中纳入歌颂劳模、歌颂普通劳动者等劳动育人素材；纳入阐释勤劳、节俭、艰苦奋斗等中华民族优良传统的劳动相关内容，加强对学生辛勤劳动、诚实劳动、合法劳动等方面的教育。在数学、科学、化学、物理、地理、体育与健康等学科中要注重培养学生劳动的科学态度、规范意识、效率观念和创新精神等[①]。

四、劳动场域之新：拓宽了劳动实践活动场所

习近平总书记强调办好教育事业，家庭、学校、政府、社会都有责任[②]。《义务教育劳动课程标准（2022年版）》指出劳动课程要遵循教育规律，符合学生年龄特点，内容应包含日常生活劳动、生产劳动和服务性劳动三大主题，注意手脑并用，强化实践体验，让学生亲历劳动过程。

劳动教育内容决定了劳动实施场域不能仅依靠学校，还需要家庭与社会的支持与辅助。其中学校要发挥在劳动教育中的主导作用，应通过开设劳动课程、建设劳动实践教室、开辟劳动实践基地、开发劳动周、创建学校劳动文化等确保劳动课程的有效实施。家庭要发挥在劳动教育中的基础作用，一方面家长应给予学生劳动的机会，注重在衣食住行等日常生活中培养学生必要的家务劳动技能；另一方面家庭要树立崇尚劳动的良好家风，家长通过榜样示范，让孩子在言传身教、潜移默化中养成从小热爱劳动的良好习惯。社会要发挥在劳动教育中的支持作用，大力拓展与搭建校外劳动实践场所。比如社会应积极为学生搭建课外劳动活动基地，让学生可以走进城乡社区、福利院和公共场所等参加志愿服务；走进高新企业、工厂农场、企业公司等进行职业体验，从而丰富学生的劳动实践内容与形式。

由此可知，新时代劳动教育为了提升劳动育人的实效性，应积极拓宽劳动场域，整合家庭、学校、社会不同场域力量与资源优势，形成协同育人合力，共同助力劳动教育的有效落实。

五、实施方法之新：倡导丰富多彩的实施方式

新时代劳动课程强调学生亲身体验，倡导在"做中学""学中做"，注重"劳力劳心""知行合一"，从而激发学生参与劳动的主动性与创造性。

[①] 教育部关于印发《大中小学劳动教育指导纲要（试行）》的通知[EB/OL]. （2020-07-15）[2024-07-20]. http : //www.moe.gov.cn/srcsite/A26/jcj_kcjcgh/202007/t20200715_472808.html.

[②] 吴晶, 胡浩. 习近平在全国教育大会上强调 坚持中国特色社会主义教育发展道路 培养德智体美劳全面发展的社会主义建设者和接班人[J]. 人民教育, 2018（18）: 6-9.

新时代劳动教育注重引导学生从现实生活的真实情境出发，亲手操作、亲身体验，经历完整的劳动过程，避免劳动实践与理论脱节，避免单一、机械化的劳动技能训练，避免缺少动手实践、走马观花的考察探究。基于劳动教育实践性的特征，新时代劳动教育应注重引导学生通过设计、制作、淬炼、合作、探究等方式经历劳动过程，获得劳动体验，掌握劳动知识与技能，感悟劳动价值，培养劳动精神。具体的劳动实施方法包括项目式学习、探究式学习、参观动手实践等学习方式，重视发挥学生在劳动过程中的主体作用，提升学生动手实践、合作探究、问题解决、创新等能力。

六、评价方法之新：注重采用综合评价

新时代劳动教育注重采用综合评价，主要体现在评价内容的多维性、评价方法的多样性、评价主体的多元性。评价内容方面：教育者既应关注学生的劳动知识与技能，又应关注学生劳动观念、劳动习惯与品质以及劳动精神的培养。评价方法方面：教育者应注重对学生学习过程的观察、记录与分析，倡导基于证据的评价；关注学生在劳动中真实发生的进步，积极探索增值评价；通过作品展示、动手操作、口头汇报等形式关注学生学习过程表现，积极推进表现性评价等。评价主体方面：评价主体应体现多元性，以教师评价为主，鼓励学生、家长、同伴等参与评价之中，从而使学生更加了解自己、教师更加了解学生、家长更加了解孩子。

第三节　新时代劳动教育立"新"的基本原则

劳动作为人类特有的社会实践活动，不仅创造了人类赖以生存的物质财富和精神财富，还是实现个人价值与促进社会发展的持续动力。劳动教育作为我国新时代教育制度的重要组成部分，是对学生进行热爱劳动、热爱劳动人民的教育活动，具有树德、增智、强体、育美的综合育人价值。尽管教育部印发的《大中小学劳动教育指导纲要（试行）》明确指出将劳动教育纳入人才培养全过程，大中小学应独立开设劳动教育必修课，但是，在实际劳动教学活动中仍存在着"有劳动无教育""有教育无劳动""劳动教育形式化"等现象。

一些教师对开展劳动教育应坚持的育人原则认识比较模糊，理解不够深刻。这在一定程度上，影响着新时代劳动教育的有效落实。因此，十分有必要厘清新时代劳动育人原则。通过对《义务教育劳动课程标准（2022年版）》以及相关文献进行梳理与分析，本研究认为新时代劳动教育应坚持以下育人原则：

一、坚持育人导向原则

新时代劳动课程以习近平新时代中国特色社会主义思想为指导，围绕培养能够担当民族复兴大任的时代新人为育人目标，注重挖掘劳动在树德、增智、强体、育美等方面的价值，着力全面提升学生综合素质。新时代劳动教育应将培养学生的劳动素养贯穿课程实施的全过程，引导学生树立正确的劳动观念，崇尚劳动、尊重劳动，养成良好的劳动习惯与品质，立志长大报效国家，成为懂劳动、爱劳动、会劳动的时代新人。

二、坚持实践性原则

在"玩中学，做中学"是中小学教学方式的重要手段。劳动教育强调实践性与具身性，其育人方式必须贯彻以实践为主线的原则，即注重实践操作，让学生在实践中体验、在实践中学习、在实践中创新。学生只有亲身经历劳动实践活动，才能更深刻地体验与感受劳动带来的辛苦与幸福。而单纯的理论教授，不仅难以激发学生劳动兴趣，也难以有效实施劳动课程与提升学生劳动素养。

三、坚持生活性原则

劳动教育必须贯彻联系学生实际日常生活的原则。通过开展基于学生日常生活的劳动，学生不仅对劳动内容感觉熟悉与亲切，对激发学生的兴趣与参与度具有重要意义，还有助于学生了解社会生产和日常生活基本情况，提升学生自身的生活能力和增强学生的社会责任感和使命感。

四、体现时代性原则

每个时代都有其特有的劳动元素。随着智能时代的到来，劳动工具、劳动技术与劳动形态发生了翻天覆地的变化。新时代劳动教育理应适应科技发展与产业变革，适当引入体现新形态、新技术、新工艺等现代劳动内容。针对新时代劳动的新形态，劳动教育应注重新兴技术支撑和社会服务新变化，改进与优化劳动教育方式。此外，新时代劳动教育应强化诚实合法劳动意识，培养正确的劳动观与科学精神，重视提升学生创造性劳动能力。

五、坚持科学性原则

劳动课程应遵循教育科学规律，依据不同学段学生心理发展特点，选择适合学生年龄特征的劳动内容。比如在小学阶段，低学段学生应以劳动意识的启蒙为主，结合日常衣食住行展开劳动教育，学会日常生活自理，知道人人都需要劳动的道理；中高学段学生应围绕劳动习惯展开，学会个人清洁卫生，主动分担家务，并适当参与校内外公益劳动，学会与他人合作劳动，体会到劳动最光荣、最伟大。总之，劳动课程内容设置应符合学生年龄特点，遵循教育科学规律，同时注重手脑并用、劳力劳心、安全适度，让学生亲历劳动过程，才能提升育人实效性。

六、坚持综合实施原则

学校在实施劳动课程时要始终坚持以开放的姿态，拓宽劳动教育途径，积极与家庭和社区合作，整合家庭、学校、社会等各方面劳动育人资源与力量，构建"家庭—学校—社区"一体化劳动教育体系，从而实现家庭劳动教育日常化培养，学校劳动教育规范化指导，社会劳动教育多样化支持。三方育人主体一方面要各司其职，做好自身劳动育人工作；另一方面还应共同合作，发挥协同育人作用，共同助力学生劳动素养的培养。

七、坚持因地制宜原则

我国幅员辽阔，不同地域拥有其独特的育人资源。《义务教育劳动课程标准（2022年版）》指出课程内容选择应根据各地区和学校实际，因地制宜，宜工则工，宜农则农，结合当地在自然、经济、文化、风俗等方面条件，充分挖掘学校、企业、家庭等可利用的劳动资源，采取多种方式开展区域产业特色化的劳动教育，避免"一刀切"[①]。从中可知，新时代劳动教育鼓励学校根据区域与学校特色，积极开发符合学生发展需要的特色劳动课程。这不仅有助于实现劳动课程内容的多样化，还有助于满足学生发展需求，促进学校特色发展。

总之，新时代劳动教育赋予了其时代内涵，劳动教育者应在明确劳动教育内涵的前提下，坚持劳动教育基本育人原则，才能有效落实劳动课程，提升学生的劳动素养，培养出新时代社会发展需要的有用人才。

第四节 新时代劳动教育立"新"的主要路径

本章前三节已经对新时代劳动教育相关概念及特征、新时代劳动教育立"新"具体表现、新时代劳动教育立"新"基本原则进行了陈述。本节内容将在前三节的基础上，从课程体系、育人主体、评级机制三个方面对新时代劳动教育如何立"新"展开探讨。新时代劳动教育立"新"的主要路径如下：

一、开展实践活动，构建新时代劳动教育课程体系

课程是学校教育的心脏，是人才培养的核心要素和有效载体。我国实行国家课程、地方课程、学校课程三级课程管理制度[②]。这既保证了国家课程的统一性，又在一定程度上照顾了不同地区与学校因自然环境、文化传统、风俗习惯等条件而导致的区域差异性，满足了我国教育目标的整体性要求和区域教育目标的特殊性需求。

2022年9月，教育部发布的《对十三届全国人大五次会议第1224号建议的答复》指出，国家不统一组织编写劳动教育教材，各地区、学校可根据省级教育行政部门关于劳动实践指导手册的编写要求，结合地区与学校实际需要规划编写劳动实践指导手册[③]。同时，《义务教育劳动课程标准（2022年版）》也

[①] 中华人民共和国教育部. 义务教育劳动课程标准（2022年版）[M]. 北京：北京师范大学出版社，2022.
[②] 牛楠森，李煜晖. 新时期中小学课程建设的系统范式[J]. 教育科学研究，2022（4）：53-58.
[③] 张天竹. "五色教育"背景下的黑龙江高职劳动教育探索[J]. 成人教育，2023，43（4）：69-72.

指出，学校需结合自身实际情况，因地制宜，从时令特点和区域特色出发，依据劳动任务群安排，合理开发劳动项目，形成校本化劳动清单，从而构建校本化劳动课程，满足学生多元化发展需求①。新时代劳动教育应基于国家课程标准，结合区域特色与学校需求，积极开发地方课程与校本课程。通过构建"国家—地方—学校"三级劳动课程体系，在保证国家课程统一规划的基础上，实现学校的特色发展与学生的个性发展。

二、综合多元主体，铸牢家校社协同育人场域体系

2018年9月，习近平总书记在全国教育大会上强调"办好教育事业，家庭、学校、政府、社会都有责任"②。新时代劳动课程应广泛开展劳动实践活动，建立家校社协同育人场域体系，发挥家庭在协同育人场域体系中的基础作用、学校在协同育人场域体系中的主导作用、社会在协同育人场域体系中的支持作用。

（一）家校社不同劳动育人场域应各司其职

劳动育人场域涵盖家庭、学校与社会等场所。不同的育人场域拥有自身的育人资源与优势。各育人场域应各司其职，重塑劳动教育场域，其中家庭要树立崇尚劳动的良好家风，通过榜样示范，注重在衣食住行等日常生活中培养学生必要的家务劳动技能，提升学生的生活能力；学校要通过开设劳动课程、建设劳动实践教室、开辟劳动实践基地、创建学校劳动文化、组织劳动活动等确保劳动课程有效实施；社会应为学生大力拓展与搭建校外劳动实践场所，让学生有机会走进高新企业、工厂农场、企业公司等进行职业体验，走进城乡社区、福利院和公共场所等参加志愿服务。

（二）构建家校社劳动教育协同育人机制

家校社不同劳动育人场域不仅要各司其职，还应相互合作，加强沟通交

---

① 中华人民共和国教育部. 义务教育劳动课程标准（2022年版）[M]. 北京：北京师范大学出版社，2022.

② 习近平. 坚持中国特色社会主义教育发展道路 培养德智体美劳全面发展的社会主义建设者和接班人 [EB/OL].（2018-09-10）[2024-07-20] http：//www.xinhuanet.com/politics/2018-09/10/c_1123408400.htm.

流，形成育人共识，共同绘制家校社合作"同心圆"，建造家校社沟通"高速路"，从而确保学生在家庭、学校与社会三个劳动场域中均能获得参与劳动实践的机会。此外，家校社劳动协同育人机制的构建对丰富劳动教育的内容与形式具有重要的意义。

三、优化评价机制，构建新时代劳动教育评价体系

教育评价事关教育发展方向，有什么样的评价指挥棒，就有什么样的办学导向[①]。劳动教育评价是新时代劳动课程教学过程中的必要环节，具有检测、诊断、甄别和激励等功能。因此，构建多元化的劳动教育评价体系是落实新时代劳动教育的重要保障。

（一）坚持过程性评价、结果性评价与增值性评价相结合

过程性评价应关注学生对新时代劳动教育的认知、态度与行为，可以通过日常性评价、表现性评价、任务性评价和成长性记录等方法关注学生在劳动实践过程中的表现；结果性评价以预设的劳动教育目标为基准，在系统的教育活动结束后，对学生新时代劳动教育的学习效果进行评价；增值性评价是指学生通过新时代劳动教育课程学习，对学生的劳动素养进行前后比较。过程性评价、结果性评价与增值性评价的目的不在于把学生劳动学习状态"凝固化"，而在于发现学生在劳动过程中存在的困难、问题与不足，并进行分析判断，寻求改进的途径，从而形成"评价—反馈—应用—改进"的良性循环评价思路。

（二）要坚持多元评价主体，打破教师"一统天下"的局面

因为劳动教育场域的多样化，决定了评价主体不能仅仅为教师评价。因此，在对学生进行劳动评价时，可以通过学生、同学、家长、实践基地人员、教师等多元主体进行评价，帮助教师和家长全面了解学生，帮助学生更好地了解自我。

（三）坚持综合评价与特色评价相结合

综合评价强调既要关注学生终结性劳动成果，更要关注学生平时劳动过程表现；既要关注学生的劳动知识与技能的掌握，更要关注学生在劳动中形成的

---

① 中共中央国务院印发深化新时代教育评价改革总体方案[N]. 人民日报，2020-10-14（1）.

劳动观念、劳动习惯和品质、劳动精神等[①]。在坚持综合评价时还要兼顾特色评价。特色评价应依据学生的年龄特征与学校特色，对学生的培养目标评价目标进行差异化设置，关注并促进学生个性化发展。

小　　结

本章一共包括四节内容，主要围绕"新时代劳动教育的内涵与定位"展开论述。第一节主要阐述了新时代劳动教育的相关概念及特征，主要对新时代、劳动、劳动教育、劳动素养等概念进行了界定与分析，并对其特征进行了总结。第二节对新时代劳动教育"新"在哪里进行了分析，主要体现在劳动内涵、劳动内容、劳动体系、劳动场域、实施方法、劳动评价六个方面。第三节阐述了新时代劳动教育立"新"的基本原则，主要体现在坚持育人导向原则、坚持实践性原则、坚持生活性原则、坚持科学性原则、坚持综合实施原则、坚持因地制宜原则。第四节从课程体系、育人主体、评级机制三个方面对新时代劳动教育立"新"的主要路径展开了探讨。

总之，进入社会主义新时代，我国社会主要矛盾也随之发生了根本变化，已经转化为人民日益增长的美好生活需要和不平衡不充分的发展之间的矛盾。数智化时代，赋予了劳动教育新内涵。新时代劳动教育必须厘清其具体内涵，立"新"的具体表现，立"新"的基本原则，在此基础上，探索劳动教育立"新"的主要实施路径。这为劳动教育课程目标确立，劳动课程内容选择与组织，劳动课程实施与劳动课程评价提供了理论支持。

---

① 陈韬春. 中小学劳动教育的现状与提升：基于大规模调查数据的分析 [J]. 教育研究，2022，43（11）：102-112.

第二章　新时代中小学生劳动教育理论基础与价值意义

劳动为文明奠基，文明因劳动而兴。人类在劳动中创造了历史，实现了社会的长久发展。新时代劳动教育作为其他"四育"的黏合剂，重视培养学生的劳动素养，具有立德、增智、强体和育美的综合育人价值，对于培养德智体美劳全面发展的社会主义建设者和接班人具有重要意义。然而，受"唯分数"论的教学观念与现代教育体制的影响，劳动教育的育人价值尚未发挥其真正作用。在目前教育现实背景下，如何提升劳动教育的价值地位，亟须发挥教育理论的指导作用，认清劳动教育的本质与价值意义。结合我国劳动教育现状，本研究认为劳动教育有四大理论基础，分别为马克思主义劳动教育思想、陶行知劳动教育思想与交叠影响域理论。

第一节　马克思主义劳动教育思想

"劳动概念"在马克思主义相关理论体系中扮演着重要角色。无论是在历史唯物主义、政治经济学方面，还是在教育学方面，马克思和恩格斯都围绕着"劳动"提出了许多著名的观点，如"劳动创造了人本身"[1]"劳动创造了人类历史"[2]"整个所谓世界历史不外是通过人的劳动而诞生的过程"[3]等观点。对

---

[1] 项贤明.劳动教育的理论意蕴[J].华东师范大学学报（教育科学版），2023，41（8）：44-52.
[2] 张梅，王玥.新时代劳动精神的生成逻辑[J].社会主义核心价值观研究，2022，8（6）：59-66.
[3] 韦恩远，肖菊梅.数字化生存的教育危机及其因应：基于马克思技术哲学的立场[J].中国电化教育，2023（8）：25-31.

此,马克思与恩格斯强调劳动教育要与生产劳动相结合,注重人的全面发展等。劳动作为人类最基础的实践活动,对促进人的自由发展以及社会的进步具有重要意义。在新时代,马克思主义劳动思想为我国开展劳动教育奠定了思想基础和方法指导。

一、马克思历史唯物主义——劳动教育契合人的本质

劳动实践作为人类特有的活动,揭示了人与其他动物的本质区别。马克思历史唯物主义认为人是劳动的产物,劳动是人的本质属性,劳动创造了人类生存所必需的全部物质资料和精神需求[①],是促使个人与社会历史发展的根本推动力量。劳动与教育两者唇齿相依、密不可分,共同作用于人的全面培养过程。从劳动的必需性来讲,对人类个体而言,想要生存就必须劳动。劳动使人获得足够的生活与生产资料,是人类长久生存的手段与保障。劳动教育是学生掌握劳动知识与技能,积累生活经验的有效手段。对社会而言,人民群众通过劳动创造了历史,推动着社会不断发展。劳动教育为社会长久发展提供了源源不断的人才。总体来讲,劳动是人的本质活动,是一切人类生活的第一个基本条件[②],是人类与社会存在和发展的基础。人只有通过劳动才能实现自身价值。社会发展的最终决定力量也不是精神、意志、神灵,而是人类的劳动实践。该理论也印证了学校开设劳动教育的必然性和合理性。

二、马克思主义政治经济学——坚持"以人为本"的价值观

在经济学的发展历程中,马克思以物质资料生产为基础,以生产关系为研究对象,以揭示经济发展的规律为目的,构建了马克思主义政治经济学。马克思指出"劳动是创造商品价值的唯一源泉",应坚持"以人为本"的价值观,突出人的创造性是经济发展的动力源泉。从政治经济学角度来看,劳动者可以通过劳动教育逐步提升人的自身生产技能,提升劳动者的创新能力,从而创造出更高的商品价值,以此满足人们的生活需要和推进社会经济的不断发展。这

---

① 刘洪银.劳动教育推动高职学生核心素养形成路径研究[J].黑龙江高教研究,2022,40(1):134-138.

② 马克思,恩格斯.马克思恩格斯全集(第二十六卷)[M].北京:人民出版社,1974:542.

是马克思劳动价值论"以人为本"鲜明特征的体现。基于此，新时代开展劳动教育应坚持"以人为本"的价值观，鼓励学生参与、体验现实性的生产劳动，增强学生的动手实践与创新能力，不断提升学生的劳动素养。

三、马克思主义教育学——人的全面发展育人观

马克思提出："生产劳动同智育和体育相结合，它不仅是提高社会生产的一种方法，而且是造就全面发展的人的唯一方法。"[1] 教育与生产劳动相结合具有重要的意义，既能促进人的全面发展，也能促进社会发展。对个人而言，马克思主义指出劳动教育对造就德智体美劳全面发展的社会新人具有重要作用。对社会而言，劳动教育能够为社会生产训练劳动力，提高个体和社会的劳动生产率。此外，马克思与恩格斯强调综合技术教育是实现教育与生产劳动相结合的重要形式。马克思在《临时中央委员会就若干问题给代表的指示》中将综合技术教育解释为，使受教育者了解生产各个环节的基本原理，同时使受教育者获得运用各种生产简单工具的使用技能[2]。由此可以看出，马克思希望通过综合技术教育让受教育者经历生产全过程，消灭旧的分工，实现人的全面发展。因此，新时代劳动教育要将劳动与生产劳动相结合，重视学生经历劳动的过程，实现理论与实践相统一。

综上所述，劳动作为人类最基础的实践活动，是人区别于动物的根本性活动，对促进人的自由发展以及社会的进步具有重要意义。劳动教育具有"劳动"与"教育"的双重意义，作为中国特色社会主义教育制度的重要内容，是构建德智体美劳全面发展教育体系的重要组成元素。马克思主义重视劳动教育，强调劳动教育要与生产劳动相结合，注重人的全面发展。劳动教育作为"五育"中的一员，具有立德、增智、强体和育美的综合育人价值。这与马克思重视人的全面发展不谋而合。马克思主义劳动思想作为重要教育理论，对我国开展新时代劳动教育奠定了思想基础和提供了方法指导。

---

[1] 周洪宇，齐彦磊. 新时代劳动教育的内涵特点、核心要义与路径指向[J]. 新疆师范大学学报（哲学社会科学版），2023，44（2）：124-133.

[2] 王彦庆. 新时代大学生劳动教育研究[D]. 哈尔滨：哈尔滨师范大学，2022.

第二节　陶行知劳动教育思想

陶行知先生于 20 世纪二三十年代，在结合中国实际国情的基础上，对其老师杜威"教育即生活、学校即社会"等教育理念进行了继承和发展，提出了"生活即教育，社会即学校，教学做合一"的教育主张，创造性地形成了符合中国国情的生活教育理论。生活教育理论对我国教育现代化的推进以及劳动教育有效落实作出了一定的贡献。在新时代，其理论中蕴含的劳动教育思想仍对当前中小学开展劳动教育具有重要的理论意义和实践指导价值。

一、生活即教育

陶行知先生在教学内容方面强调"生活即教育"，即"到处是生活，到处是教育"。其蕴含着三层内涵：

（一）生活具有教育的意义

陶行知先生认为，生活和教育密不可分，生活的范围就是教育的范围，生活的过程就是教育的过程。人们在生活中进行劳动实践，就是在接受劳动知识与技能、劳动习惯与观念的教育过程。比如陶行知先生创办了晓庄师范学校，让学生们参与农业生产、蔬菜种植等活动。这不仅有助于学生掌握劳动知识与技能，还让学生体验了农民劳动的艰辛，有助于学生树立正确的劳动观念与培养良好的劳动品质与习惯。

（二）教育要以生活为中心

陶行知先生认为教育应贴近学生的日常生活，将教育寓于生活，服务于生产生活，反对脱离实际生活的空洞说教。劳动教育作为学校教育体系的重要组成部分，其教学内容理应来源生活，贴近生活，在生活场景中来开展，为提升学生的生活能力而进行教育。比如陶行知坚持以生活为中心实施教育，并指出工厂、店铺、乡村等凡是生活的场域，都是实施教育的场域[1]，强调教育应基于生活，服务生活。

---

[1] 陈方会.新时代加强大学生劳动教育的路径研究[D].喀什：喀什大学，2023.

（三）生活决定教育，教育改善生活

陶行知先生认为，人们的生活决定着教育的内容，是劳动的生活，就是劳动的教育。比如学生参与家庭劳动，就是在接受劳动教育。同时，进行劳动教育反过来可以帮助人更好地体会劳动的价值，从而改善个人生活和社会生活。比如在晓庄师范学校，学生轮流负责挑水、烹饪、洒扫等。学生在进行劳动教育时，既帮助学生掌握了基本的日常生活技能，又提升了学生自身的生活能力。

二、社会即学校

陶行知先生在杜威"学校即社会"的命题基础上，主张将整个社会纳入教育的范畴，提出"社会即学校"的观点。实用主义教育家杜威想通过"学校即社会"的方式来促进学校的社会化。陶行知先生则认为，"学校即社会"虽然加强了学校与社会之间的关联，但实质是把"小鸟笼"变成"大鸟笼"，学生仍拘囿于有限空间的本质并没有改变；而"社会即学校"则将学生的学习场域延伸拓展到社会领域，打破了学校与社会的藩篱，拓宽了学生参与实践的空间，便于给予学生丰富的教育资源与广阔的实践场域，有助于促进学生展开劳动实践与创作，比如陶行知利用学校周边的荒山和田地等土地资源开展农业种植实践基地，拓宽学生劳动实践场域。此外，陶行知还指出，整个社会就是生活的场所，亦即教育之场所；到处是生活，到处是教育。

陶行知先生不仅主张拓宽教育场域，还主张家庭、学校、社会等育人主体应共同协作，形成育人合力，构建劳动教育共同体。比如在1932年，陶行知先生在晓庄师范学校构建了"山海工学团"育人新形式，即通过工场、学校、社会共同合作，打造一个"三位一体"的富有生活力的新社会，使教育内容从书本扩展到生活，使教育场域从单一的课堂、学校走进家庭、工厂、社会生活等实践场所。

三、教学做合一

陶行知先生在教育形式方面提出"教学做合一"的方式，认为育人目标是培养"手脑结合""劳力劳心"的人。陶行知指出"教学做"是不可分割的，强调"教"与"学"都要围绕重点"做"进行，即教师要在"做中教"、学生

要在"做中学",教与学都要回归到"做"这一主题上。"做"是"在劳力上劳心",即理论与实践结合,身体与精神合作。陶行知希望教师和学生不要得"软手软脚病",即不做"劳心不劳力"的"书呆子";也不要得"笨头笨脑病",即不做"劳力不劳心"的"田呆子"。同时,指出真正的"做"并非盲目地"做",而是需要动手又动脑,创造性地劳动。而教师作为学生学习的引领者,更是要落实"劳力上劳心"的教育,引导学生"手脑并用",培养"劳力上劳心"的学生。比如陶行知提出"行是知之始,知是行之成"的理念,非常重视实践在育人方面的作用。以陶行知创办的晓庄师范学校为例,他利用当地土地资源开辟果园、苗圃和林场等试验农场,鼓励师生通过参与农事劳动实践活动,掌握劳动知识与技能。师生通过亲身实践,不仅有助于掌握劳动知识与技能,反过来又可以更好地指导实践活动。

由此可知,"教学做合一"的育人方式与《关于全面加强新时代大中小学劳动教育的意见》中"以体力劳动为主、注意手脑并用、让学生亲历劳动过程、强化劳动实践体验,提升育人实效性"[①]的基本原则相一致。新时代劳动教育旨在培养学生成为"劳力上劳心"的"手脑结合"的人。

综上所述,生活处处有教育,劳动教育也是如此。陶行知的生活教育理论对新时代劳动教育启示主要包括:一是教育要以生活实践为中心,倡导人在生活中学习,将生活作为教育内容。这为劳动教育课程内容筛选与确立提供了借鉴。二是需要打破学校与社会的藩篱,将社会、家庭视为教育场所,充实劳动教育载体,促进学校、社会、家庭"齐发力"。劳动教育包括日常生活劳动、生产劳动、社会服务性三大类育人主题。劳动教育的内容决定了教育场域不能仅仅依靠学校与教师,而应合理统筹家庭、学校与社会资源力量与优势,各司其职、协同助力劳动教育的有效落实。三是教育形式方面,陶行知提出了"教学做合一"的方式。劳动教育的实践性决定了在教学方式方面应教育学生学会手脑并用、劳力劳心、知行合一,实现理论与实践相统一,从而促进学生全面发展。由此可见,陶行知劳动教育思想对新时代劳动教育内容选择、劳动育人主体与场域的职责以及劳动教育方式的应用等方面皆具有借鉴与指导意义。

---

① 陈丹薇. 习近平劳动观及其价值启示研究[D]. 宁波:宁波大学,2023.

第三节 交叠影响域理论

交叠影响域理论主要源于19世纪70年代。由于美国学校教育地位的不断提升，家庭教育与学校教育两者之间出现了教育失衡的问题。为改变家长不够重视学校教育的观念，20世纪80年代末，美国霍普金斯大学学者爱普斯坦（Joyce L. Epstein）教授提出了交叠影响域理论。该理论以"关怀"学生为核心，以指导和改善实践的立场为出发点，主张构建家庭、学校与社会协同育人的新型合作伙伴关系模式，从而提升家长培育子女的能力，增强教师的教学效能，增进学校的管理能力，最终实现密切家庭、学校及社区间的关系。爱普斯坦通过外部模型和内部模型对交叠影响域理论的运作机理进行描述。

一、交叠影响域理论的外部模型

由外部模型（图2-3-1）所示，该模型以学生为中心，家庭、学校和社区三个育人主体在对学生发展中的经验、价值观和行为三个方面既有独特的影响，也有交叠的共同影响[①]。非交叠区代表分离影响，强调不同育人主体单独或不一致地实施的独立行为或活动，从而影响学生的经验、价值观和行为；交叠区则代表共同影响，强调有些活动或行为需要不同育人主体共同合作，共同影响学生的经验积累、价值观树立以及行为的发展。对时间变量而言，该理论认为交叠区的大小，不是平均主义，也不是比例

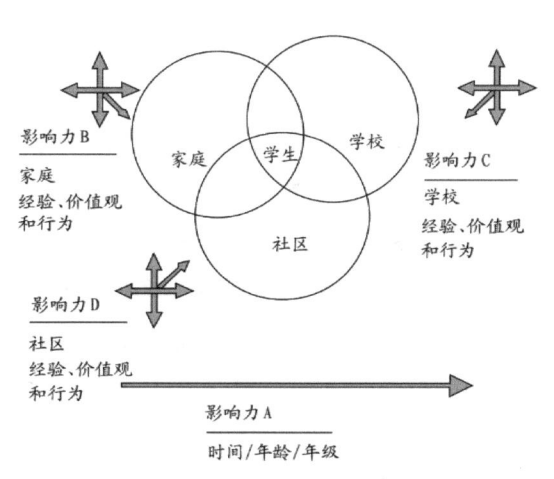

图2-3-1 交叠影响域外部结构模型

---

① 张俊，吴重涵，王梅雾，等. 面向实践的家校合作指导理论：交叠影响域理论综述[J]. 教育学术月刊，2019（5）：3-12.

主义，而是随着学生年龄、年级等要素的改变，不同育人主体参与教育的行为或活动也会处于动态的变化之中。家校社作为学生学习与成长过程中的重要环境，应根据学生年龄与教育活动特点，充分发挥不同育人主体自身的资源优势，各司其职、共同助力学生成长。

二、交叠影响域理论的内部模型

交叠影响域理论内部模型属于外部模型的镶嵌内容，旨在揭示家校社如何建立起复杂且必要的人际关系和影响模式。内部模型主要包括三种情形，即家庭和学校、家庭和社区、学校和社区，其中学生在三种交互中始终处于中心地位[①]。

以学校与家庭模型为例（图2-3-2），这种交互可以是机构层面的，如学校邀请家庭参与学校政策制定、活动组织等；也可以是个体层面的，如教师与家长沟通学生在校表现、学习情况等；还可以是教师安排家庭实践作业等。交叠影响域理论内部模型认为家校社以关爱学生为核心，有着相同的育人目标，对学生的影响是交叠重合的。在交叠影响过程中，学校始终处于主导作用。此外，在交叠影响域理论的实践类型方面，爱普斯坦教授指出家校社协作参与所有活动的实践类型主要体现在六个方面（见表2-3-1）。

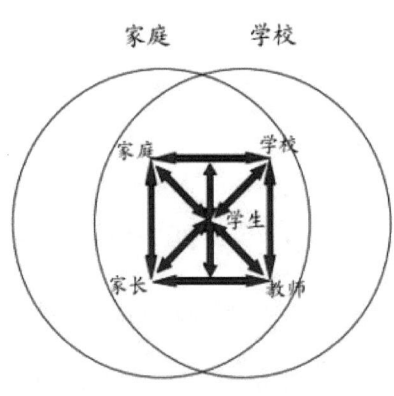

图 2-3-2　交叠影响域理论内部模型（家校交叠部分）

表 2-3-1　家校社合作六种类型及概念

序号	类型名称	类型定义
类型 1	当好家长	学校帮助提升家长素养，促进建立有助于学生发展的家庭环境
类型 2	相互交流	构建家校双向有效沟通的形式，交流学生各方面发展情况
类型 3	志愿服务	招募并组织家长志愿者服务学校部分工作与活动
类型 4	在家学习	帮助学生家长提供如何教育孩子在家获取知识和技能
类型 5	参与决策	家长参与学校政策与活动决策，培养家长代表
类型 6	与社区合作	整合社区教育资源，创设有助于学生发展的社区育人氛围

---

① 贾雪.交叠影响域理论下半寄宿制高中家校合作问题与对策研究[D].大连：辽宁师范大学，2023.

由此可见，家校社的良好合作不仅为学生创设了优质的育人环境，还有助于发挥教育合力，激发学生的内在潜力，促进学生不断走向成功。

三、交叠影响域理论下劳动教育的结构框架构建

交叠影响域理论是促使家校社由独立分离育人走向协同合作育人的有效机制。劳动教育的家校社分离是目前我国教育实践面临的重大问题，分离意味着家校社存在育人场域模糊或在独立场域践行着健康或异化的劳动教育活动，使本应由家校社协同育人的方式被人为肢解分离。这不仅违背了人的成长规律，也违背了教育本身蕴含于家校社不同场域之间的耦合逻辑。基于对我国劳动教育开展存在着家校社分离问题的审视和反思，程豪与李家成（2021）绘制出基于交叠影响域理论补救分离式劳动教育的结构框架理路图（见图2-3-3）。由图可知，这一框架理路逻辑由四种要素共同组成，即教育者、受教育者、教育目标和教育环境。其中，劳动教育的实施主体包括家庭、学校和社会三个不同劳动场域，以及家长、教师和社区教育者三类具有生命属性的教育者；作为受教育者的学生在劳动教育中始终处于核心位置，位于框架理路的中心，是家校社协同育人的起点和最终归宿；劳动教育目标既独立存在于家校社不同场域之内，也呈现出三者交织融生的样态[①]。总之，交叠影响域理论是通过家校社协同育人方式推进劳动教育由分离育人走向融合育人的逻辑思维。在劳动

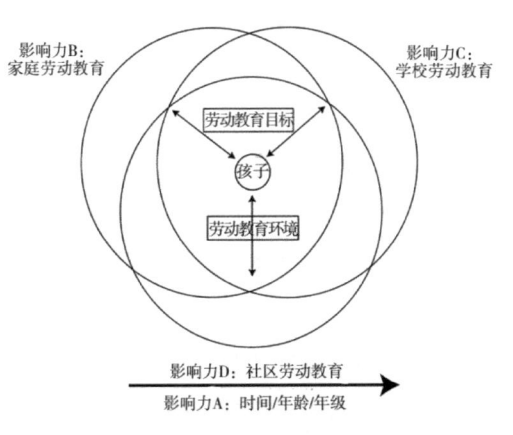

图 2-3-3　基于交叠影响域理论补救分离式劳动教育的结构框架理路图

教育的全程中，家校社不同场域教育者以关爱学生为中心，构建出协同育人环境，在沟通、对话与合作中使劳动教育目标由差异走向统一，由分离走向整

---

① 程豪，李家成. 家校社协同推进劳动教育：交叠影响域的立场 [J]. 中国电化教育，2021（10）：33-42.

合，从而促进劳动教育新格局的形成。

总之，无论是交叠影响域理论的外部模型还是内部模型，抑或是交叠影响域理论下构建的劳动教育结构框架，都是以克服家校社分离育人的不足为目的。2018年9月，习近平总书记在全国教育大会上强调"办好教育事业，家庭、学校、政府、社会都有责任"①。交叠影响域理论倡导构建家校社协同育人的行动框架。劳动教育作为新时代社会主义教育制度的重要组成部分，涉及日常生活劳动、生产劳动和服务性劳动三类劳动。由此可见，劳动教育不是某一方的单独事情，更需要整合家庭、学校和社会等多方力量，在协同共建中形成具有新时代中国特色社会主义的劳动教育新格局。学校、家庭和社区要将学生置于中心位置，以指导和服务学生为出发点，把关爱学生作为基本理念。家校社协同育人具有叠加效应。一方面，家庭、学校和社会要发挥各自在场域和育人内容方面开展劳动教育的独特性；另一方面，不同主体要在互补合作中发挥叠加优势，同心协力形成"家庭—学校—社会"协同育人的"磁场效应"，全面提升学生的劳动素养，从而推动劳动教育从对话中走向聚通，从分裂中走向融合，从理念中走向实践。

第四节 新时代中小学生劳动教育的价值意义

党的十八大以来，以习近平同志为核心的党中央高瞻远瞩，明确提出要构建德智体美劳全面发展的教育体系，要求将劳动教育纳入人才培养的全过程。习近平总书记对劳动教育展开了一系列论述，不仅是对马克思主义劳动观的继承、发展与创新，还是对新时代人才培养的新要求。中小学生作为未来社会的接班人与建设者，其劳动素养水平直接影响着将来社会的发展情况。在中小学阶段开展劳动教育对落实立德树人教育根本任务、促进学生全面发展、实现中华民族伟大复兴等具有重要意义。

---

① 习近平. 坚持中国特色社会主义教育发展道路 培养德智体美劳全面发展的社会主义建设者和接班人[EB/OL].（2018-09-10）[2024-07-20].http：//www.xinhuanet.com/politics/2018/09/10/c_1123408400.htm.

一、新时代劳动教育是全面落实立德树人教育任务的重要路径

"培养什么人、怎样培养人"是教育的永恒主题和根本问题。党的十八大以来,习近平总书记十分重视学生德育教育,并在北京大学师生座谈会上强调:"要把立德树人的成效作为检验学校一切工作的根本标准,真正做到以文化人、以德育人,不断提高学生思想水平、政治觉悟、道德品质、文化素养,做到明大德、守公德、严私德。"[①] 习近平总书记对学校教育的主要目标进行了科学阐释,抓住了教育的本质,明确了教育的初心与使命是"立德树人",为新时代人才培养指明了方向。新时代社会背景下,随着科学技术、人工智能的迅速发展,以及受工业化、机械化和城镇化等因素的影响,出力流汗、繁重复杂的体力劳动逐渐被精细、智能、便捷的脑力劳动所替代。越来越多的人从体力劳动中解放出来,人们对劳动的态度也随之发生着变化。部分学生缺乏劳动体验,无法体验劳动的价值与意义,从而滋生了不劳而获、贪图享乐、拜金主义等错误思想,甚至出现了不珍惜劳动成果,不懂、不愿、不会劳动的现象。为了解决劳动教育被弱化、边缘化的问题,国家颁布了一系列促进劳动教育发展的政策,旨在全面提升学生的劳动素养以及国民综合素质。

新时代劳动教育核心目的是培养学生劳动观念。劳动观念是学生对劳动的根本看法与态度,是开展劳动教育的核心目标与认识基础。通过劳动教育一方面有助于学生形成正确的劳动观念,帮助学生正确认识与理解劳动创造人、创造世界、创造美好生活的道理,引导学生树立正确的劳动观念,从而学会尊重劳动、尊重普通劳动者。另一方面有助于培养学生养成良好的劳动态度、劳动习惯与劳动精神。学生在经历劳动教育实践活动过程时,教师应有意识地培养学生有始有终、认真负责、吃苦耐劳、团结合作等良好习惯与品质;厚植劳动情怀,引领学生弘扬精益求精、艰苦奋斗、勤俭节约等劳动精神。

由此可知,新时代劳动教育重视继承与弘扬中华民族传统劳动精神,注重学生正确劳动观念与优良劳动品质的培养。毋庸置疑,新时代劳动教育是全面落实立德树人教育任务的重要路径。

---

① 谢辉. 把立德树人的成效作为检验学校一切工作的根本标准[J]. 中国高等教育,2018(12):10-11.

二、新时代劳动教育是促进学生全面协调性发展的现实需要

2018 年 9 月,习近平总书记在全国教育大会上指出要将劳动教育纳入全面发展教育体系之中,培养德智体美劳全面发展的社会主义建设者与接班人,并提出了"五育并举"的新表述。

劳动能够反映出人的意识、思维、审美、能力等,具有树德、增智、强体、育美的综合育人价值。在德育方面,"德才兼备,以德为先。"我国将"立德树人"作为育人的根本任务与衡量学校建设的重要标准。学生通过劳动教育可以体验、经历与感受劳动的艰辛。这不仅可以磨炼人的意志,还可以帮助学生树立正确的劳动观,培养学生吃苦耐劳、珍惜劳动成果的道德情操,坚定美好生活是努力干出来的信念。在智育方面,习近平总书记指出:"所有知识要转化为能力,都必须躬身实践。"① 人的劳动需要手脑结合。学生在经历劳动实践时,其智力在劳力与劳心的过程中得以发展,对个人思维与智慧的发展具有重要意义。因此,在劳动教育过程中应遵循手脑并用、理论和实践相结合的原则,激发学生的创造性,不断促进学生思维与智力的发展。在体育方面,学生通过积极参加体力活动、生产活动等劳动教育,有助于磨炼意志、增强体质、健全人格,为今后步入社会从事工作、挑起时代重任打下坚实的基础。在美育方面,习近平总书记指出:"要坚持以美育人、以文化育人,提高学生审美和人文素养。"② 以劳育美旨在帮助学生在劳动过程中形成以劳动为美的观念,养成良好的劳动品质,提升劳动创造美的能力,激发学生对美的向往和追求等。

由此可见,劳动教育具有综合育人价值。"五育"作为一个整体,是相辅相成、相互促进的关系。没有劳动教育参与,"五育"之其他"四育"将无法实现人的全面发展。新时代劳动教育,不仅要发挥劳动教育对德智体美的促进作用,还要在德育、智育、体育、美育中深度挖掘劳动元素,发挥"五育"融合育人价值。

---

① 赵轩. 大学生爱国主义教育的四重路径 [J]. 东北师大学报(哲学社会科学版),2023(3):158-164.

② 杨晨. 新时代劳动教育观的理论基础及实践路径研究 [D]. 郑州:河南农业大学,2023.

三、新时代劳动教育是实现中华民族伟大复兴的现实客观要求

习近平总书记坚持马克思主义唯物史观,充分地认识到劳动是推动社会进步的动力与源泉。他指出,人类是劳动创造的,社会是劳动创造的。中华民族灿烂的物质文明和精神文明都是劳动创造的。青少年作为未来实现民族复兴的圆梦人,其劳动素养水平直接影响着未来社会的繁荣发展。

中小学通过开展新时代劳动教育,一方面帮助学生形成"劳动最光荣、劳动最崇高、劳动最伟大、劳动最美丽"的劳动价值观。习近平总书记指出,一切劳动,无论是体力劳动还是脑力劳动,无论是个人创造还是集体创造,都值得尊重和鼓励①。学校通过开展劳动教育帮助学生树立尊重劳动、尊重普通劳动者的劳动观念,使学生明白:通过双手勤恳诚实劳动,为伟大祖国建设添砖加瓦的劳动者都应该被尊重。正确的劳动观念是构建和谐社会主义社会的重要保障。另一方面新时代劳动重视培养学生的劳动精神。劳动精神是持续推动社会发展的力量源泉。劳动精神是在劳动者身上内化于心并在其劳动过程中展现出来的精神面貌、价值理念、思维方式和心理状态,是激励主体在劳动中实现自身价值的精神指引,是促进经济社会发展的内生动力。新时代劳动教育重视传承中华民族勤俭节约、敬业奉献的优良传统,培育精益求精、追求卓越的工匠精神,开拓创新、砥砺奋进的时代精神以及爱岗敬业、甘于奉献的劳模精神等。

总而言之,中小学校学生作为未来社会的建设者与筑梦人,在实践劳动中,应树立正确的劳动认知,以劳动精神为榜样与信仰,严格要求自我,不断提升自己的综合素质,才能在实现中华民族伟大复兴工程中担起时代重担。

四、新时代劳动教育是信息化与数字时代社会发展的必然要求

随着人工智能、大数据等数字时代的到来,人们的学习、生活、工作以及思维习惯已发生了翻天覆地的变化。信息化能力不仅成为衡量一个国家或地区综合实力的重要标志,还是衡量学生核心素养的一个重要指标。

---

① 习近平. 在庆祝"五一"国际劳动节暨表彰全国劳动模范和先进工作者大会上的讲话 [N]. 人民日报,2015-04-29(2).

新时代劳动教育更加注重培养学生的实践性与创新性。一方面新时代劳动教育重视丰富劳动教育内容。不仅强调传统劳动、手工劳动教育，还重视现代新技术、新工艺等现代教育内容。比如崔中良与王梦钰（2023）指出数字技术深刻改变了劳动教育的形式、内容和途径，催生出数字劳动教育；数字技术创新了劳动教育理念、拓宽了劳动教育场域、丰富了劳动教育形态[①]。冯珊珊（2023）指出数智时代出现了诸如数字劳动、智能劳动和情感劳动等劳动新形态[②]。作为"网络原住民"的"00后""10后"的中小学生，他们从小接触电子产品，对数字化产品并不陌生。因此，新时代的劳动教育要与时俱进，在传承传统劳动教育时，还要赋予现代数智时代劳动教育新内涵。这样才能培养出新时代社会发展需要的人才。另一方面，新时代劳动教育要重视培养学生的劳动创新能力。创新是一个国家、一个民族发展的不竭动力。新时代，产品更新日益加速。劳动创新能力作为劳动核心素养的重要组成部分，是劳动教育必须关注的育人内容。劳动教育的载体是学生积极参与其中的实践活动。在实践活动中，教育者应重视培养学生的创新意识、提升学生的创新能力。正如苏霍姆林斯基强调的"劳动不仅是铲子和犁地，更重要的是一种思维"[③]。在信息化与人工智能时代，劳动形式与内容变得更加丰富多样。学生在新时代劳动教育过程中，不能仅着眼于知识与技能的学习与掌握，更应该重视个体通过劳动实践提升自身的分析思维、整体思维、问题解决能力等，从而真正实现手脑并用、劳力劳心。

由此可见，基于未来社会发展视角，新时代劳动教育的内涵与实现路径将随着时代的发展进一步延伸与拓展。新时代劳动教育应合理统筹传统劳动与现代劳动，以便更好地培养出信息化与数字时代所需要的关键人才。

[①] 崔中良，王梦钰. 数字劳动教育的新生态、风险及发展路向 [J]. 教育与职业，2023（10）：28-34.

[②] 代以平，冯珊珊. 数智时代劳动的新形态与新挑战：兼论学校劳动教育的应对 [J]. 思想理论教育，2023（3）：104-111.

[③] 苏霍姆林斯基. 怎样培养真正的人 [M]. 蔡汀，译. 北京：教育科学出版社，1992：146.

小　　结

本章主要围绕"新时代中小学劳动教育理论基础与价值意义"展开，共包括五节内容。前四节主要阐述了新时代中小学劳动教育理论基础，即马克思主义劳动教育思想、陶行知劳动教育思想与交叠影响域理论。劳动教育理论对新时代劳动教育课程目标确立、课程内容选择与组织、课程实施与课程评价具有指导价值。第五节主要阐述了新时代劳动教育的价值意义，即新时代劳动教育是全面落实立德树人教育任务的重要路径，是促进学生全面协调性发展的现实需要，是实现中华民族伟大复兴的现实客观要求，是信息化与数字时代社会发展的必然要求。

总之，劳动教育作为"五育"中的一员，是中国特色社会主义教育制度的重要内容，对于培养德智体美劳全面发展的社会主义建设者和接班人具有重要的意义。新时代，我国十分重视劳动教育，明确指出大中小学应开设劳动教育必修课程。在此背景下，以史为鉴，深入剖析与劳动教育相关的教育理论及中小学劳动教育的价值意义，对构建新时代劳动教育课程体系、分析开设劳动教育的必要性、提升师生对劳动教育的认知度等方面具有重要意义。

第三章　新时代中小学生劳动教育课程设计与研究

课程是学校教育的核心，是教学活动有效实施的载体。从课程开发的视角出发，其主要包括课程目标的确立、课程内容的选择与组织、课程实施、课程评价与课程作业设计等环节。因此，劳动课程设计应基于以上环节进行展开。

第一节　新时代中小学生劳动教育课程目标的设计

目标是课程的关键，决定着课程内容的选择与组织、课程实施方式的选取、课程评价的应用以及课程作业的设计。课程目标是学生必须保证的学习水平的下限，是课程开发的前提和基础。新时代劳动教育课程目标设计需要基于时代需求、梳理目前劳动教育问题，参照中国学生发展核心素养以及《义务教育劳动课程标准（2022年版）》，细化劳动教育课程目标。

一、目前劳动课程目标制订现状

在新时代社会背景下，随着科学技术、人工智能的迅速发展，以及受工业化、机械化和城镇化等因素的影响，出力流汗、繁重复杂的体力劳动正在逐渐被精细、智能、便捷的脑力劳动所替代。越来越多的人从体力劳动中解放出来，使得人们对劳动的态度也随之发生着变化。不少家长的教养方式也出现了重智轻劳的偏差，导致一些学生养成四体不勤、懒散闲逸的品性，产生了鄙视体力劳动、追求享受的不良认知与行为，出现了不尊重普通劳动者、不珍惜劳动成果的错误思想与行为。在学校，劳动课程常常被"虚化"为可有可无的课程，成为课表中的"虚设课"；或被其他学科课程所取代或被"异化"为休闲娱乐和惩罚教育；或被"窄化"为其他"四育"的附庸和实现路径，难以发挥劳动教育应有的育人价值。通过对劳动课程实践分析，可以发现劳动教育目标设计主要存在以下问题。

（一）有"劳"无"教"，有"教"无"劳"

教育性是劳动教育课程的本质属性。劳动教育强调"劳力劳心""手脑并用"。当前我国劳动教育存在许多问题。主要表现在：一是将劳动教育"泛化"，被简单视为单纯的体力劳动；或将劳动教育"异化"，被视为一种惩罚手段、休闲方式和才艺秀场[①]，存在着"有劳无教"，"劳动"和"教育""两张皮"的问题；二是将劳动教育视为一种理论教育。教师只是单纯地教授理论，学生缺乏参与劳动过程的机会，存在"有教无劳"的问题。这种"有劳无教"与"有教无劳"问题普遍存在，使得劳动教育流于形式，严重违背了劳动教育课程理念与初衷。

（二）重视劳动技能培养，忽视劳动素养培养

劳动教育课程目标是培养学生的劳动核心素养，强调在形式多样的劳动过程中，学生掌握劳动技能，领悟劳动价值、树立劳动观念，形成勤俭、奋斗、创新、奉献的劳动精神。而一些学校仅限定于劳动技能的习得，单纯强调动手操作，将劳动教育课程变成了劳动技术课程。一些学校只要开展劳动教育课，学生就去打扫卫生，去实践基地、农场干活。这在一定程度上将劳动四维目标割裂开来，影响着劳动教育培育"完整人"的作用。

（三）劳动课程目标时代性与创新性有待增强

新时代劳动教育不仅应传承优良传统，还应彰显时代特征。目前劳动教育课程目标普遍关注日常生活劳动，对传统文化、新时代新技术、新技艺等方面涉及较少，在一定程度上影响了培养学生实践能力、创新精神、劳动精神等。尽管一些劳动课程目标中涉及了信息技术，但比较浅显，没能将信息素养与劳

[①] 檀传宝. 加强和改进劳动教育是当务之急：当前我国劳动教育存在的问题、原因及对策[J]. 人民教育，2018（20）：30-31.

动教育目标较好地有机融合。

二、新时代劳动教育课程目标设计原则

泰勒在《课程与教学的基本原理》中指出课程目标的确立需要基于学生的需求与兴趣，当前社会发展需求以及对学科发展与价值的把握，同时指出应培养学生哪些行为，以及该行为可以通过哪些生活领域或者内容形式展开陈述[①]。基于泰勒原理对课程目标确立原则的指导，目前劳动教育目标设计存在许多问题，因此，十分有必要厘清新时代劳动教育目标设计的基本原则。

（一）科学性与全面性原则

制定新时代劳动教育课程目标，必须符合劳动学科的性质。在现阶段，必须符合《义务教育劳动课程标准（2022年版）》的要求，体现劳动素养的四个维度，即劳动观念、劳动能力、劳动习惯与品质、劳动精神，使劳动教育课程总目标在每一个具体的小目标中得到体现。同时，课程目标在面向全体同学时，还应关注个体需求与差异。总之，劳动课程目标设置要以劳动课程标准为依据，结合学生年龄特征与个体发展需求，通过创设真实、生动且具有启发性的学习情境，把激发和保持学习者的劳动兴趣与动机放在中心位置，从而使学生能够达到预期的劳动目标，以保障劳动教育课程目标设计具有逻辑性、结构性、科学性与全面性。

（二）传统性与时代性原则

不同时期因社会需求不同，劳动培育目标也有所不同。新时代劳动课程目标需要在传承传统中创新，善于捕捉新时代赋予的劳动元素。目前，社会已经步入了数字化智能时代，新技术、新工艺、新产业大大丰富了劳动形式与内容，劳动教育课程目标势必也要与时俱进，不仅需要关注传统劳动美德、工艺，还应涉及现代信息技术，关注学生劳动创新意识的培养、创新能力与信息素养的提升，体现劳动教育的时代性。

---

① 夫尔·泰勒.课程与教学的基本原理[M].罗康，张阅，译.北京：中国轻工业出版社，2018：46-47.

(三）层次性与系统性原则

课程是一种循序渐进的活动。一是课程目标要与学习者接受教育的层次相适应。由于不同学段学生的心理发展水平、生活经验、动手能力等都有所不同，因此，中小学新时代劳动教育课程目标必须基于学生的学段特征进行设计。同时还应注意不同学段之间课程目标是相互关联的，具有系统性。其层次性与系统性主要表现为课程目标设置应体现"螺旋上升""循序渐进"的特点。比如，在小学低学段注重劳动启蒙教育，中高段注重学生劳动动手能力以及劳动精神的培育。因此，随着学生学段的升高，学生不同维度的劳动素养应呈现逐渐稳步提升的特征。二是要准确把握课程目标、学段目标、学期目标、单元目标、课时目标之间的层次与关系。如图 3-1-1 所示，这五个层次呈现出由一般到特殊，由概括到具体逐级具体化的过程，形成了一个多层级的目标体系。三是同一学段的学习者在完成教学目标时也应有层次差异。

图 3-1-1　课程目标体系

由于学生之间存在差异性，所以在设计某一个特定目标时要反映和表达出不同学生学习结果的层次性，要确保每一个学生在劳动学习过程中都能得到应有的发展。

（四）具体性与灵活性原则

劳动教育课程目标必须是能够有效指导教学实践活动，有实用意义的存在。因此，一方面课程目标内容理应力求明确、具体，符合学生的实际需求，同时具有可操作性和可检测性，能够通过观测学生行为来精确陈述其学习结果。如果劳动教育课程目标描述含混不清，教育者就难以理解和准确把握目标要求，势必会影响教学内容的确立与课程评价的实施。教育者应依据劳动课程标准的要求，深入分析教学内容，明晰学生的认知现状与结构，把握其能力水平、熟悉其生活经验、爱好、习惯等方面。在目标表述时，应尽量采用可对学习者的行为进行直接观察的行为动词，使课程目标明确具体，能够观察、测量和操作。另一方面，劳动教育课程目标还应坚持灵活性原则。由于课程教育活动是一个师生动态交互的过程，势必在教学中会生成一些新的问题。因此，应对预期目标的表述留有一定的空间。在实际教学活动中，应根据具体情境、学生特点，因时因地，结合实际需求对预设目标进行调整与优化完善，从而更好地契合课程教学实际。

三、新时代劳动教育课程目标体系构建

劳动教育课程具有树德、增智、强体、育美的综合育人价值。我国的教育目标是培养德智体美劳全面发展的社会主义建设者与接班人。因此在新时代劳动教育课程目标设计时必须纳入"四育"元素，同时重点突出劳动之"德"。《义务教育劳动课程标准（2022年版）》明确提出，劳动课程应培养学生劳动核心素养，即劳动观念、劳动精神、劳动习惯与品质、劳动精神（图3-1-2）。劳动核心素养的四个方面相互联系、相辅相成，构成了一个有机的整体。新时代劳动教育课程目标、学段目标、学期目标、单元目标、课时目标应基于劳动核心素养内涵，由一般到特殊逐级具体化，形成一个多层级的目标体系。其中劳动课程总目标与学段目标可参考《义务教育劳动课程标准（2022年版）》；学期目标、单元目标、课时目标可基于劳动课程总目标、学段目标、教学内容以及课程目标设计原则进行设计。

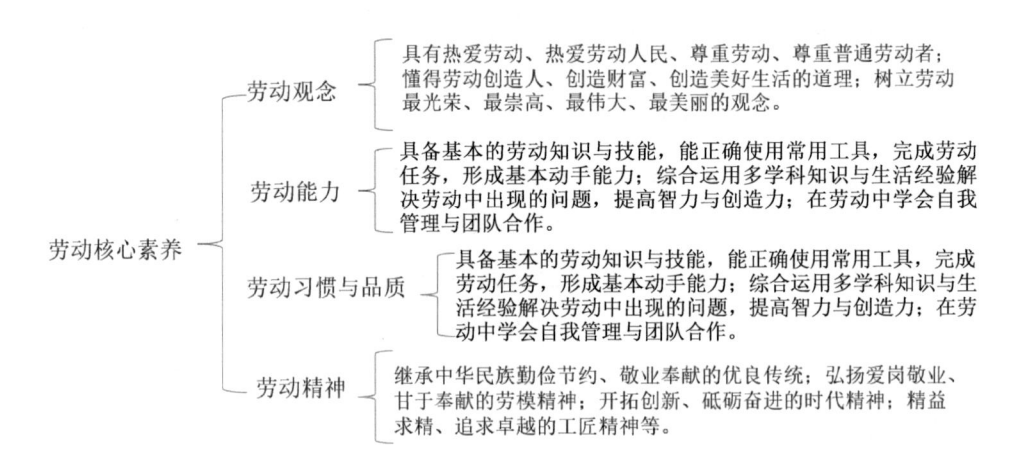

劳动核心素养
- 劳动观念：具有热爱劳动、热爱劳动人民、尊重劳动、尊重普通劳动者；懂得劳动创造人、创造财富、创造美好生活的道理；树立劳动最光荣、最崇高、最伟大、最美丽的观念。
- 劳动能力：具备基本的劳动知识与技能，能正确使用常用工具，完成劳动任务，形成基本动手能力；综合运用多学科知识与生活经验解决劳动中出现的问题，提高智力与创造力；在劳动中学会自我管理与团队合作。
- 劳动习惯与品质：具备基本的劳动知识与技能，能正确使用常用工具，完成劳动任务，形成基本动手能力；综合运用多学科知识与生活经验解决劳动中出现的问题，提高智力与创造力；在劳动中学会自我管理与团队合作。
- 劳动精神：继承中华民族勤俭节约、敬业奉献的优良传统；弘扬爱岗敬业、甘于奉献的劳模精神；开拓创新、砥砺奋进的时代精神；精益求精、追求卓越的工匠精神等。

图 3-1-2　劳动核心素养内涵

四、新时代劳动教育课程目标设计案例

重庆市 M 小学基于低段开发了田园劳动教育校本课程。在课程目标设置时,M 小学利用学校自身的资源,结合学校"五心并育 艺体生辉"的办学理念、教育特色以及《义务教育劳动课程标准(2022年版)》,打造了"寻美校园"系列特色课程,设计了田园劳动课程总目标,即通过"寻美校园"的田园劳动课程,不断提升培养学生的劳动知识、习惯、能力和价值观,让学生变得真正知劳动、会劳动、善劳动、爱劳动[①]。基于劳动素养四个维度内容,结合"寻美校园"的田园劳动课程性质以及小学低学段(1～2年级)学生需求,重庆市 M 小学设计了低段劳动课程核心素养,见表 3-1-1。

表 3-1-1 重庆市 M 小学低段田园劳动课程素养

劳动素养要求	目标内容
劳动观念	懂得人人都要劳动的道理,主动参与班级劳动,在力所能及的劳动实践中体会劳动的艰辛和快乐,初步形成爱劳动、积极参与劳动的态度
劳动能力	在简单的工艺制作和农业劳动中,初步掌握简单的手工技能,会使用简单的工具,照顾身边常见的动植物
劳动习惯和品质	懂得珍惜劳动成果,在劳动过程中遵守劳动纪律和安全规范,初步养成认真负责、有始有终的劳动习惯和品质
劳动精神	能在劳动过程中不怕累、不怕脏

第二节 新时代中小学生劳动教育课程内容的设计

新时代是一个空前发展的时代。人们生活水平显著提高,社会矛盾也发生了根本改变,已经转化为人民日益增长的美好生活需要和不平衡不充分的发展之间的矛盾。高科技、新技术的兴起极大地丰富了新时代劳动教育的形式与内容。"新时代中小学劳动教育教什么"是劳动课程必须回答的问题。新时代劳动课程以培养学生的劳动素养为导向,以劳动课程理念和目标为引领,结合不同学段学生特点,围绕日常生活劳动、生产劳动和服务性劳动三大劳动主题,以任务群为基本单元,构建新时代劳动课程内容结构。通过筛选、分类等形式,使劳动课程内容结构更加合理、操作性更强。

---

① 万荷越. 小学低段田园劳动教育校本课程的开发与实施 [D]. 重庆:重庆三峡学院,2024.

一、新时代劳动教育课程内容的选择依据与原则

新时代劳动教育课程内容作为劳动课程开发的重要环节之一，是劳动课程目标与劳动教育实施的中介，事关劳动教育培养对象的质量问题。新时代劳动教育课程内容应基于《义务教育劳动课程标准（2022年版）》、社会发展需要，以及学习者的学习经验、兴趣等，遵循一定的选择依据与原则进行筛选。

（一）新时代劳动教育课程内容的选择依据

《义务教育劳动课程标准（2022年版）》指出劳动课程以培养学生的劳动素养为导向，以劳动课程理念和目标为引领，结合不同学段学生特点，围绕日常生活劳动、生产劳动和服务性劳动三大类主题开设劳动课程。同时，在这三大主题劳动内容之下合理安排劳动任务群，以此构建新时代劳动内容结构。由图3-2-1可知，新时代劳动内容主要包括日常生活劳动、生产劳动和服务性劳动三大类主题劳动。

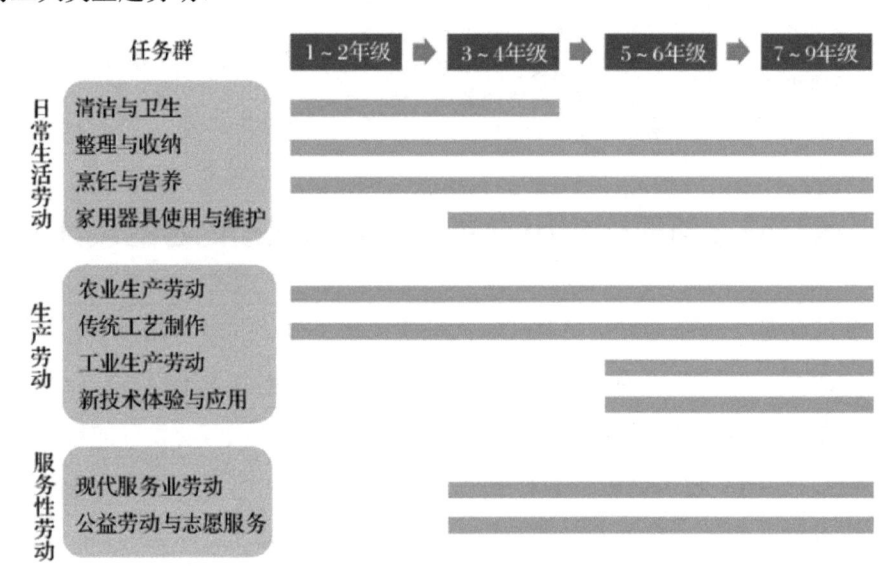

图3-2-1 劳动课程内容结构示意图

1. 日常生活劳动

日常生活劳动是一种指向学生个体日常生活自理能力的教育活动，围绕着学生的衣、食、住、行、用等方面展开，注重积累学生生活经验，培养学生的

生活能力和良好的卫生习惯，帮助学生树立自强、自理意识，学会一定的日常生存知识与技能。从某种意义上说，日常生活劳动也是一种自我服务性教育活动和生存性教育活动。由图3-2-1可知，日常生活劳动主要包括清洁与卫生、整理与收纳、烹饪与营养、家用器具使用与维护四个方面。学校在安排日常生活劳动时，应根据学生生活经验、实践能力、不同学段心理发展特征进行合理选择，比如"清洁卫生"任务群主要在小学低年级学段开设，"家用器具使用与维护"主要从小学中高学段开始开设。

2. 生产劳动

生产劳动指的是让学生在亲身经历工农业生产过程中，直接经历物质财富的创造过程。学生通过体验与经历从简单劳动向复杂劳动、创造性劳动的发展过程，学会使用生产工具，掌握劳动知识与技能，从而感受物质产品的来之不易，在劳动中引导学生树立正确的劳动价值观，建立乐于劳动的意识。由图3-2-1可知，生产劳动主要包括农业生产劳动、传统工艺制作、工业生产劳动、新技术体验与应用四大任务群。从生产劳动设置的任务群可知，生产劳动既包括农业生产，还包括工业生产。生产劳动内容十分丰富，既包括传统劳动，还包括现代新兴行业。学校在安排生产劳动时应基于不同学段学生年龄特征，进行科学选择与设置生产劳动项目。

3. 服务性劳动

服务性劳动指的是让学生利用所学知识、技能等为他人、为社会提供服务的教育活动。学生在现代服务劳动、公益劳动、志愿服务中培养服务意识、责任意识以及社会责任感，同时感悟劳动中人与人、人与物、人与社会的关系。由图3-2-1可知，服务性劳动主要包括现代服务业劳动、公益劳动与志愿服务两大任务群。服务性劳动应根据不同学生学段特征、实践经验等进行设计。一般从小学第二学段开始，可联系服务基地，如公园、社区等公共场所，设计结构化的志愿服务活动，让学生有机会运用所学知识与技能服务他人与社会，并在此过程中提升学生的服务意识，锻炼学生的社会服务技能，从而积累生活经验与技能，为将来更好地生存与发展打好基础。

总之，学校可以基于自身情况，有选择地从三大类劳动十大类任务群中，确定适合自身学校与学生发展的劳动项目，构建系统化的劳动教育课程。比如谢晓霖（2023）基于乡村小学，建立了劳动教育任务群，构建了系统化的劳动教育课程，详见图 3-2-2。

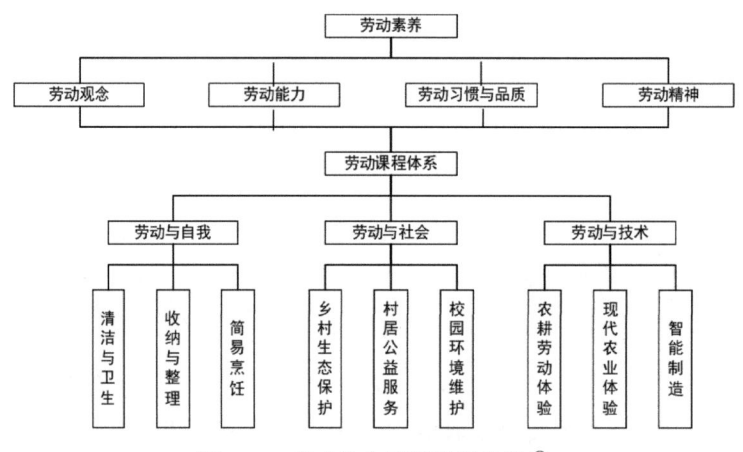

图 3-2-2 劳动教育课程体系构建[①]

（二）新时代劳动教育课程内容的选择原则

1. 坚持传统性与时代性相结合原则

传承优良传统、彰显时代特征是新时代劳动教育课程理念的要求。因此在新时代劳动课程内容选择时应统筹传统劳动与新型劳动两者的比例。一方面，我国是一个农业大国，以农耕、手工生产等为主的劳动是人与自然相互作用的重要方式。开展传统劳动是教育学生认识人与自然和谐相处的重要路径。此外，陶艺、剪纸、编织、皮影等传统工艺劳动中凝聚着中华优秀传统文化成果，对学生形成传承中华优秀传统文化意识与弘扬工匠精神具有重要意义。另一方面，数字化智能时代，劳动教育应与时俱进，合理安排新技术体验与应用内容。这样才能培养学生适应未来社会需要的劳动素养，为学生的未来职业发展以及幸福生活夯实基础。

2. 坚持生活性与实践性相结合原则

新时代劳动教育课程内容应贴近学生日常生活，架起知识学习与现实生活

---

① 谢晓霖. 乡村小学劳动教育课程建设的调查研究 [D]. 济南：山东师范大学，2023.

的桥梁，关注学生的衣、食、住、行、用，为提升学生自理自立、幸福生活打好良好基础。针对目前一些学生不珍惜劳动成果、不懂如何劳动以及日常生活能力差等现象，一方面劳动课程组织者应根据学生发展需求，精选与学生日常生活紧密相关的劳动内容，让生活的各个方面都成为劳动教育的育人资源。学生在经历日常生活性劳动过程中，不断提升生活能力，树立正确的劳动观，养成良好的劳动习惯与品质。另一方面，劳动课程组织者在内容选择时，应坚持实践性原则。学生只有经历劳动实践过程，才能实现劳力劳心、知行合一，实现劳动核心素养的全面提升。

3. 坚持学段性与综合性相结合原则

由于不同学段学生的劳动课程育人目标不同，因此，劳动教育内容在选择时应基于学段目标、学生年龄特点与认知结构、生活经验与兴趣、活动场域等综合考量。劳动内容应呈现学段进阶性，在知识逻辑与认知逻辑上坚持"螺旋上升"的原则进行学段衔接。同时，劳动教育内容还要根据学生发展需求、课标规定，系统、科学地安排三大类劳动内容的比例。总之，劳动课程内容筛选与确立一方面要基于学段劳动育人目标，另一方面应综合考虑不同劳动教育的内容比例。这样才能全面提升学生劳动素养。

4. 坚持开放性与区域性相结合原则

《义务教育劳动课程标准（2022年版）》指出劳动教育应围绕日常生活劳动、生产劳动和服务性劳动三大类劳动开展，一共包括十个任务群，每个任务群又安排了若干项目。但其内容与项目不是固定不变的，学校可以根据学校特征、区域特色，因地制宜，结合学校实际情况进行选择、开发劳动项目，从而形成校本化劳动清单。这既为学校开发劳动课程提供了内容指导，又给予了学校开发劳动教育的自主性，有助于学校构建符合地方文化、具有地方特色的劳动课程体系。

二、中小学各阶段劳动教育课程主要内容设置情况

学校在劳动教育课程开发时，既要坚持课程内容的全面性、区域性、系统性和均衡性，还要依据不同学段学生身心发展特征、阶段性教育要求，科学、有序地设置劳动任务群内容。从课程内容本身的内在关系而言，劳动教育课程

应呈现由易到难、由简单到复杂，坚持螺旋上升、逐级递进的原则，体现内容的体系性、进阶型与层次性。结合《大中小学劳动教育指导纲要（试行）》与《义务教育劳动课程标准（2022年版）》以及相关文献，针对不同年级开设劳动教育的内容进行分析，梳理出中小学各阶段劳动教育课程的主要内容，详细内容见表3-2-1。

表3-2-1　中小学各阶段劳动教育课程主要内容

年级	劳动教育内容
小学低年级	以个人生活起居为主要内容，重在培养学生的劳动意识。劳动内容主要包括：（1）完成个人物品整理、清洗，进行简单的家庭清扫和垃圾分类等，树立自己的事情自己做的意识，提高生活自理能力；（2）参与适当的班级集体劳动，主动维护教室内外环境卫生等，培养集体荣誉感；（3）进行简单手工制作，照顾身边的动植物，关爱生命，热爱自然
小学中高年级	以校园劳动与家庭劳动为主要内容。劳动内容主要包括：（1）参与家居清洁、收纳整理，制作简单的家常餐等，每年学会1~2项生活技能，增强生活自理能力和勤俭节约意识，培养家庭责任感；（2）参加校园卫生保洁、垃圾分类处理、绿化美化等，适当参加社区环保、公共卫生等力所能及的公益劳动，增强公共服务意识；（3）初步体验种植、养殖、手工制作等简单的生产劳动，初步学会与他人合作劳动，懂得生活用品、食品来之不易，珍惜劳动成果
初中	兼顾家政学习、校内外生产劳动、服务性劳动，加强与学生生涯教育相关联的职业体验劳动，适当参加生产劳动。劳动内容主要包括：（1）承担一定的家庭日常清洁、烹饪、家居美化等劳动，进一步培养生活自理能力和习惯，增强家庭责任意识；（2）定期开展校园包干区域保洁和美化，以及助残、敬老、扶弱等服务性劳动，初步形成对学校、社区负责任的态度和社会公德意识；（3）适当体验包括金工、木工、电工、陶艺、布艺等项目在内的劳动及传统工艺制作过程，尝试家用器具、家具、电器的简单修理，参与种植、养殖等生产活动，学习相关技术，获得初步的职业体验，形成初步的生涯规划意识
普通高中	围绕丰富的职业体验，开展服务性劳动与生产劳动。劳动内容主要包括：（1）持续开展日常生活劳动，增强生活自理能力，固化良好劳动习惯；（2）选择服务性岗位，经历真实的岗位工作过程，获得真切的职业体验，培养职业兴趣；积极参加大型赛事、社区建设、环境保护等公益活动、志愿服务，强化社会责任意识和奉献精神；（3）统筹劳动教育与通用技术课程相关内容，从工业、农业、现代服务业以及中华优秀传统文化特色项目中，自主选择1~2项生产劳动，经历完整的实践过程，提高创意物化能力，养成吃苦耐劳、精益求精的品质，增强生涯规划的意识和能力

三、新时代中小学生劳动教育课程内容设计案例

成都市金牛区中小学依据《国务院关于全面加强新时代大中小学劳动教育的意见》，结合学生发展需求，围绕日常生活劳动、生产劳动和服务性劳动，构建了校本化劳动清单（见表3-2-2），为其他学校设置劳动课程内容、开展劳

动课程提供了经验借鉴。

表 3-2-2　成都市金牛区中小学劳动清单[①]

劳动类别	任务群	小学低学段	小学中高学段	初中	普通高中
日常生活劳动	个人生活	洗脸、洗澡、刷牙、叠被子、洗贴身衣物等	洗鞋子、洗衣服、洗头发、缝补衣服、整理自己的房间等	熨烫衣物、洗床单、铺床、美化个人房间	房间的布置和设计、物品的分类和收纳、服饰搭配和个人形象管理、做家庭安全知识小科普
	家务劳动	清洗瓜果、制作简单面食、摆放碗筷、清扫地面、开关电器、垃圾分类	学会买菜，做简单时令家常菜，熟练使用吸尘器、洗衣机、电饭煲等电器，清理房间杂物，排查家中安全隐患	烹饪、打包行李、艺术插花、家庭园艺、房屋美化等	家庭大扫除、家用物品维护、设计书房阳台景观、家庭理财规划、改造智能家居等
	人际交往	给亲人、朋友端茶、倒水、让座等礼貌礼仪；帮助长辈搬运东西	学会根据拜访对象准备与制作小礼品，拜访前先预约，做好出行准备工作，拜访时注意礼节	承担家庭接待、照顾老人、小孩、照顾病人	组织安排家人外出旅游、策划出行行程、选择交通方式、选择携带物品、安排餐饮、住宿等
	寝室劳动			清洁打扫、洗衣服、洗床单被套、床铺整理、内务文化创建	卫生保洁、内务整理、文化建设等
生产劳动	种植类	学习使用小铲子、小钉耙等工具，尝试种植蔬菜、花卉等，并给予力所能及的照料	参与种植、采摘体验等劳动；根据生长特性对植物进行适当照料与管理	种植花草、水果、粮食作物，学会浇水、施肥、除草、除害虫等简单种植技术；结合学科知识开展简单的有机栽培	种植花草、水果、粮食作物，结合学科知识开展有机栽培
	养殖类	在符合卫生防疫要求的情况下，尝试饲养1～2种小动物，学习使用工具清扫笼舍，学会对小动物简单的照料	在符合卫生防疫规定的情况下，结合实际条件选择1～2种小动物进行饲养，或通过在劳动基地领养等方式，在大人指导下参与小动物的饲养、照料等	在符合卫生防疫规定的情况下，参与家禽或家畜饲养过程，根据动物生活习性进行必要的照管等	在符合卫生防疫要求情况下，进入养殖基地，参与现代畜牧业产业岗位实践

[①] 成都市金牛区中小学、幼儿园劳动清单 [EB/OL].（2020-07-15）[2024-07-29].https：//basic. smartedu.cn/navigation/detail? contentType=assets_document&contentId=6b672488-f883-4599- a8ea-8beed317cf3e&catalogType=navigation&subCatalog=qdfa.

(续表)

劳动类别	任务群	小学低学段	小学中高学段	初中	普通高中
生产劳动	发明制作	学习使用简单的技术工具（如小螺丝刀等），对航模、车模等进行组装或简单的制作	制作创意小家具、小台灯等贴近学习生活的小发明、小创造	走进新型技术企业，学习3D打印、机器人编程等新兴领域技术	参加机器人大赛、城市设计大赛、空间设计等
	手工/加工制作	学习制作简单的剪纸、折纸、小玩具等手工制品	制作简易学习用品等	适当体验包括金工、木工、电工、陶艺、布艺等项目，走进工厂车间，体验职业岗位，适当参与生产性劳动	体验简易木工、金工、电子电工常用工具的一些使用方法，了解如激光雕刻机、激光切割机、三维打印机等的使用方法

需要注意的是成都市金牛区中小学劳动清单是基于本地区教育特色、结合《关于全面加强新时代大中小学劳动教育的意见》创造性地设置了校本化劳动清单。其他学校在设置本地区或本学校劳动清单内容时，不能照搬其他学校模式，应基于《义务教育劳动课程标准（2022年版）》，结合地区资源、学校特色、学生需求、他人经验等，兼顾日常生活劳动、生产劳动和服务性劳动内容，劳动场域包括家庭、学校与社区，从而设置适合本校学生发展的劳动内容清单。

四、劳动周设置及案例

《义务教育劳动课程标准（2022年版）》指出，劳动周是劳动课程的重要组成部分，劳动周与每周至少1课时的劳动课不能相互代替[①]。劳动周主要以集体劳动为主，强调劳动应具有一定的劳动强度与持续性，合理统筹课外与校外劳动实践时间。劳动周主题丰富，一般一学年组织一次，持续性的劳动有助于连接学校与社会的联系，拓宽劳动教育实施途径，丰富劳动教育内容。

（一）劳动周的设计注意要点

1. 主题选择

劳动周是劳动课程的重要组成部分，在主题选择时应考虑以下问题：一是

---

① 中华人民共和国教育部. 义务教育劳动课程标准（2022年版）[M]. 北京：北京师范大学出版社，2022：43.

注重主题价值引领。劳动周主题应具有教育意义，可以培养学生的劳动素养。二是应基于学生的日常生活和社会生产。劳动周应选择学生熟悉、有助于提升学生生活能力的主题。三是体现劳动任务的持续性。劳动周时间较长，应以劳动主题为中心，设置一系列劳动项目和任务。四是劳动主题应统筹现代技术与传统技术。在劳动内容选择时既要关注传统劳动，又要与时俱进，引进新形态劳动。

2. 内容设计

劳动周的内容应以劳动主题为中心，设计一系列劳动任务，任务内容应关注学生劳动素养的各个维度。一是劳动任务应呈现系列化。劳动任务应遵循循序渐进、相互关联的原则。二是劳动任务应呈现综合性。劳动任务应覆盖多个任务群，同时重视与其他学科的联系，引导学生用综合知识解决实际问题。三是劳动任务应具有科学性。教师应遵循学生的年龄特征以及心理发展规律，设置适应学生年龄特征的劳动任务，即劳动难度与强度应适合学生。四是劳动形式应呈现多样性。劳动周活动形式应丰富多样，比如职业体验、研学旅行、成果展示、演讲比赛、项目实践等。

3. 时间安排

劳动周每学年安排一次，既可以安排在学年内或者寒暑假，也可以安排在劳动节、端午节、植树节等传统节日，还可以依据农业时令安排在秋收时节。总之，劳动周的具体时间应根据劳动周的内容和任务进行合理安排。

4. 资源利用

劳动教育资源作为实施劳动教育课程的有效载体，充当着劳动教育中介的作用。一是应积极挖掘与开发学校、家庭、社会等不同场域的劳动育人资源。结合学校、家庭、区域优势资源，利用当地的工厂、企业、研学基地、博物馆等劳动教育资源与空间，开展个性化劳动周活动。二是统筹与利用好人力资源。学校除了劳动教师外，还可聘请各行各业的能工巧匠、非遗传人等担任劳动课程指导教师。三是政府与教育行政部门应加强统筹，积极开发校外劳动实践基地，为学生参与校外劳动教育提供实践场所。

此外，劳动周还需提前做好详细的劳动方案，主要包括劳动流程、安全防范预案、意外事件处理预案等内容。

（二）劳动周大纲设计案例

劳动周大纲是劳动周实施的指导性文件，具有统筹整个活动的作用，主要包括劳动周主题背景、目标以及具体时间的劳动内容安排。W 小学基于学校特色，设置了以"爱上'艾草'"为主题的劳动周，具体详情见表 3-2-3。

表 3-2-3　劳动周大纲设置

主题	爱上"艾草"			
背景	艾草是一种常见的中草药。小小的艾草有极大的药用价值。"家有三年艾，医生不用来"，可见艾草的价值。民谚说"清明插柳，端午插艾"，插艾是端午节的重要习俗之一。端午前后也是采收艾草的季节。艾草的采收与加工是一种传统的生产劳动，蕴含着丰富的劳动资源和中医传统文化。端午节前后，W 小学 5 年级学生以"爱上'艾草'"为主题，开展了为期一周的中医劳动教育			
目标	通过采收、加工艾叶，经历艾条的制作过程，进一步提升学生的动手实践能力；通过上网搜索艾草的功效与作用，提升学生搜索信息的能力；走进艾灸馆，体验艾灸，掌握艾灸的方法，了解艾灸的功效，增强学生对中医药文化的热爱之情；用艾草为父母泡脚，提升学生的劳动服务意识			
劳动周具体任务规划				
时间	劳动安排	教学目标	劳动类型	劳动素养
第一天	采收艾草、保存艾草	了解艾草采收时间、方法	生产劳动	劳动能力
第二天	上网搜索艾草功效；制作艾草明信片；放学用艾草水帮父母洗脚	提升学生信息搜索能力、创新能力，培养学生的服务意识	生产劳动 服务性劳动	劳动能力 劳动精神
第三天	制作艾条	掌握艾条的制作方法、会用艾条制造机	生产劳动	劳动习惯与品质，劳动能力
第四天	在艾灸馆进行艾灸体验	掌握艾灸的方法，了解艾灸的功效，增强学生对中医药文化的热爱之情	服务性劳动	劳动观念 劳动精神
第五天	小组合作制作艾灸明信片	提升学生信息搜索能力、创新能力	生产劳动	劳动能力 劳动精神

第三节　新时代中小学生劳动教育课程组织的逻辑

课程组织是课程开发的重要组成内容。课程组织就是将学习的经验组成学习单元、学程从而转化为教学设计的过程。一门课程，不仅需要明确的课程目标和充足的课程元素，还需要将课程元素按一定的规律进行"编制"，从而形成"可学习的阶梯"。

一、劳动教育课程内容的组织原则

课程内容的组织是按照一定的组织原则进行的，其将课程要素妥善地加以设计，特别要注意学生学习经验的排列、顺序和整合，使课程内容彼此之间可以互相增强，从而发挥最大的育人效果，以达到课程教育的目的。现代课程理论之父泰勒指出在组织学习经验时，应遵守三个准则，也是课程组织的三个原则，即连续性、顺序性和整合性。

（一）连续性原则

连续性是指教育者在设置劳动课程内容时应注意前后学习内容的联系性与衔接性，强调劳动课程的"广度"范围之内的水平组织，是直线式地陈述主要的课程要素。比如，在"清洁与卫生"任务群的内容设置方面，在第一学段开展用笤帚扫地、用拖把拖地、用抹布擦桌椅等简单的清洁劳动。在第二阶段开展正确使用卫生工具，参与学校教室、家庭卧室卫生打扫与整理。教学内容由简单到复杂，前后是连续的，逐渐深化的。

（二）顺序性原则

顺序性是指劳动教育内容的前后衔接，每一后续经验以前面的经验为基础，同时又是前面内容的加深和拓展，强调的是课程的"深度"范围之内的垂直组织规则，即对同一课程要素作更深、更广、更复杂的处理。比如：在"烹饪与营养"内容设置方面，根据学生年龄特点，可在第一学段开展诸如择菜、洗菜等食材粗加工活动；第二学段可开展按照一般流程制作凉菜、拼盘等活动；第三学段用简单的炒、煎、炖等烹饪方法制作2～3道家常菜；第四学段，根据三餐营养合理搭配的原则，设计食谱，并为家长制作午餐与晚餐。

（三）整合性原则

整合性是指在设置劳动课程内容时，要重视整合劳动课程内容各要素之间的横向联系或水平组织上寻求要素之间的内在联系，将各种要素整合为一个有机整体。整合性重视学科融合，反对由学科分割所造成的知识点支离破碎的状态，主张将自己的行为与所学的劳动课程内容统一起来，实现认知、情感与行为三者统一，从而达到最全面提升学生的劳动素养的目的。比如，在小学中高年级，学校可以根据实际需要整合育人资源，开展校园绿化环境维护、卫生环境监督与管理等校园服务；在教师或者家长的带领下，为本地养老院老人打扫卫生、整理房间、制作美食等公益劳动与志愿服务。

由此可知，连续性指知识元素在同一水平先后排列、重复出现；顺序性指知识由浅入深、由易到难、由简单到复杂地呈现；整合性指不同学科领域知识的整合。其中连续性和顺序性属于垂直组织的呈现方式，整合性属于水平组织的呈现方式，如表3-3-1所示。

表3-3-1　不同课程内容组织原则特征

组织原则	概念	特征	呈现方式
连续性	直线式地陈述并反复叙述	先后排列，重复出现	垂直组织
顺序性	后一种学习经验建立在前一种学习经验的基础之上	由易到难，由浅入深	垂直组织
整合性	各种课程内容之间的横向联系	不同学科的整合	水平组织

尽管课程内容组织包括连续性、顺序性、整合性三种原则，但这并不意味着在组织学习经验时，必须遵循哪一种原则。由于不同学段学生的认知发展水平不同，而知识习得又是一个循序渐进的过程，需要学生将知识进行整合与再加工，从而内化与吸收。因此，在课程内容组织时，不仅要考虑到知识的内在逻辑和学生的认知发展水平，还要确保教育内容的连贯性、系统性与整合性，从而保障学生能够系统地学习与掌握劳动知识与技能，养成良好的劳动素养。

二、劳动教育课程内容组织方式

泰勒认为学习经验（内容）的组织形式主要包括横向组织和纵向组织两种。

（一）纵向组织

纵向组织是按照知识的逻辑序列，按照从已知到未知、由简单到复杂、从具体到抽象的先后顺序组织课程内容，更注重知识的深度和系统性。它强调按照知识的逻辑顺序和学生认知发展顺序来组织教学内容，从易到难，逐步引导学生深入理解和掌握知识。这种组织形式有助于学生逐步构建知识体系，提高他们的逻辑思维和问题解决能力。

波斯纳等人认为，在纵向组织中，依据教学内容间的逻辑关系，可以采用直线式与螺旋式组织方式。

1. 直线式组织

直线式组织指的是把一门课程内容组织成一条在逻辑上前后联系的直线，前后内容基本不重复，强调知识本身内在逻辑的直线性[①]。赞可夫认为，如果学习者能够理解和掌握所要学习的课程与教学内容，就可以直线推进教学，而过多的重复教学内容则会造成学习者的厌倦。由此可知，直线式组织是一种高效的课程组织形式。直线式组织课程适合一些理论性相对较弱的学科知识和操作性较强的内容以及高年级的学习者。但直线式组织课程也有其不足，主要表现在难以顾及学习者的心理发展特点以及认知规律，影响学生学习效果。

2. 螺旋式组织

螺旋式组织是指按照学习的巩固性原则，随着学生认知水平的提升，学习经验的积累，在不同阶段、单元中，课程内容注重前后联系，重复出现，层层递进，不断拓展与加深，使内容呈现螺旋式上升的状态[②]，如图3-3-1所示。

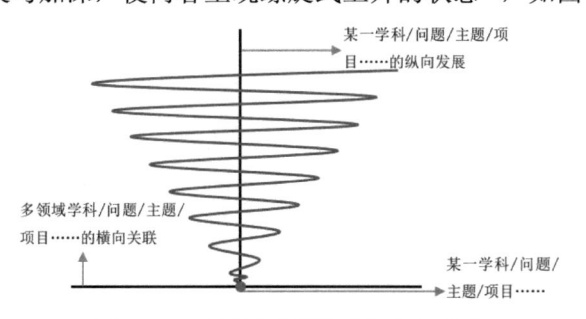

图 3-3-1　课程内容螺旋式组织示意图

螺旋式组织课程为学生提供了一套具有逻辑先后顺序的概念组合，有助于帮助学生在循序渐进中进行思考、理解与习得知识，对促进学生认知能力的发展具有重要意义。对一些理论性相对较强的学科知识，难以理解和掌握内容，尤其对低年级的学生，宜采用螺旋式结构组织教学内容。但螺旋式组织课程也有其不足，其弊端在于不必要的重复，容易造成学科内容的臃肿，往往使学生容易感到厌倦。

---

① 孙泽文，叶敏. 课程内容的构成要素、组织原则及其结构研究 [J]. 内蒙古师范大学学报（教育科学版），2013，26（2）：60-63.

② 拉尔夫·泰勒. 课程与教学的基本原理 [M]. 罗康，张阅，译. 北京：中国轻工业出版社，2008：55.

由此可知，直线式组织、螺旋式组织两者各有其优点与不足。直线式组织可以避免不必要的重复；螺旋式组织则会照顾学生的认知特点，有助于学生加深对学科知识的理解。两者中一方的短处，却是对方的长处。因此，最佳的课程组织形式是在保持线性编排思想的同时，合理融入螺旋式课程内容要素和直觉思维特点，构建统筹直线前进与螺旋上升两者优点的课程编排体系。

（二）横向组织

横向组织强调的是打破学科的知识界限和传统的知识体系，将不同学科的知识和技能整合在一起，以便学生能够从多维度理解和应用知识。通过横向组织，学生可以更好地将不同学科的知识联系起来，形成跨学科的理解和思考方式。劳动教育作为其他"四育"的黏合剂，对学生的德智体美皆具有培养价值。以课程整合为核心载体来看，横向组织主要包括以科目为中心的整合课程、以活动为中心的整合课程、以研究性学习为中心的整合课程三种不同样态的课程。

1. 以科目为中心的整合课程

以科目为中心的整合课程，其课程整合的核心主要源于具体学科。这种综合课程尝试打破学科自身固有的知识编排逻辑，将不同学科相关内容有机整合为一体的新逻辑。例如，重庆市南开中学，整合生物学科知识、传统文化、劳动教育，开发了"传统文化与劳动"课程[①]。

2. 以活动为中心的整合课程

以活动为中心的整合课程是基于学生的兴趣、生活经验，按照学生的心理发展编撰的课程，其目的是促进学生的经验积累和人格发展。以劳动活动为中心的整合课程为例，一些学校在校内开辟了种植园，让学生参与种植实践。学校通过开发"种植体验""农产品加工""农贸市场"等综合课程，不仅让学生经历农作物种植、收获、加工、售卖等劳动过程，还有助于学生在劳动过程中感受劳动的艰辛与幸福，从而培养学生尊重劳动、尊重普通劳动者的价值观，明白"劳动创造美好生活"的道理。

---

① 张霞. 项目化教学推动生物学校本选修课程开发：以"传统文化与劳动"为例[J]. 中学生物教学，2024（11）：23-27.

3. 以研究性学习为中心的整合课程

以研究性学习为中心的整合课程是一种以学生为主的学习模式，通常以专题、项目设计、实验设计或学科为课程载体，在教师的辅助下，学生进行个人或者小组合作，通过策划、执行及自我评估等研究性过程，从而获得知识、解决问题能力等一类的整合活动课程。以研究性学习为中心的整合课程，强调突出学生学习的自主性与探究性，重视培养学生综合解决问题的能力。劳动教育作为一种实践性课程，需要学生利用学科综合知识，进行主动探索，解决现实问题。例如，在小学阶段某小学开发了"豆种植"研究性学习课程，学生经历翻土、种植、除草、收获、制作豆腐、烹饪豆腐等劳动过程。学生在经历观察记录、精心管理、制作视频等劳动环节中，既学习了相关劳动知识与技能，也感受了成功的艰辛与快乐。

第四节　新时代中小学生劳动教育课程实施的方式

新时代中小学生劳动教育课程实施方式应基于劳动教育的目标与内容来确定，本章将着重介绍几种劳动教育教学方式，旨在解决"劳动教育如何教"的问题，从而提高劳动教育的实效性。

一、讲授示范法

（一）讲授示范法的含义

讲授示范法是指教师通过连贯的语言系统地向学生传授知识与技能，同时结合动作或教具进行示范，帮助学生尽快地掌握有关知识和技能。讲授示范法是历史最悠久，也是使用最为普遍的教学方法之一。教师在使用其他教学方法的时候都离不开讲授与示范。尽管有一些人批评讲授示范法是"满堂灌""填鸭式"教学，难以发挥学生的学习主体性，不利于学生的能力发展，但是，讲授示范法的确是一种传授知识与技能的有效方法。从这个意义上讲，讲授示范法是中小学教学中最为重要的一种教学方法。劳动教育作为一种理论性与实践性相统一的课程，其讲授示范法也发挥着举足轻重的作用。

（二）劳动讲授示范法的特点

讲授示范法作为最古老、使用最广泛的教学方法，教师在运用练习法、实验法等教学方法时都离不开教师的口头语言讲授与示范讲解。讲授示范法主要包含以下特点：

（1）在教授示范中，教师在教学中起主导作用。教师是劳动教学的主要活动组织者，学生是劳动知识与技能的接受者。

（2）通过口头语言，借助劳动工具，做示范性实验或采用现代化教学手段是传递劳动知识与教授劳动技能的基本方式。

（3）讲授示范教学，需要教师根据一定的教学目的进行传授，对教授的内容进行合理的组织，并合理地采用演示的方法，使学生利用各种感官感知劳动过程，从而掌握劳动知识与技能。这一方法具有直观性、形象性的特点。

（三）讲授示范法适合的劳动范围

讲授示范法偏重知识的接受学习，比较适合用于讲解一些概念、原理等相对抽象的理论性内容。教师在进行语言讲授说明时，可以借助图片、动作、动画等形式辅助说明。讲授示范法在教学中应用广泛，在使用其他教学方法时，几乎都需要讲授示范法进行辅助。在劳动教学中，讲授示范法主要是对劳动知识进行讲解，并配合动作、图片等示范，目的是让学生能够快速地认识劳动对象与工具，掌握劳动的基本知识、科学原理、安全规范要求等。比如在教授低年级垃圾分类时，教师通过讲解的方式教授学生辨别不同垃圾桶的方法，并通过图片展示不同类型的垃圾桶，使学生快速掌握垃圾分类投放的内容。

二、实地观察体验法

（一）实地观察体验法的内涵

实地观察体验法是指劳动教育教师根据课程内容与育人目标，组织学生亲临劳动现场，学生有目的、有计划地运用自己的感觉器官或借助科学观察工具，进行观察、体验劳动的教学方法。实地观察体验法的优点在于学生能够亲临劳动现场，可以更加直观地了解劳动产品生产的过程以及劳动工具运用的原理等，对于巩固、提高以及验证学生所学知识，激发劳动兴趣以及对劳动知识追求的欲望皆具有重要的意义。但需要注意的是，因为实地观察体验法多应用于校外活动，需要特别注意提醒和保护学生的人身安全、财产安全。

（二）实地观察体验法的特点

1. 直观形象性

传统的劳动教育方法通过单纯的理论知识讲解，学生难以理解抽象的劳动过程。而劳动实地观察体验法强调学生深入劳动现场，学生能够近距离地观察与体验劳动过程。这种直观感性的场景，不仅可以加深学生对劳动知识与技能的掌握，还有助于激发学生的劳动学习兴趣。

2. 互动性

劳动实地观察体验教学是学生与劳动者之间有效互动的教学形式。劳动教师可以通过与学生近距离的互动，发现学生的学习困惑。学生也可以在观察与体验中发现问题，并及时咨询劳动教师，从而解决困惑。劳动实地观察体验教学加强了师生互动，有助于师生及时发现问题，达到教学相长的目的。

3. 启发性

劳动实地观察体验法能够深层次地激发学生探索劳动问题的欲望。在劳动观察与体验中，能够最大限度激发学生劳动求知欲，引发学生思考劳动工具应用的方法、劳动过程运行机制、劳动效果好坏等一系列问题。由此可见，劳动实地观察体验法有助于增强学生的劳动学习动机，彰显其启发性的特点。

（三）实地观察体验法适应的劳动范围

劳动教育需要劳动场景。实地观察体验法强调学生在特定的劳动场景中真实地观察与体验不同劳动的特征与过程，主要适用于校外劳动实践活动，诸如各类工厂、农场、实践基地等，但不限于校外实践活动。实地观察体验法主要涵盖以下劳动内容：农业生产劳动，例如大棚种植、立体农业以及智能监测养护等现代生态化种植与养殖技术；传统工艺制作，例如现场观察与体验陶艺、编织、木版画等制作过程；工业生产劳动，例如走进工厂观察与体验工业产品的生产过程；新技术体验与应用，例如观察与体验运用三维打印技术打印物品，利用智能控制技术模拟实验等；现代服务劳动，例如走进银行、餐厅等进行职业体验，了解不同工作的劳动内容。由此可见，实地观察体验法在劳动教育中的应用十分广泛。

三、研学旅行

（一）研学旅行的内涵

2016年，教育部等11部门印发的《关于推进中小学生研学旅行的意见》中明确指出，研学旅行是由教育部门和学校有计划地组织安排，通过集体旅行、集中食宿方式开展的研究性学习和旅行体验相结合的校外教育活动[①]。由此可知，研学旅行是学校教育与校外教育有效衔接的创新形式，是学校开展教育教学的重要内容之一。因此，研学旅行不仅是一种教学方法，还是实施素质教育改革中涌现出的新的教育形式。研学旅行又称研学游，并非单纯的旅游，而是一种寓教于游的教学形态。研学旅行通过让学生走出课堂，将研究性学习和旅行体验，书本知识与现实体验有机结合，旨在开阔学生视野，培养学生的生活技能，提升学生人际交往能力、集体观念、社会责任感以及实践能力等。

研学旅行是一种以任务为导向、以实践为学习方式、以同伴互助为基础的课程形态，其中"研"是基础，"学"是目的，"游"是载体。中小学生走进田园农场、科研基地等地研学游，通过实地观察、参与、体验、设计、制作、实验、交流、反思、总结等学习形式完成课程任务，也是实现劳动教育的有效实施形式之一。

（二）研学旅行的特点

研学旅行并非单纯的旅游，而是一种带有任务性的课程活动。学生通过亲身参与和实践来获取知识，是理论与实践相结合的有效育人方式，也是实现劳动教育的有效形式之一。有关劳动的研学旅行教育特点如下：

1. 实地学习

学生可以亲临现场进行参观，观察和体验多种劳动内容与形式，深入了解和理解不同职业的特点，感受不同劳动形式的具体内容。

2. 融合学科

研学旅行通常涉及多个学科领域，是进行跨学科教学的重要形式，比如学生通过走进中医药种植研学基地，将劳动教育、植物学、中药学等学科有机融合，帮助学生将知识进行整合和应用。

[①] 教育部等11部门印发《关于推进中小学生研学旅行的意见》[EB/OL].（2016-12-19）[2024-10-27].https://www.gov.cn/xinwen/2016/12/19/content_5149947.htm.

3. 团队意识

学生在研学旅行过程中需要与同伴进行交流合作，尤其是一些需要共同完成的劳动项目，比如在农场分小组进行收稻谷，需要小组成员相互配合，共同合作，完成劳动任务。这对提高学生团队合作和沟通能力具有重要意义。

4. 全人教育

劳动研学旅行注重学生的劳动素质培养，在研学过程中注重培养学生的劳动观念、劳动能力、劳动精神、劳动习惯与品质。

（三）研学旅行适应的劳动范围

劳动教育涵盖学校、家庭与社会等不同的劳动场域。这就决定了劳动教育应走出校门，走进田园农场、科研基地、工厂企业等展开研学活动。基于劳动教育内容类型与形式，适合开展研学旅行的劳动内容主要包括走进农业生产基地、传统工艺等非遗基地、科研基地、新兴产业基地、现代服务行业等不同类型的与劳动相关的研学基地。学生通过研学旅行，不断开阔视野，提升自身的劳动素养。

四、项目式教学法

（一）项目式教学法的内涵

项目式教学法是在教师的指导下，以学生为中心，以问题为基础，把学习过程置于有意义的教学情境之中，以小组讨论、课后自主学习等形式，经历项目的选择、信息的收集、方案的设计、项目的实施、交流分享及反馈评价等过程，旨在培养学生自主学习和终身学习的意识与能力。项目式教学法最显著的特点是以项目为主线、教师为引导、学生为主体，具体的实施过程通常包括以下几个步骤，详见表3-4-1。

表3-4-1 项目式教学法具体步骤

具体步骤	实施内容
情境导入，明确任务	通过情境导入、案例导入等方式，激发学生的学习兴趣和动机，明确学习任务
收集资料，制订方案	学生收集相关资料，制订详细的项目实施方案
自主协作，具体实施	小组合作，具体实施项目方案
点拨引导，过程检查	教师提供指导和支持，检查实施过程中的问题
展示成果，修正完善	展示项目成果，进行修正和完善
评估检测，拓展升华	评估项目成果，进行拓展和升华

在项目式教学中，教师处于主导地位，是课程的组织者。学生是教学活动

的主体，是实际的参与者与体验者。项目式教学选择的课程应具有体验性、参与性和探究性等特征，因此项目式教学法适用于劳动教育课程。项目式学习活动设计，详见图3-4-1。其中教师在项目式教学中处于主导地位，发挥着组织、引导、建议、评审和答疑的作用。前期的项目选择很重要，应具有情境性、探究性与体验性。学生通过组建合作小组，经历资料搜索、信息加工、推理假设等学习环节，制订出项目计划。在项目计划的指导下，小组成员展开探究性学习，实施项目计划，主要包括自主学习、协作交流、验证假设等学习内容。最终实现成果展示、反思与评价，从而对整个活动进行查漏补缺、优化完善，以便为下次更好地开展活动积累经验。

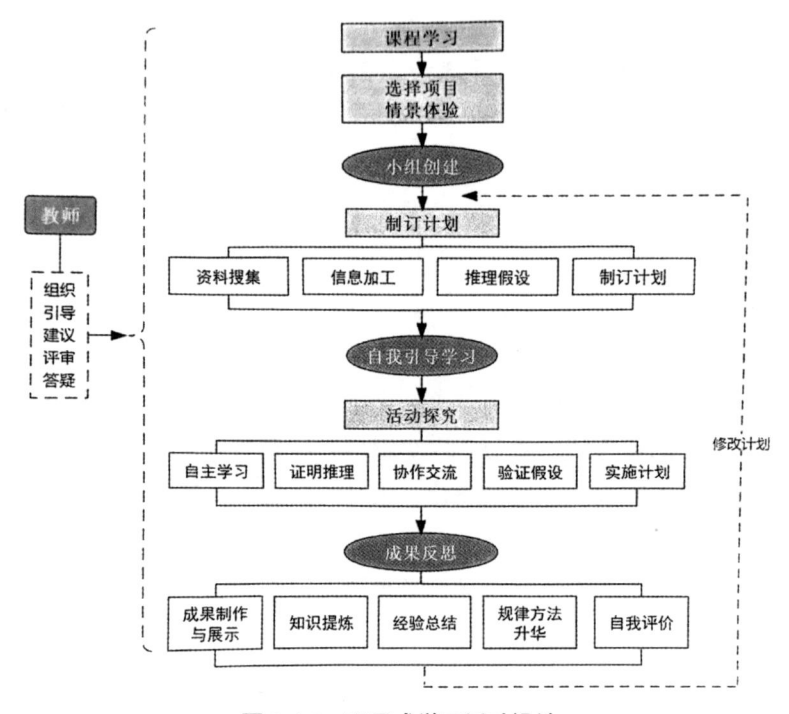

图3-4-1 项目式学习活动设计

（二）项目式教学法的特点

1. 以问题为驱动，注重实践与反思

项目式教学以真实情境中的问题为驱动，通过项目的规划、实施与反思，帮助学生理解和掌握知识与技能，重视培养学生在实际情境中解决问题的能力。同时，项目式教学强调对学习过程的反思，通过项目的评估与改进，促进学习经验的积累和实践能力的提升。

2. 以学生为中心,注重主动参与

项目式教学法以学生为中心,强调学生的主动参与和自我管理。学生需要承担主要的学习任务,包括问题的提出、项目的规划、实施与反思等。这种学习方式有助于激发学生的学习兴趣和动力,培养学生的学习能力和自我管理能力。

3. 重视整合性学习,注重学科融合

项目式教学法倡导的是一种整合性学习方式,强调学科之间的融合和知识的综合运用。学生需要综合运用不同学科的知识和技能,解决实际问题。这种学习方式有助于打破学科之间的壁垒,促进知识的融合和迁移,旨在提高学生的综合素养。

4. 技术支持,注重创新思维培养

项目式教学法注重利用技术支持学生的学习和创新思维的培养。学生可以通过各种技术工具和软件进行数据收集、分析和处理,制作最终作品。这种学习方式有助于培养学生的创新能力和解决问题的能力。

5. 团队合作,注重协作与交流

项目式教学法注重团队合作,学生在团队中共同解决问题、完成任务。通过团队成员之间的协作与交流,培养学生的团队协作能力、沟通能力和解决问题的能力。同时,项目式教学法鼓励学生之间的互相学习和经验分享,重视培养学生的领导力和社会责任感。

(三)项目式教学法适应的劳动范围

项目式教学法主要适应初高中学生,可以适当地延伸至小学第三学段。项目式教学法在劳动教育中运用十分广泛,需要学生将实际操作和理论相结合,具有明确的应用价值,最终能够产出劳动成果的教学内容。由此可知,项目式教学法可在日常生活劳动、生产劳动、服务性劳动以及跨学科融合的劳动项目中应用。比如,在日常生活劳动的"烹饪与营养"任务群中,以"设计家庭营养健康食物"为项目开展劳动教育;在生产劳动的"传统工艺制作"任务群中,可结合当地特色传统工艺,如编织、剪纸等,以"设计与制作传统工艺"作为项目开展劳动教育;在社会服务性劳动的"现代服务业劳动"任务群中,以"家乡特产营销""家乡旅行路线设计"等为项目开展劳动教育。此外，项目式教学法还可以应用于"促进跨学科融合"的劳动项目，比如劳动与STEM课程相结合，培养学生的综合素养。

第五节 新时代中小学生劳动教育课程评价的设计

《深化新时代教育评价改革总体方案》提出，要坚持科学有效，改进结果评价，强化过程评价，探索增值评价，健全综合评价[①]。然而，教师普遍表示对中小学生劳动教育评价存在一些困惑。一是不清楚如何对教学环节与活动展开评价；二是面对劳动素养不知从哪些维度展开评价。因此，厘清新时代劳动教育评价原则，构建其评价体系十分必要。

一、新时代中小学劳动教育课程评价的理念

教师的评价理念决定着教师在教学评价时的关注内容，也间接地反映着教师在课程实施时采用的教学方式。因此，十分有必要厘清新时代中小学劳动教育课程评价的理念，这样才能更好地指导教师开展劳动教育教学活动。

（一）全面性：以培育中小学生的劳动素养为目的

中小学劳动教育课程评价的目的是持续优化课程质量，从而培育中小学生的劳动素养，促进其全面发展。新时代教育评价的改革已经由"对人的评价"向"为人的评价"转变，更加关注人的全面发展，凸显"以生为本"的宗旨。"唯分数论"的评价理念违背了培养全面发展的人的时代诉求。新课程倡导学生评价不能仅局限于"知识与技能"，更需要特别关注"过程与方法""情感态度与价值观"的评价[②]。因此，站在促进学生发展的视角，新时代中小学生劳动素养评价不仅需要关注学生劳动知识与技能的习得，还需要关注学生劳动观念、劳动习惯与品质、劳动精神的培养。总之，新时代中小学生劳动素养评

[①] 中共中央、国务院印发《深化新时代教育评价改革总体方案》[EB/OL].（2020-10-13）[2024-10-27］. https://www.gov.cn/zhengce/2020-10/13/content_5551032.htm.

[②] 瞿雯. 课堂育德的内涵、问题与策略探究[J]. 中小学班主任，2021（13）：7-9.

价需要体现以劳启智、以劳养德、以劳强体、以劳育美。不仅应考察中小学生"劳动知识与能力"的掌握情况，更重要的是培养中小学生尊重劳动、尊重普通劳动者、热爱劳动的情怀，帮助学生养成良好的劳动习惯与品质，以立德树人为主线，促进学生的全面与协调发展。

（二）发展性：关注中小学生劳动素养的变化

"发展"作为新时代全世界范围内的核心词语，也是课程、教学、评价的关注所在。评价不是为了判断，而是为了改进。新时代中小学劳动教育课程评价理所当然应关注学生的发展，强调评价是为了发展中小学生的劳动素养，而不是过于注重对学生进行甄别与评比。因此，在对学生进行评价时，需要关注学生在劳动教育课程实施前后学生劳动素养各维度的发展与变化，突出对学生劳动过程的关注，重视提升学生在劳动教育中的获得感、参与感。此外，教育从业者要将学生作为评价的主体，认同差异，对学生展开评价时要尊重学生的主体性与差异性，鼓励学生在劳动教育过程中进行创新、创造，充分尊重学生的独特感受，并加以引导与帮助，为促进每一个学生的发展而评价。基于个性差异进行描述，并关注与记录学生的进步情况，既给学生提供了动力又保障了学生的积极性。

（三）实践性：以中小学生的劳动体验为重要遵循

马克思的劳动价值观指出，人类通过劳动创造了赖以生存的物质财富与精神财富，推动着社会的进步与个人的发展。劳动作为人类特有的实践活动，重视人的参与、实践。教育与生产劳动相结合作为教育的基本原则，充分展现了劳动教育的实践性特点。因此，劳动教育课程内容要凸显实践性，劳动教育活动需要学生参与其中，亲身体验。在对新时代中小学劳动教育评价时，除了关注学生劳动技能掌握的熟练程度之外，更需要关注学生的劳动体验感受与习惯培养。例如，在社会性服务劳动中，学生通过在学校、社区参与公益劳动与志愿服务，学会与人合作，形成主动关心他人的意识和公共服务意识，从而树立尊重劳动与尊重普通劳动者的态度，增强了社会责任感。开展中小学生劳动教育评价，需要教师利用观察、记录等形式反馈学生的劳动参与情况，同时鼓励学生以文字、绘画等多种形式来表达在日常劳动、农业生产劳动、工业生产劳动中的实践性感受与体验。通过这样的劳动素养评价不断激发学生热爱劳动、尊重劳动的情感，引导学生积极投入到服务自我、服务他人、服务社会的劳动实践中去。

（四）过程性：形成以劳动过程为主的多元评价

新课标重视学生知识习得的过程。这要求在对学生进行评价时，应破除"唯分数"的评价方式，多关注学生的发展过程。教师不能将教育评价视为学习活动结束后的单次的、静止的甄别活动，而应该以持续性的过程评价、及时性的反馈与积极的引导为特点来开展教育评价。劳动教育是一门实践性课程，强调劳动活动的过程性。学生在日常生活劳动、生产劳动和服务性劳动中以动手实践为主要的方式亲身经历劳动过程。教师应注重考查学生在劳动过程中劳动态度、劳动习惯、劳动观念等表现，及时记录学生日常表现，并对学生与家长进行及时沟通与反馈。但是，这并不是反对在中小学生劳动教育中使用结果性评价。在某种意义上可以说，结果性评价是在日常性的过程性评价与及时性评价下自然生成的。因此，教育者应将过程性评价与结果性评价有机结合，不仅重视学生学段综合评价也要关注平时过程性的表现评价。教师可以通过日常表现、档案袋记录以及劳动成果呈现等方式，关注学生的点滴进步，整体考察中小学生的劳动教育实施情况。同时还要探索多元评价。因为劳动教育场域涉及学校、家庭与社区等多个场域，决定着劳动教育评价主体不能仅限于教师评价，而应拓展到学生、家长、劳动基地人员甚至相关课程专家等人员，从而避免评价主体单一、评价方式单一的情况。总而言之，教育评价应突出教学过程中学生的表现，统筹多种评价方式，拓宽评价主体，在多元价值观念引导下，促进学校劳动课程评价体系多元化发展。

二、新时代中小学劳动教育课程评价体系

构建课程评价体系必须了解课程评价体系的组成部分，明确评价内容、评价主体与评价方式的具体内涵。本研究通过明晰评价内容、优化评价方法以及全面把握评价主体的责任人，从而助力构建新时代中小学劳动教育课程评价体系，具体内容见图3-5-1。

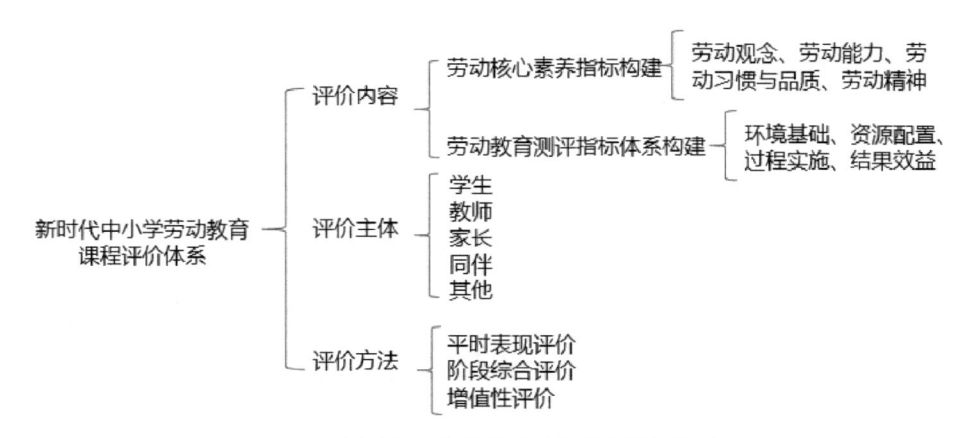

```
                              ┌─ 评价内容 ┬─ 劳动核心素养指标构建 ─── 劳动观念、劳动能力、劳
                              │          │                              动习惯与品质、劳动精神
                              │          └─ 劳动教育测评指标体系构建 ── 环境基础、资源配置、
                              │                                         过程实施、结果效益
新时代中小学劳动教育 ────────┤          ┌─ 学生
课程评价体系                  ├─ 评价主体 ┤ 教师
                              │          │ 家长
                              │          │ 同伴
                              │          └─ 其他
                              │          ┌─ 平时表现评价
                              └─ 评价方法 ┤ 阶段综合评价
                                         └─ 增值性评价
```

图 3-5-1　新时代中小学劳动教育课程评价体系

（一）评价内容

1. 劳动核心素养指标构建

素养是指一个人的修养，是一个多维度、多功能的概念。从广义上讲，包括道德品质、外表形象、知识水平与能力等各个方面，是学生适应未来学习和生活所必备的品格和关键能力。新时代劳动教育课程旨在培养学生劳动核心素养。劳动素养是学生在劳动学习与实践过程中逐步形成的适应个人终身发展和社会发展所需的正确价值观、必备品格和关键能力。由于劳动素养本身具有一定的抽象性，不仅包括不可测量的意志、态度、价值观等方面内容，还包括了知识、技能等可观可测的方面，致使在劳动教育中学生劳动素养评价的指向性与操作性不强。张丽虹、吕立杰（2022）在基于有关劳动教育文本分析的基础上，采用德尔菲法，遵循"内涵分析、指标设计、征询意见、修订调整、初步完善"的步骤构建了中小学生劳动素养评价指标体系，包括 4 个一级指标，11 个二级指标及评价要点[①]，详见表 3-5-1。中小学生劳动素养评价指标体系的构建细化了评价要点，使评价更具体、更具有可操作性，为对中小学生劳动素养评价提供了工具与方法。

---

① 张丽虹，吕立杰. 中小学生劳动素养评价指标体系的构建及其应用 [J]. 教育测量与评价，2022（3）：19-30.

表 3-5-1　中小学生劳动素养评价指标体系

一级指标	二级指标	评价要点描述
劳动观念	劳动的社会发展价值观 劳动的个体发展价值观	•关于劳动对人类、国家、社会的作用及价值的认识和看法 •关于劳动对个体发展的作用及价值的认识和看法
劳动能力	劳动知识 劳动技能 劳动技巧	•对劳动基本概念及简单家务劳动、生产劳动、班务校务劳动、服务性劳动、劳动安全等知识的掌握情况 •劳动前的准备、对劳动流程的掌握、对劳动关键环节和关键技能的掌握、劳动结果或劳动作品的呈现 •是否掌握使用劳动工具的技能、技巧，是否掌握完成劳动任务所需要的设计、操作等能力
劳动习惯与品质	劳动意识 劳动意志 劳动品质	•能否坚持完成劳动任务，能否面对困难不退缩，是否具有顽强的毅力 •是否具有在劳动情境中主动参与劳动的自觉性 •完成劳动任务时表现出来的劳动实践质量和表现水平
劳动精神	劳动情感 劳动态度 劳动精神风貌	•对劳动者、劳动成果、劳动本身的情感 •是否愿意参加劳动 •是否尊重劳动及是否认同劳动 •在特定劳动情境中表现出来的劳动状态，如是否积极主动、吃苦耐劳、任劳任怨等

2. 劳动教育测评指标体系构建

目前，许多学校已经开展劳动教育课程，但实施情况如何？如何对开设的劳动教育课程进行评价？这是发现劳动教育课程实施存在问题的关键。劳动教育测评指标体系作为衡量与诊断学校劳动教育落实情况的工具，对完善与优化劳动教育实践具有重要的指导意义。王晓杰、宋乃庆等人（2020）基于CIPP评价模型"背景－输入－过程－结果"框架，构建了劳动教育测评指标体系，其中包括环境基础、资源配置、过程实施、结果效益4个一级维度、14个二级维度、47个观测点，为劳动教育评价与督导提供参考[①]，详见表3-5-2。劳动教育测评指标体系的构建不仅有助于从多个维度发现劳动课程存在的问题，还有助于指导教育工作者从哪些方面不断优化与完善劳动课程。

---

① 王晓杰，宋乃庆，张菲倚.小学劳动教育测评指标体系研究：基于CIPP评价模型的探索[J].教育研究与实验，2020（6）：61-68.

表 3-5-2　劳动教育测评指标体系

指标分类	一级维度	二级维度	观测点
背景	环境基础	环境氛围	所在区（县）具有支撑劳动教育的产业资源、场馆或基地等；学校具有"劳动光荣、创造伟大"等劳动教育的文化氛围；学校将劳动教育置于学校发展的重要位置；学校制订劳动教育总体实施方案或指南等
		学生需求	学生具有提高劳动素养的愿望；学生愿意参加劳动教育相关活动
		培养目标	培养目标符合教育政策、法规的要求；培养目标符合学生劳动素养发展的特点及现实需要；将学生劳动意识、精神品质及观念培养作为整个教育教学活动的目标之一
输入	资源配置	经费预算	学校按照规定统筹安排公用经费开展劳动教育；学校采取政府购买服务方式，吸引社会力量提供劳动教育服务；经费落实到位、分配合理
		场地设施	学校具有专门的劳动技术实践教室或实训基地等场所；劳动教育教学设备设施能够正常运行；排除了劳动教育场地设施的安全隐患，建立相关安全使用规范
		师资队伍	配齐劳动教育必修课教师；聘请相关专业人士担任劳动指导教师或兼职教师；发挥教职员工、少先队等在劳动教育中的力量；教师具有娴熟的劳动课堂组织和教学能力
		组织保障	设立劳动教育专门部门或明确相关部门的劳动教育职责；建立劳动教育组织实施的工作机制；建立劳动安全保障体系；将劳动素养纳入学生综合素质评价体系
过程	过程实施	课程实施	独立开设劳动教育必修课，且平均每周不少于1课时；劳动教育与校本课程、综合实践活动等已有课程整合实施；依据不同学科特点，将劳动教育渗透于学科课程；结合地方及校本特色开发劳动教育课程资源
		活动开展	劳动活动形式多样（如家务劳动、班务校务劳动、宣传活动等）；每周课外活动和家庭生活中劳动时间：小学1～2年级不少于2小时，3～6年级不少于3小时；调动学校、家庭、社会等多方力量开展劳动教育实践
		教学内容	劳动内容、强度、时长等符合学生身心发展特点及发育状况；内容设计要体现体力劳动与脑力劳动相结合，注意手脑并用；内容囊括生活劳动、传统工艺项目等，增添前沿技术等时代元素
		师生参与	教师在教学过程中对劳动观点、安全意识、观念等方面进行正面引导；学生在真实生活、生产等情境中体验及分享劳动的艰辛和快乐；学生能够认真负责、安全规范地完成劳动任务或解决实际问题；学生能够在学习和借鉴他人经验、技艺的基础上，探索新方法方式
结果	结果效益	学生发展	学生掌握了一定劳动知识和技能；学生劳动态度、情感、价值观等发生积极转变；学生培养了一定的劳动精神及品质；学生日常劳动行为习惯有所改善
		实施反响	教师对劳动教育相关课程及活动满意；学生喜欢劳动教育相关课程及活动；劳动教育受到了家长的好评
		成果推广	产生了物化类或创意类劳动成果；劳动教育可持续发展；劳动教育路径及模式等可推广应用

（二）评价主体：聚焦"多主体"评价视角

学生综合素质评价是学生、教师、家长等多元主体参与开展的，评价主体的多元化可以为评价提供更加丰富的内容，从不同视角来关照学生的成长。学生评价活动作为教学活动的重要环节，需要调动不同育人主体间的合作、协商、判断的积极性，共同参与评价。在开展学生评价时，家长、教师、学生、同学等作为实践活动的评价者，谁都不是旁观者，谁也不能置身事外。劳动教育涉及学校、家庭、社会等不同劳动场域。因此，在对中小学进行劳动素养评价的过程中，笔者认为应充分发挥学生、教师、家长、同伴以及校外专家等的评价主体作用。

1. 坚持学生自评，发挥学生的主体性

新课程标准强调在教学过程中，应发挥学生的"主体性"。关注学生、以生为本，是发展性学生评价的初心。学生自我评价是指学生根据相关评价标准，在课业学习中对知识、能力、情感态度与价值观等进行记录、分析并作出评判，从而促进自身发展的评价活动[1]。《大中小学劳动教育指导纲要（试行）》中提出："劳动素养评价应以自我评价为主，辅以教师、同伴、家长、服务对象、用人单位等他评方式。"[2] 由此可知，自我评价在劳动素养评价中的重要性。劳动课程旨在提升学生的劳动素养。学生作为劳动课程学习的主体、重要参与者，理应成为评价主体中的一员。在参与劳动实践中，学生应对自己的表现进行记录，勇于展示交流，在课后、期中、期末等进行阶段性的自我反思与总结。教师作为教学活动的组织者，应发挥其"指导者"的作用，引导学生对自己的劳动行为与结果展开评价，帮助学生认识到自己的优点与不足。通过自我评价，旨在帮助学生养成自我评价的习惯，锻炼其自我评价的能力。

2. 辅以教师评价，突出评价的指导性

综合素质评价背景下的中小学生劳动素养评价重视学生的自我评价，并非是否认或拒斥其参与到评价活动中的主体作用。教师作为教学活动的组织者、实施者，理应是教育评价的重要主体之一。教师对学生的评价主要表现在：一

---

[1] 刘志军. 教育评价[M]. 北京：北京师范大学出版社，2018：225.

[2] 教育部关于印发《大中小学劳动教育指导纲要（试行）》的通知[EB/OL].（2020-07-09）[2024-10-27]. http://www.moe.gov.cn/srcsite/A26/jcj_kcjcgh/202007/t20200715_472808.html.

是,教师需要设计学生评价标准,以便学生依据标准对自身行为展开评价与分析。二是,教师需要对过程性资料进行整理、分类、汇总、保存,并填写相应的评语,同时应指导与管理学生的纸质记录,引导学生养成自我评价的习惯。三是,教师应对学生的表现以及课堂教学效果等内容展开评价与反思,一方面引导学生反思自身行为,不断提升学生劳动素养;另一方面不断优化教师自身的教学方式,提升自己的教学能力。总之,教师应从评价的绝对主导者向为学生自我评价的服务者与指导者进行转换,指导学生对自己的行为进行观察、记录、反馈等,在学生与教师的交互评价过程中,学生提升自己的劳动素养,教师提升自己的教学素养。

3. 倡导家长参与,形成家校育人合力

综合素质评价指出家长既是评价的重要主体,又是评价工作有效推进的监督者与反馈者。家庭作为劳动教育的主要场域,是学生进行日常劳动的重要场所。家长是学生进行日常劳动的重要指导者与监督者,应由被动的评价信息接收者转变为劳动评价方案的建议者、实施者。家长应对孩子在家务劳动过程中的劳动知识、劳动技能、劳动态度等方面展开评价。同时学校还应激发家长关心教育的活力,鼓励家长积极与学校老师进行沟通,形成家校育人合力,为教师开展评价工作提供支持。

4. 挖掘同伴评价,突出学生参与评价

综合素质评价背景下的学生劳动素养评价还应充分挖掘同伴评价的价值。通过小组互评、同伴互评,不仅可以激发学生参加劳动活动的积极性,帮助学生纠正自己的不足,还可以在无形之中引导学生养成严格律己的好习惯,对密切同伴之间的关系、促进学生相互学习、助力评价公平、提升学生的团结合作能力皆具有重要意义。以学生表现评价为例,详见表3-5-3。

表3-5-3 课程学生表现评价表

姓名:		总分:		
评价内容	学生自评(20分)	评价内容标准	分值	得分
		上课能认真听讲,积极回答问题	10	
		能按要求完成课内外任务	10	
	组长评价(30分)	小组活动中,能积极表达自己的观点	5	
		小组活动中,能听取他人的想法	5	
		小组活动中,能积极参与小组调查活动	10	
		小组活动中,乐于给别人提供帮助,团结协作	10	
自我反思				
小组建议				

除上述四大评价主体之外，因为劳动教育还涵盖服务性劳动，涉及社会场域，所以在开展社会服务劳动、志愿劳动、公益劳动时，应参考基地指导人员、专业技能人员等人员的评价，引导学生培养服务意识，提升学生的服务能力。但需要强调的是，学生劳动素养评价强调学生的主体性，但并不意味着将学生主体性绝对化，而是在一定的规则背景下，依据具体内容充分发挥学生的主体性。学生劳动素养评价应坚持"评价主体多元"的理念，鼓励学生、同伴、教师和家长以及其他人员参与到评价中来。学生进行自我评价，能够激发学生劳动的积极性；小组互评是一个交流学习的过程，可以发现自身的优势与不足；教师评价、家长评价等其他人员也能够从不同的角度为学生提供自身劳动素养的现状，让学生全面认识自身的劳动素养情况，进而不断提升自身的劳动素养。

（三）评价方法：重视评价方式的多样化

《义务教育劳动课程标准（2022年版）》指出在对学生进行综合评价时，应重视平常的表现评价与学段综合评价相结合，定性评价与定量评价相结合[①]。新时代劳动教育重视劳动的实践性，强调学生在做中学，在活动中学。基于新时代劳动教育具身性、过程性、生活性、真实性、实践性等特征，中小学生劳动教育评价应重视评价方式的多样化。教师在对学生进行评价时应秉持"一切为了学生发展"的教育理念。这要求对学生进行劳动评价时，既要关注学生平常在劳动过程中的表现，又要注重对学生进行阶段性形成性评价，还应关注增值性评价，从而构建"表现评价＋学段综合评价＋增值性评价"的评价体系。

一是重视平时表现评价。《大中小学劳动教育指导纲要（试行）》中指出："要指导学生如实记录劳动教育活动情况，收集整理相关制品、作品等，选择代表性的写实记录，纳入综合素质档案。"[②] 通过学生日常评价和学生的成长记录反映学生劳动教育过程中多维度表现，比如劳动观念、劳动知识、劳动习惯与品质等，力求内容全面、客观，关注学生的全面协调发展。例如通过档案袋

---

① 中华人民共和国教育部. 义务教育劳动课程标准（2022年版）[M]. 北京：北京师范大学出版社，2022：3.

② 教育部关于印发《大中小学劳动教育指导纲要（试行）》的通知[EB/OL].（2020-07-09）[2024-10-27]. http：//www.moe.gov.cn/srcsite/A26/jcj_kcjcgh/202007/t20200715_472808.html.

法可以将学生在劳动教育过程中的感受、体验、反思填入记录袋的相对位置，也可以将劳动作品等劳动标志性成果进行整理并收录进去，帮助学生、家长以及教师了解学生劳动素养的变化发展。教师也可以编制学生劳动教育活动记录表，主要包括劳动项目概述、学生的劳动照片、学生的劳动收获、学生的劳动感悟以及教师总评，具体内容见表 3-5-4。

表 3-5-4　劳动教育活动记录表

项目概述	
学生的劳动照片	
学生的劳动收获	
学生的劳动感悟	
教师总评	

学生和教师通过填写劳动教育活动记录表，并将所有的劳动教育记录表进行整合，形成学生劳动教育活动记录册，将其作为掌握与评价学生劳动素养的重要评定依据。

二是阶段综合评价。阶段综合评价是一种事后评价。通过阶段综合评价，掌握学生劳动教育课程学习后的水平层次以及劳动核心素养的阶段性达成效果。该方式可通过对学生的劳动成果展示、活动档案袋的内容以及阶段性测试结果等进行综合性评价。

三是增值性评价。增值性评价强调在劳动过程中学生劳动素养的成长和变化，能够全面真实地呈现学生劳动素养的培养成效。档案袋不仅能够记录学生平时表现，还能够通过系统地收集呈现学生在劳动实践过程中作品成果，建立起学生的成长脉络，呈现学生劳动素养的纵向发展，是学生成长证据的有效记录[1]。由此可知，档案袋评价方法作为增值性评价的重要方式，可以全面性与过程性地体现中小学生的劳动素养的变化发展，从而实现劳动教育育人成果的可视化。

总之，劳动教育评价的目的是发挥评价促进学生发展的功能。通过劳动评价，学生不断认识自我、提升自我、完善自我，从而实现劳动教育的预定目标，促进学生劳动核心素养的不断提高。

---

[1] 钟启泉. 发挥"档案袋评价"的价值与能量 [J]. 中国教育学刊，2021（8）：67-71.

第六节　新时代中小学生劳动教育课程作业的设计

作业是课程设计的重要组成部分，也是检验教学效果的重要手段。劳动作为实践性课程，在作业设计时，应突出其自身特点。本节将从新时代中小学生劳动教育作业特点、意义、现状以及设计与实施要点展开论述，旨在优化劳动教育作业设计，全面提升学生的劳动素养。

一、劳动教育作业的特点

劳动教育作业不同于语文、数学等作业设计。它具有持续性、实践性等特征。因此，教师在劳动教育作业设计时应体现劳动教育的特点，避免劳动作业的形式化。

（一）持续性

劳动教育是一个持续的过程，其持续性主要表现为：一是短时间的持续，比如烹饪食物，通常时间较短，一般为15～20分钟。二是长时间的持续，比如农作物种植，需要经历翻土、播种、施肥、浇水、除草、收获、加工等过程。

（二）实践性

劳动教育强调在"做中学"，在实践中培养学生的劳动素养。因此，劳动教育作业设计应凸显实践性和操作性。学生只有通过亲身参与、体验实践劳动活动，才能提升学生的动手能力和实际操作技能，培养良好的劳动品质与习惯。

（三）创新性

劳动教育重视培养学生的创新意识，增强学生的劳动创新能力。因此，劳动教育在作业设计时应积极为学生创造劳动创新的机会。比如，鼓励学生进行劳动产品的改善与优化。

（四）集体性

劳动教育作业设计注重集体合作，学生在劳动教育中通常以集体为单位进行劳动，这有助于培养学生的团队合作精神和集体意识。比如学校安排的学生大扫除，需要学生分小组合作、各司其职，共同完成劳动任务。

（五）情感性

通过劳动教育作业，学生可以获得情感上的体验和愉悦感，培养对劳动的热爱和情感方面的认同，激发他们主动参与劳动的积极性，比如为父母做一顿饭、洗一次脚。由此可见，劳动教育可以有效地拉近学生与父母的关系，对密切父母与孩子之间的关系具有重要意义。

二、劳动作业设计的重要性

作业作为教学活动重要且有效的补充内容，不仅是检验教学效果的重要手段，还是巩固学生劳动技能、拉近学生与家长关系、增进家庭与学校联系的有效载体，其重要性主要表现为以下方面。

（一）劳动作业是劳动教育课程的重要组成部分

劳动作业作为教学重要且有效的补充物，是课程设计的重要组成部分，也是检验教学效果、巩固劳动知识的重要手段。劳动作业通过让学生参与实际的劳动活动，帮助他们理解和形成马克思主义劳动观，树立劳动最光荣、最崇高、最伟大、最美丽的观念，从而培养勤俭、奋斗、创新、奉献的劳动精神。

（二）劳动作业是家校社协同推进劳动教育的重要载体

劳动教育作为实践性课程，其涉及学校、家庭、社会等不同场域，包含日常生活劳动、生产劳动以及社会服务性三大类劳动。这要求劳动作业应内容丰富、形式多样。家庭与社区为学校学习的劳动知识与理论提供了实践的场域。家庭为学生提供了开展美食烹饪、卫生清洁、服务家人等劳动内容的机会。社区拓宽了学生的劳动场域，学生可以走进社区开展卫生清洁、帮助老人等服务性劳动。有效的劳动作业设计有助于将学校、家庭与社会有机地统一、整合起来，协同推进劳动教育的有效落实。

（三）劳动作业是劳动课程校外拓展的有效途径

劳动作业不仅包括校内作业，还应扩展到校外作业，如家庭日常劳动、田间劳作、手工制作，劳动基地研学等。这些活动不仅丰富了劳动的实践方式，激发学生的主动性和创造性，同时还加强与学生日常生活和社会实际的联系，对拓宽学生视野、提升学生的劳动意识和实践能力、促进学生的社会化具有重要的现实意义。

总之，劳动作业设计作为劳动教育的重要组成部分，应涉及学校、家庭、社会等不同场域,包含日常生活劳动、生产劳动以及社会服务性三大类劳动。劳动作业设计旨在促进家校社协同推进劳动教育有效落实,共同助力提升学生的实践能力、激发学生的学习兴趣和促进学生的全面发展。

三、劳动作业设计存在的问题

目前,一些学校开始重视劳动作业的设计,但是在劳动作业设计方面存在一些亟须解决的问题,具体问题如下:

(一)重作业的布置忽视反思交流的组织

一些学校只是布置了劳动作业,学生只是通过打卡完成,而后续没有进一步的活动。然而学生劳动素养的形成,需要围绕劳动体验、成果评价等过程。反思交流是学生对劳动过程与体验的有效总结,也是知识内化与整合创生的过程。通过对劳动作业的反思交流,肯定具有积极意义的认识,纠正观念上的偏差,从而引导学生真正理解劳动价值的意义。许多学校和老师在劳动作业设计时,存在重作业的布置忽视反思交流的组织的问题。这在一定程度上,不利于学生对劳动内容的内化与吸收。

(二)重作业过程的记录忽视体悟的总结

尽管一些学校安排了劳动作业,让学生通过拍照、打卡等形式进行过程记录,但是缺乏让学生及时总结劳动实践过程中的体会与感悟,难以将劳动过程、劳动成果以及个人成长有效地结合起来。劳动作业只是停留在简单的是否做的层面,难以让学生深度认识劳动的价值。

(三)重作业技能的获得忽视素养的发展

在劳动作业设计时,一些学校安排了烧菜、养花等劳动作业,并且组织了劳动技能的展示活动,从活动组织来看,值得肯定,但从学生的发展来看,还有待完善。劳动作业带来的不仅仅是劳动技能的发展,更重要的是促进学生劳动素养的发展,例如通过营养烹饪,形成生活自理自立的能力,养成热爱劳动的观念;通过养一盆花、饲养一只小动物,养成做事有始有终的习惯,懂得一分耕耘一分收获的道理。

四、劳动作业设计与实施的注意事项

劳动作业设计与实施是劳动课程设计的重要组成部分。劳动作业具有实践

性、持续性、创新性、思想性等特征,在对其进行设计与实施时,应基于劳动特征,优化劳动设计,从而提升劳动作业的有效性。劳动作业设计与实施的注意事项如下:

(一)劳动作业设计与实施应指向学生的劳动素养形成

培养学生的劳动素养是劳动课程的目标所在,在劳动作业内容安排时,应以培育中小学生的劳动素养为出发点和最终目标。

1.劳动作业设计要体现劳动实践性

劳动教育作为一种实践性活动课程,实践性是其显著特征之一。在劳动作业设计时应围绕"实践性"展开。这里的劳动实践主要包括三个方面:首先,劳动实践应是一项完整的实践过程,而不是局部的操作。比如烹饪一道家常菜,需要经历择菜、洗菜、切菜、烧菜、装盘等完整的劳动过程。其次,劳动实践是一项持续性的劳动实践。比如花草种植,需要长期坚持;整理床铺需要每天整理。最后,劳动实践重视劳动体验。劳动实践作业不仅包含劳动实践,还包含劳动体验与反思。

2.劳动作业的评价要突出对劳动素养的评价

全面提高学生劳动素养,是劳动课程的培养目标。劳动素养评价包括对学生在劳动过程中的态度、技能、知识和行为等多个维度的综合评价。劳动作业的设计理应以此为目标取向,深化劳动价值觉知,培育学生的劳动素养。通过评价,可以引导学生树立正确的劳动观念,培养良好的劳动习惯和技能以及劳动精神等。比如针对五年级"西红柿炒鸡蛋"的劳动作业,让学生经历洗菜、切菜、烧菜、装盘的完整劳动实践过程,做到操作有序、安全卫生、色香味美。具体评价标准详见表3-6-1。

表3-6-1 五年级"西红柿炒鸡蛋"劳动作业评价

劳动内容	评价标准	劳动素养维度
西红柿炒鸡蛋	操作有序,完成烹饪	劳动知识与能力
	安全卫生,正确使用刀具、煤气等	劳动能力、安全劳动的习惯
	积极制作,乐于分享	劳动观念、家庭责任感、劳动精神等
	色香味美	劳动能力

3.劳动作业要关注劳动素养的表现

劳动作业不能只是形式上的实施,更是为了突破劳动观念、劳动习惯和品质等方面培养的难点，例如有始有终的劳动习惯，吃苦耐劳的品质，开拓创新的劳动精神等。同时还应关注劳动素养表现水平与具体劳动任务群的学段素养水平应保持一致，例如"整理卧室"的要求。

表 3-6-2　某校四年级劳动作业要求

作业内容	作业要求
整理卧室	物品摆放整齐，卫生干净，归类收纳，有序合理，便于取用，有始有终

其中"物品摆放整齐；卫生干净；归类收纳"要求不仅是劳动能力方面的体现，也是形成热爱劳动态度的体现；"有序合理；便于取用；有始有终"要求，既是养成规律生活能力的要求，也是培养有始有终劳动习惯的要求。这与小学第二学段"整理与收纳"劳动任务群的目标要求相一致。

（二）合理规划劳动作业的内容

劳动教育内容涉及学校、家庭、社会等不同场域，包含日常生活劳动、生产劳动以及社会服务性劳动三大类。这要求学校在设置劳动教育内容时，应统筹不同劳动场域与劳动内容类型，合理规划劳动作业内容。

1. 注重不同内容的劳动作业

学校在劳动内容设置方面应基于课程标准要求，构建劳动任务群，其内容应涵盖日常生活劳动、生产劳动以及服务性劳动。例如某小学三、四年级结合劳动课程标准，劳动作业从日常生活劳动、生产劳动以及服务性劳动三个方面进行劳动任务群的设计与规划，具体内容详见图 3-6-1。

劳动内容 任务群	日常生活劳动		生产劳动		服务性劳动	
	整理与收纳	烹饪与营养	农业生产劳动	传统工艺制作	现代服务业劳动	公益劳动与志愿服务
三年级	整理书桌收拾餐桌	煮鸡蛋	种植盆栽	制作古风折扇	选购生日礼物	微型义卖
四年级	整理床铺	蒸鸡蛋羹做水果拼盘	绿植换土	缝制香囊	家乡特产包装设计	制作小区创意标识牌

图 3-6-1　某小学三、四年级劳动作业内容设计

从劳动作业与劳动课程内容的关系出发，其关系主要包括三种形式：一是劳动作业是对劳动课程的巩固，二是劳动作业是对劳动课程的拓展，三是劳动作业有助于学生劳动习惯的养成。三者是一个无限循环的过程，其中劳动课程巩固是基础，劳动课程拓展是发展，劳动习惯养成是内化，而劳动习惯的内化又有助于巩固与发展新的劳动课程内容，具体内容详见图 3-6-2。

由此可见劳动作业设置应从多维度出发，丰富劳动课程内容与形式，才能助力学生劳动素养的全面提升。

2. 注重设置不同类型的劳动作业

在劳动作业设置时，应基于劳动时间、劳动类别、劳动场域等方面，丰富劳动作业内容和形式，具体内容详见图3-6-3。在劳动时间方面可以设置每日、短周期、长周期、不定时劳动作业；在劳动类型方面可以设置生活、生产以及服务类劳动作业；在实施场域方面可以设置学校、家庭与社会等不同劳动场域的作业。

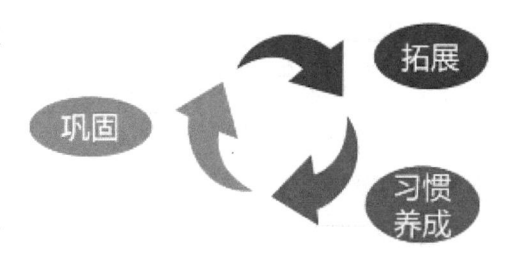

图 3-6-2　劳动作业与劳动课程内容的关系

图 3-6-3　设置不同类型的劳动作业

由此可见，劳动作业依据时间、类别以及实施场域可以设置不同类型的劳动作业。这要求劳动教育者在进行作业设计时，应合理统筹规划劳动作业。一是，应该注重不同类型作业的有机结合。劳动作业应包含生活、生产与服务不同类别，涵盖学校、家庭与社会不同场域。二是，应考虑劳动的季节性。劳动作业设计应基于学生生活实际，比如春天开展种植劳动、秋天开展丰收劳动。三是，应该考虑与节日的结合。比如在端午节开展包粽子劳动、中秋节开展做月饼劳动。

（三）适当考虑劳动作业中跨学科学习与实践

劳动教育具有树德、增智、强体、育美的综合育人价值。因此，在劳动作业设计时应适当地考虑在劳动作业中实施跨学科学习与实践。比如劳动作业与语文写作相结合，学生通过完成烹饪劳动任务，既丰富了学生的生活经验，又为语文写作提供了素材，对提升学生的写作与表达能力具有重要意义；

劳动作业与美术学科相结合，学生通过绘画劳动手抄报，既增长了学生的劳动知识，又提升了学生审美、创美能力；劳动作业与科学学科相结合，学生通过植物种植，记录植物生长变化，既掌握了劳动技能，又有助于了解生物生长自然规律。

总之，劳动课的跨学科融合宛如一首美妙的交响乐，不同学科宛如乐章中的优美旋律，都有其独特的音色和节奏。各学科之间彼此相互协作、和谐共处，实现学科素养与劳动素养的共生培育，共同为孩子们的全面发展贡献力量。

（四）劳动作业应注重内容的进阶性安排

劳动作业应注重内容的进阶性安排，以确保学生能够循序渐进地提升劳动素养。劳动作业的内容应遵循"由简单到复杂""由浅入深"的规律，从低年级到高年级逐步增加劳动内容的难度和复杂性，以适应学生的成长规律和身心发展特点。这种进阶性的安排有助于学生在不同阶段掌握不同的劳动技能，从而逐步、稳定、有序地提升学生的劳动素养。以某学校劳动作业安排为例，详见图3-6-4。

学段	劳动内容	交流评价
1~2年级	简单的个人物品整理和清洗，简单的手工制作，照顾身边的动植物	自我评价：以打勾、打五角星方式为主 劳动分享：以画图、讲故事的方式呈现
3~4年级	参与家居清洁、收纳整理，简单的生产劳动，参加力所能及的公益劳动	自我评价：检核表 劳动分享：劳动收获交流、小组讨论
5~6年级	使用家电器具、制作简单的家常餐，适当的生产劳动，适当的公益劳动	自我评价：过程性量规评价 劳动分享：劳动作品分享会、义卖会
7~9年级	参加家庭日常清洁、烹饪、家居美化，进行简单的家用器具修理，参与种植、养殖等生产活动，开展助残、敬老、扶弱等服务性劳动	自我评价：过程性量规评价、实践反思 劳动分享：劳动技能展示会、实践体会交流

图3-6-4 某校不同学段劳动作业内容与交流总安排

此外，还应考虑劳动教育作业的记录，需要根据学生特点合理设计不同学段学生劳动作业的记录表，比如低年级可以通过简单的打勾形式进行记录，中高年级可以适当安排一些体悟劳动写作，详见图3-6-5。

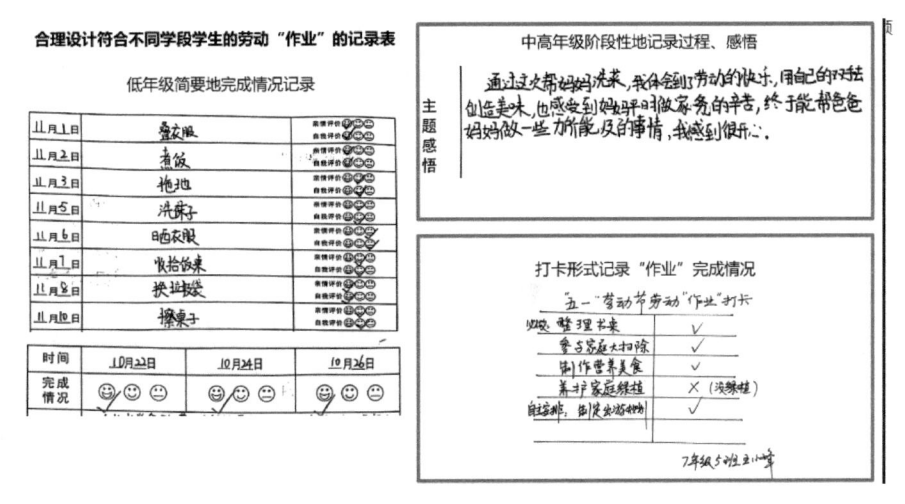

图 3-6-5　不同学段劳动教育作业的记录方式

（五）充分发挥教师的引导、指导与组织作用

教师作为劳动作业的设计者，具有引导、指导与组织的作用，应对劳动注意事项、劳动要求、评价要点等内容提供必要的解释与指导，旨在保证学生可以高质量地完成劳动作业，在作业完成过程中全面提升劳动素养。

1. 提供必要的教师指导

教师是劳动作业的设计者与组织者。为帮助学生能够顺利、安全、高质量地完成劳动作业，劳动教育者可以提供必要的作业指导，可通过文字、流程图、视频等多种形式说明劳动要点、提示劳动过程、记录注意事项等。

2. 通过劳动作业评价进行引导

作业评价是通过多维度对学生完成的作业进行综合性的评估和判断。劳动教师应围绕劳动作业目标规划评价方式、构建评价指标、制定评价标准；根据劳动作业的特点确定评价的重点。比如日常生活劳动重视评价劳动能力、劳动习惯与品质，服务性劳动则重视劳动精神的评价；在评价方式方面以表现性评价为主，可通过拍照、视频等方式记录学生的过程性表现。同时，劳动作业还应适当地展示学生阶段性的劳动成果。阶段性的展示有助于驱动学生完成劳动作业。实际上，劳动作业展示的过程也是对作业展开评价的过程。

3. 组织劳动作业的分享与交流

分享与交流是学生劳动成果与劳动体验的真实展现，是劳动作业的重要形式之一。这些认识与感悟是学生在平时劳动中的点滴记录与成果。学生通过分享交流活动，有助于学生深化对劳动的体验，反思劳动的过程，加深对劳动的认识。

小　结

本章主要围绕"新时代中小学生劳动教育课程设计与研究"来展开，主要包括六节内容。第一节为"新时代中小学生劳动教育课程目标的设计"，分析了目前劳动教育目标制订的现状，新时代劳动教育课程目标设计的原则，新时代劳动教育课程目标体系的构建，同时列举了新时代劳动教育课程目标设计的案例。第二节为"新时代中小学生劳动教育课程内容的设计"，阐述了新时代劳动教育课程内容的选择依据与原则，并列举了新时代中小学生劳动教育课程内容设计的案例。第三节为"新时代中小学生劳动教育课程组织的逻辑"，分析了劳动教育课程内容组织的原则，劳动教育课程内容组织的方式。第四节为"新时代中小学生劳动教育课程实施的方式"，列举了讲授示范法、实地观察体验法、研学旅行、项目式教学法，为劳动课程实施提供了方法指导。第五节为"新时代中小学生劳动教育课程评价的设计"，分析了新时代中小学劳动教育课程评价应遵循的育人理念，并构建了新时代中小学劳动教育课程评价体系。第六节为"新时代中小学生劳动教育课程作业的设计"，从新时代中小学生劳动教育作业特点、意义、现状以及设计与实施要点展开了论述，对优化劳动教育作业设计，全面提升学生的劳动素养具有重要意义。

"新时代中小学生劳动教育课程设计与研究"包括课程目标、课程内容、课程组织、课程实施、课程评价以及课程作业六大部分。各部分相互联系、相互影响，是一个统一体。总之，劳动教育者在劳动课程设计时，应基于新时代劳动教育的特征，坚持"学生为本"，紧紧围绕"劳动核心素养"育人目标，对课程各个环节展开设计与研究。

第四章　新时代中小学生劳动教育课程资源的开发与利用

2020年国家政策将劳动教育从综合实践活动的模块中分离出来，设置为独立的一门课程，并将其纳入中小学校课程体系中的必修课程之列。劳动课程是十分强调"创生"取向的一门课程。国家对教师在该课程实施中教什么内容、如何切入、采用什么资源以及如何教学引导等不再进行强制规定，给予了教师在课程实施中的自主性，为教师提供了一个极具弹性的空间，充分地尊重和体现了教师作为劳动课程资源"开发者"的角色与地位，也为教师提供了促进自身专业发展的新机遇。

第一节　新时代中小学生劳动教育课程资源开发概论

劳动教育资源作为实施劳动教育课程的有效载体，充当着劳动教育中介的作用，承载着劳动教育内容的重要成分，是学校开展劳动教育的重要保障，直接关系到劳动教育课程的实施效果。因此，劳动教育者应厘清劳动教育资源、劳动教育资源开发等概念内涵，明确劳动教育资源开发的价值取向，积极挖掘与开发学校、家庭、社会等不同育人场域的劳动资源，使其助力劳动教育，从而提升劳动教学的有效性。

一、相关概念解析

（一）课程资源

《基础教育课程改革纲要（试行）》中指出，课程资源的内涵一般有广义和狭义之说。其中广义的课程资源是指有助于实现课程教学目标的所有因素，比如教学工具、教学环境等。狭义的课程资源仅指学科按照课程标准制作，提供给学生和教师使用的材料，比如教科书、微视频等。徐继存等人（2002）在此基础上指出，课程资源是课程设计、实施和评价等整个课程编制过程中可以利用的一切人力、物力以及自然资源的综合体[①]。本研究采用的是广义层面的课程资源观，即课程资源是指有助于实现课程教学目标的所有因素。

（二）劳动教育课程资源

基于课程资源的内涵可知，"劳动教育课程资源"，既保存了课程资源的共性内涵，同时又增添了指向劳动教育特征的部分。结合劳动教育与课程资源的内涵，本研究认为"劳动教育课程资源"指的是有助于发展学生劳动素养的，能够成为劳动教育内容，支持劳动教育有效实施的一切人力、物力以及财力的总和。要使劳动教育课程资源进入课堂并发挥作用，离不开其开发与利用这两个重要步骤。课程资源开发的过程包含利用，课程资源的利用又能促进其更好地开发，两者互相影响、互相促进。比如李维明教授（2024）认为劳动课程资源包括纸质资源、数字资源，劳动实践室，学校场地、设施及环境资源，社会劳动实践基地以及其他资源（见图4-1-1）。

劳动实践室：劳动实践室是劳动课程实施的重要资源和重要保障。

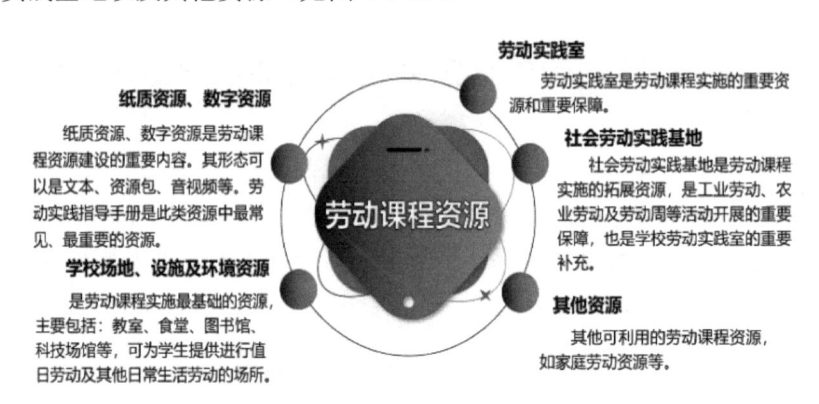

纸质资源、数字资源：纸质资源、数字资源是劳动课程资源建设的重要内容。其形态可以是文本、资源包、音视频等。劳动实践指导手册是此类资源中最常见、最重要的资源。

社会劳动实践基地：社会劳动实践基地是劳动课程实施的拓展资源，是工业劳动、农业劳动及劳动周等活动开展的重要保障，也是学校劳动实践室的重要补充。

学校场地、设施及环境资源：是劳动课程实施最基础的资源，主要包括：教室、食堂、图书馆、科技场馆，可为学生提供进行值日劳动及其他日常生活劳动的场所。

其他资源：其他可利用的劳动课程资源，如家庭劳动资源等。

图4-1-1　劳动课程资源具体内涵

（三）劳动教育课程资源开发

劳动教育资源开发是指教育者根据劳动教育课程总目标的要求，对有助于

[①] 徐继存，段兆兵，陈琼. 论课程资源及其开发与利用[J]. 学科教育，2002（2）：26-28.

提升学生劳动核心素养的各种潜在的劳动教育资源进行搜集、评估与加工，使其变成现实服务劳动教学的资源，或者对现有劳动教育资源中未发现的价值进行深度再挖掘，使其潜能得到充分发挥与利用的过程[①]。如图4-1-2所示，劳动教育资源开发的对象包括有助于劳动育人目标实现的人力资源、物力资源和财力资源，其中人力资源主要有教师、学生、家长、劳动模范和社会上的能工巧匠等；物力资源包括校内外各种可用于劳动教育的场所、设施设备、环境等，如劳动实践基地、研学基地、劳动教育专用教室、企业、工厂、社区等；财力资源主要是用于实施劳动教育的各项经费。

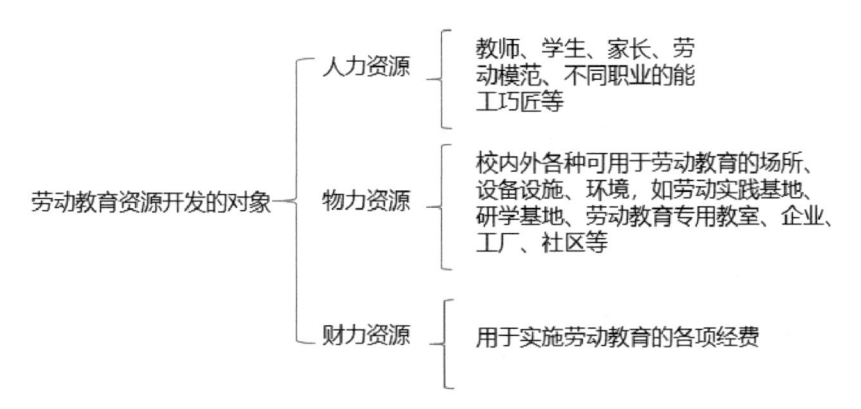

图4-1-2　教育资源开发对象的组成

二、新时代中小学劳动教育课程资源分类

劳动教育课程资源是实施新时代劳动教育课程的必要条件和重要载体。劳动教育课程资源开发与利用要以提升学生的劳动素养为导向。依据不同的分类标准，劳动教育课程资源可以分为多种类型。通过文献阅读与梳理，结合实际调查，本书将劳动教育课程资源分为以下几种类型。

（一）依据课程资源空间分布：学校资源、社会资源与家庭资源

按照资源的空间来源不同，劳动教育课程资源可分为学校资源、社会资源与家庭资源，具体详见表4-1-1。

---

① 张雪梅，胡露露. 新时代青年劳动教育的特点及趋势[J]. 中国青年社会科学，2021，40（5）：68-75.

表 4-1-1　基于空间分布的劳动教育课程资源分类表

劳动教育课程 资源分类标准	劳动教育课程 资源类型	具体包含内容
空间分布	学校资源	学校人力资源（教师、学生等）、纸质资料（教材、课程标准等）、教学设施（劳动工具、劳动教育基地、劳动专用教室等）、教学活动（打扫教室、绿化校园）、师生关系等
	家庭资源	家长、家庭设施（卧室、厨房等）、劳动工具等
	社会资源	校外图书馆、社区、社会劳动实践基地、养老院、乡土资源、民族风情等

学校劳动教育课程资源包括学校人力资源（教师、学生等）、纸质资料（教材、课程标准等）、教学设施（劳动工具、劳动教育基地、劳动专用教室等）、教学活动（打扫教室、绿化校园）、师生关系等。家庭劳动教育课程资源包括家长、家庭设施（卧室、厨房等）、劳动工具等。社会劳动教育课程资源包括校外图书馆、社区、社会劳动实践基地、养老院、乡土资源、民族风情等。

（二）根据课程资源性质分类：自然课程资源与社会课程资源

根据课程资源性质，劳动教育课程资源可分为自然课程资源与社会课程资源，具体详见表 4-1-2。劳动教育自然课程资源包括学校的花园、花圃、菜地、乡村的农田、山川、河流等。劳动教育社会课程资源包括博物馆、科技馆、养老院、工厂等社会场所，学校领导、教师、家长、社会人员等人力资源，以及教师、家长等人员的生活经验、劳动经验、劳动价值观、劳模精神等。

表 4-1-2　基于课程资源性质的劳动教育课程资源分类表

劳动教育课程 资源分类标准	劳动教育课程 资源类型	具体包含内容
资源性质	劳动教育自然课程资源	学校的花园、花圃、菜地、乡村的农田、山川、河流等
	劳动教育社会课程资源	博物馆、科技馆、养老院、工厂等社会场所，学校领导、教师、家长、社会人员等人力资源，以及教师、家长等人员的生活经验、劳动经验、劳动价值观、劳模精神等

（三）根据呈现方式分类：文字资源、实物资源、活动资源、信息化资源

根据呈现方式，劳动教育课程资源可分为文字资源、实物资源、活动资源、信息化资源，具体详见表 4-1-3。劳动教育课程文字资源主要包括劳动教育课程标准、劳动教育教科书和其他教辅材料等；劳动教育课程实物资源主要包括劳动工具、教学设备等；劳动教育课程活动资源主要包括集体活动、公益劳动、社会服务、职业体验等；劳动教育课程信息化资源主要包括劳动微课、劳动电子书籍等。

表 4-1-3　基于呈现方式的劳动教育课程资源分类表

劳动教育课程资源分类标准	劳动教育课程资源类型	具体包含内容
呈现方式	文字资源	劳动教育课程标准、劳动教育教科书和其他教辅材料等
	实物资源	劳动工具、教学设备等
	活动资源	集体活动、公益劳动、社会服务、职业体验等
	信息化资源	劳动微课、劳动电子书籍等

（四）依据课程存在方式分类：显性课程资源与隐性课程资源

根据课程存在方式，劳动教育课程资源可分为显性课程资源和隐性课程资源，具体详见表 4-1-4。劳动教育显性课程资源是指可以直接观察，能够直接利用的劳动教育资源，如教科书、多媒体、农场、工厂、劳动实践基地等。劳动教育隐性课程资源是不易察觉，以潜在的方式对学习有深远影响的环境和文化因素，如校园文化、家庭氛围、社会风气等。

表 4-1-4　基于存在方式劳动教育课程资源分类表

劳动教育课程资源分类标准	劳动教育课程资源类型	具体包含内容
存在方式	显性课程资源	教科书、多媒体、农场、工厂、劳动实践基地等
	隐性课程资源	校园文化、家庭氛围、社会风气等

（五）依据劳动类型分类：日常生活劳动资源、生产劳动资源、服务性劳动资源

依据劳动类型，劳动教育课程资源可分为日常生活劳动资源、生产劳动资源、服务性劳动资源，具体详见表 4-1-5。日常生活劳动教育资源包括教师、家长等人力资源，清洁与卫生等劳动工具，食堂、教室、家庭等场所。生产劳动教育资源包括学校的种植园、手工工作室等，社区的工厂、农场、养老院等，乡村的农田、山川、农具等以及教师、家长、劳动工人、农民的生产劳动经验、劳动精神等；服务性劳动教育资源包括公益劳动、社会服务、职业体验等活动，服务性劳动的知识、技能、劳动精神等。

表 4-1-5　基于劳动类型的劳动教育课程资源分类表

劳动教育课程资源分类标准	劳动教育课程资源类型	具体包含内容
劳动类型	日常生活劳动资源	教师、家长等人力资源，清洁与卫生等劳动工具，食堂、教室、家庭等场所
	生产劳动资源	学校的种植园、手工工作室等，社区的工厂、农场、养老院等，乡村的农田、山川、农具等以及教师、家长、劳动工人、农民的生产劳动经验、劳动精神等
	服务性劳动资源	公益劳动、社会服务、职业体验等活动，服务性劳动的知识、技能、劳动精神等

第二节　新时代中小学生劳动教育课程资源开发的主体与价值取向

课程资源在课程实施活动中起着中介的作用。课程资源不仅能够丰富教学内容，还能助力学生理解知识，提升教学效能。既然课程资源如此重要，那么"谁来开发课程资源"这个问题可以回答课程资源开发包括哪些主体。"课程资源开发的价值取向有哪些"这个问题可以回答课程资源开发应坚持哪些原则。

一、新时代中小学劳动教育课程资源开发的主体

"谁来开发课程资源"是课程资源开发过程中最为关心的问题之一。课程资源开发包括哪些主体呢？学者一般将课程资源开发主体从宏观和微观两个维度展开阐释。宏观维度的课程资源开发主体主要是指国家和地方教育部门；微观维度的课程资源开发主体主要是指学校、教师和家长以及学生。本研究的开发主体主要是从微观层面展开探讨的。

（一）学校

学校作为教学活动的主要场域，是学生进行学习、教师与学校管理人员进行工作的重要场所。学校作为劳动教育课程资源开发的主阵地，凝聚着丰富多样的劳动教育课程资源。学校劳动教育课程资源开发主要应从以下几个方面进行：一是创建校园文化，比如在墙壁上粘贴劳动模范画像与事迹、在办学理念

中融入劳动理念等。二是创建劳动设施设备，比如开辟种植园、建设劳动专用教室等。三是组织相关劳动活动，比如开展植树节活动、五一劳动节活动、宿舍内务整理大比拼活动等。四是积极开发校外劳动资源，比如与校外劳动实践基地、企业、工厂等建立合作关系。五是依据学校特色、学生需求，组织教师开发特色劳动校本课程。总之，学校应统筹各方力量，积极开发劳动教育课程资源，为劳动教育课程的顺利实施提供资源保障。

（二）教师

教师既是课程的实施者，也是课程资源的重要开发者。教师作为劳动教育课程资源的开发者主要体现在两个方面：一是教师依据学生的心理发展规律与特征，自发地开发出适合劳动教育内容的教学资源。比如教师可以通过自己制作劳动教学微课，或通过网络搜索与教学内容相关的劳动视频。二是教师本人也是一种劳动教育课程资源。教师个人已有的劳动知识与经验、教学活动的组织与设计以及教师教学中的态度等都是重要的课程资源。教师作为教学活动的组织者与实施者，应当树立正确的课程资源观，并具有相应的课程资源开发与利用的能力。

（三）家庭

家庭是学生生活的重要场域，也是教育的重要场域。家庭中蕴含着丰富的劳动教育资源。一方面家庭劳动包含清洁类劳动、整理类劳动、饮食类劳动等，家长应有意识地让学生参与家庭劳动。另一方面，家长的劳动技能、家庭氛围、家长的劳动教育经验等资源无形地影响着学生劳动习惯的养成、劳动技能的习得。但是，一些家长受传统以智力培养为主的教育理念影响，开发劳动教育资源的意识比较单薄。因此，学校教师应重视与家长沟通，指导家庭劳动教育资源开发，通过家校合作使家庭劳动资源真正成为提升学生劳动素养的"助力器"。

（四）学生

传统课堂以"学科知识"为中心，新课程改革强调要以"学生"为中心，要关注学生的生活与经验，围绕学生的生活开展教学。教师开发的课程资源，最终目的是服务学生，帮助学生更好地理解与掌握教学知识，促进学生的发展。学生是课程资源的享用者，同时也是课程资源的开发者。学生作为劳动教育课程资源开发的主体主要表现在两个方面：一是，教师在开发劳动教育课程资源时应基于学生心理发展的规律与特征、生活经验、兴趣爱好等因素。二是，教师应发挥学生在学习中的主体性，鼓励学生通过自己的方式获取学习内容、经验等，比如咨询家长、阅读图书、互联网检索等。这不仅有助于激发学生学习兴趣，掌握多种劳动技能，还有助于增加劳动资源的丰富性。

二、开发新时代中小学劳动教育资源的价值取向

教育资源的开发应服务教育目标的实现。中小学劳动教育资源开发并非随意而行，而应围绕劳动教育育人目标的实现，遵循一定的原则即价值追求来进行开发。中小学劳动教育资源的开发应遵循的价值取向具体包括：满足学生全面发展的需求、提升学生的劳动素养、符合学生的身心发展特点、贴近学生的日常生活、体现劳动教育的实践性、因地制宜开发特色劳动教育资源、坚持经济性原则等。

（一）满足学生全面发展的需求

我国人才培养的目标是促进学生德智体美劳全面发展。劳动教育具有树德、增智、强体、育美等综合育人价值。满足学生全面发展的需要应是新时代中小学劳动教育资源开发的首要价值追求。因此，教师在进行劳动资源开发时，应注重挖掘与整合其他"四育"中的劳动资源。例如有的教师将"剪纸"纳入劳动教育课程，剪纸作为传统工艺，既需要学生掌握劳动工具（剪刀的用法），也需要数学中的轴对称知识，还会用到美术中的美学知识等，以及在剪纸实践中重视培养学生的创新意识。学生在剪纸结束后，通过写一写、说一说制作感受，又运用了语文知识。由此可知，新时代中小学劳动教育资源的开发应重视育人综合资源挖掘，立足于促进学生的全面发展。

（二）提升学生的劳动素养

劳动课程的目标是培养学生的劳动素养。劳动素养是指学生在学习和劳动实践过程中形成的适应个人终身发展和社会发展需要的正确价值观、必备品格和关键能力，主要包括劳动观念、劳动能力、劳动习惯与品质、劳动精神四个维度。由此可见，劳动素养的内涵具有多维性。新时代劳动教育包括日常生活劳动、生产劳动和服务性劳动三大劳动主题。在劳动教育课程资源开发时应围

绕这三大主题，进行合理开发。既要包含传统农业、手工业，又要关注人工智能等新型劳动；既要包括日常生活与生产劳动，又要包括社会服务性劳动。因此，劳动教育资源的开发应体现资源的广泛性、丰富性与层次性，从而满足全面培养学生劳动素养的需求。

（三）遵循学生的身心发展规律与特点

新课程强调学生是教学活动的主体。由于不同学段劳动课程育人目标不同，因此，劳动教育资源的开发应基于学段劳动课程目标，在尊重学生身心发展规律与特点的前提下，开发符合学生年龄特征的劳动教育资源。比如，小学低年级学生年纪尚小，主要以整理书包、文具等个人生活起居为主要内容；小学中高年级学生有了一定的生活经验和动手能力，可以在学校开展打扫教室、绿化校园等校园劳动，在家庭开展帮助家人整理房间、烹饪美食等家务劳动，还应适当地开展一些社区清洁、去养老院照顾老人等社会性服务劳动。

（四）贴近学生的日常生活

教育家陶行知先生曾说过"凡是生活的场所，都是教育的场所"[①]，"是劳动的生活，就是劳动的教育"[②]。从中可知，生活是教育的起点，生活之中处处是教育。生活离不开劳动，是劳动教育的实施场域。生活性是劳动教育的特征之一。日常生活为劳动教育提供了真实的素材。中小学生劳动教育课程资源开发与利用应围绕学生日常的衣食住行，挖掘生活情境、生活实践等生活中的一切劳动资源。学生在校园生活、家庭生活和社会生活中劳力劳心、动手动脑，学会学习、学会生存，从而为学生未来完满生活打下良好的基础。

（五）重视劳动教育的实践性

陶行知先生强调"教学做合一""劳力劳心"，倡导实践出真知。劳动教育作为一门重视实践性课程，不仅应传授劳动知识，更应让学生在动手动脑、亲身体验中养成科学的劳动价值观和良好的劳动习惯与品质。在劳动教育课程资源开发时应围绕日常生活劳动、生产劳动和服务性劳动三大劳动主题，通过家庭、学校与社会等场域，开展各种类型的劳动实践活动，让学生手脑并用、劳

---

① 李宇杰，赵婉斐. 基于生活教育理论的高校劳动教育探析 [J]. 思想教育研究，2022（1）：138-143.

② 陶行知. 陶行知全集（第二卷）[M]. 成都：四川教育出版社，2005：398.

力劳心、知行合一，体验真实的劳动过程，最终实现理论与实践的有效结合。例如开发与利用种植、手工制作、电脑绘图设计、职业体验等相关的课程内容，充分利用种植园、劳动手工制作室、微机室、劳动教育实践基地等资源，让学生通过亲身经历劳动者的劳动过程，提升学生的劳动实践能力。

（六）因地制宜开发特色劳动教育资源

我国幅员辽阔，不同地区在自然环境、民情风俗等方面各具特色，可供开发的劳动教育资源也存在较大的差异。目前教育部并未编制统一的劳动教育教科书。《义务教育劳动课程标准（2022年版）》强调课程内容应与学生生活和社会实际相联系，坚持因地制宜，宜工则工，宜农则农[1]。由此可知，国家给予了各地区、各学校在劳动教育资源的开发方面很大的自主空间。劳动教育者和负责人应根据当地、本校的实际情况和学生的经验与兴趣，遵循因地制宜的原则，开发具有区域优势的劳动教育资源，从而促进学校特色发展，以提高劳动教育的实效性[2]。例如石家庄藁城市某学校开发了宫灯制作课程，石家庄新乐市某学校开发了西瓜种植与营销课程。通过因地制宜地开发本地区的劳动资源，不仅贴近学生生活，有助于课程的有效实施，还有助于激发学生对家乡的热爱之情。

（七）坚持经济性原则

经济性原则强调合理而有效地使用教育资源，以达到最大化的教育效益。这要求在进行劳动教育课程资源开发时，应注意人力、物力、财力和时间等方面的经济性和利用的有效性，即以最少的开支和精力实现"性价比"和"效用"双高的资源开发效果。由此可知，劳动教育课程资源开发时，一方面应将资源开发所需要的费用控制在允许范围内，进行低成本资源开发，不能给教师或学校带来经济压力；另一方面还需合理分配教育经费，确保教育资源的合理使用，避免浪费，同时提高教学设施和教材的使用效率。

---

[1] 中华人民共和国教育部. 义务教育劳动课程标准（2022年版）[M]. 北京：北京师范大学出版社，2022：4.

[2] 宋振韶. 学校课程资源开发与利用的原则与途径[J]. 中小学管理，2004（12）：9-11.

第三节　新时代中小学劳动教育课程资源开发的路径

劳动教育课程资源在劳动教学活动中起着中介的作用，是学校开展劳动教育的重要保障，直接关系到劳动课程的实施效果。由此可知，劳动教育课程资源开发对劳动教育十分重要，那么新时代劳动教育课程资源开发的路径有哪些呢？本节将围绕"新时代中小学劳动教育课程资源开发的路径"展开阐述，具体路径如下：

一、组织劳动教师参加相关劳动培训，提升课程资源开发与利用能力

教师不仅是劳动教学活动的组织者与实施者，也是重要的劳动教育资源，还是劳动教育课程资源开发的关键主体。教师劳动教育素养的高低，直接关系到教师能否有效开发与利用劳动教育课程资源。因此，增强教师课程资源开发意识，提升课程资源开发与利用能力是劳动教育实施的当务之急。

（一）组织劳动教师参加相关劳动培训

教师在劳动教学活动中起着主导性作用，提升劳动教师的专业素养是改善劳动教育资源开发现状的必要途径，其中最有效的手段就是对劳动课教师进行培训。通过相关培训学习，使教师认识到劳动教育课程资源的价值，并提高自身开发劳动教育资源的意识和能力，真正成为劳动教育资源开发的主体。劳动教育教师培训可以通过理论和实践两方面着手。一方面，学校可以邀请劳动教育领域的专家和学者，以讲座、座谈等形式为教师们带来劳动教育资源开发方面的理论知识；另一方面，学校可安排劳动教育教师走进劳动教育资源开发的示范学校进行参观、学习、研讨，借鉴他校的有益经验，学习劳动教育资源开发的新理念、新方法。通过理论学习和实地考察两种手段，劳动教师不断提升自身的教育资源开发意识和能力。

教师应提高自身的劳动教育资源开发能力。自我教育是提升教师专业素养的有效方式。教师作为课程资源开发的关键主体，应通过各种方式和手段来不断提升自己开发劳动教育资源的能力。首先，教师可以通过书本、网络等方式加强劳动教育资源开发的相关理论知识的学习，并将所学理论运用于劳动教育

资源开发的实践当中，以理论指导作为支撑，指引和优化劳动教育资源开发的全过程。其次，教师应从日常教学实践和生活中提高资源开发能力。教师应根据自身的教学实际和学生实际生活，积极发现并挖掘身边的显性和隐性劳动教育资源，对身边的劳动教育课程资源进行创造性开发与灵活运用。最后，提高教师对劳动教育课程资源开发的反思能力，通过不断地反思、总结，发现当前劳动教育资源开发过程中存在的问题，分析并找到解决问题的策略，从而不断提高教师对劳动教育资源开发的能力。

二、多渠道、多形式开发劳动教育资源

我国劳动教育涉及学校、家庭、社会三大场域，内容涵盖日常生活劳动、生产劳动、服务性劳动三大劳动主题。这决定了开展劳动教育不能单靠学校，还需要统筹家庭、学校与社会等多个育人主体，发挥共同力量，助力劳动教育课程资源的有效开发。

（一）家庭劳动资源开发与利用的路径

习近平总书记指出："广大家庭都要重言传、重身教，教知识、育品德，身体力行、耳濡目染，帮助孩子扣好人生的第一粒扣子，迈好人生的第一个台阶。"[①]家庭作为社会基本单元细胞，既是学生的第一社会生活环境，也是教育的重要场域。家长作为学生的第一任教师，其一言一行都在时时刻刻地影响着学生的行为与价值取向。因此，劳动教育的全面推进，需要开发与利用家庭劳动教育资源。

1. 家庭劳动资源的内涵

家庭作为人类多方面关系的基本社会单元，是劳动教育的重要场域。家长作为学生的首位教师，直接影响着孩子的成长与发展。家庭劳动教育资源十分丰富，主要是指对劳动教育有价值的、可供开发与利用的育人资源，一

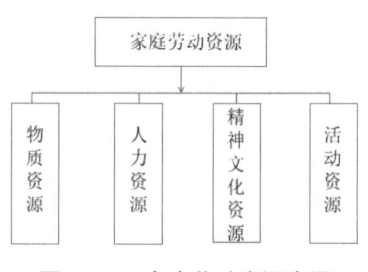

图 4-3-1　家庭劳动资源内涵

---

① 中共中央党史和文献研究院. 习近平关于注重家庭家教家风建设论述摘编 [M]. 北京：中央文献出版社，2021：23.

般可分为物质资源、人力资源、精神文化资源以及活动资源，详见图4-3-1。

其中，物质资源是指家庭中对学生劳动教育具有价值的，可供开发与利用的物品、空间等，主要包括家庭生活物品与居住场所，如烹饪用具、清洁用品等生活物品；厨房、客厅、卧室等居住场所等。人力资源指家庭劳动教育者的家庭成员（主要包括父母、爷爷、奶奶等）以及他们的劳动经验。精神文化资源是指家庭成员对劳动以及劳动教育的认识、情感与态度等，包括家长的劳动观念、家庭家风等。活动资源是指在家庭中开展的一系列有关的劳动教育活动，主要包括家庭卫生清洁、整理等日常家庭家务劳动，比如为父母泡茶、捶背、拿快递等家庭服务劳动等。

2. 家庭劳动教育物质资源开发与利用的路径

（1）充分挖掘家庭劳动教育物质资源

家庭是学生日常生活的重要场所。学生每天都会与家中的物品打交道。家庭劳动教育物质资源主要包含日常生活用品与生活空间。其中日常生活用品主要包括餐具、文具、被褥等；日常生活空间主要包括厨房、阳台、客厅等。这些都是可被开发的劳动教育资源。比如厨房能为学生劳动教育提供烹饪营养、清洁餐具的场所，可以在厨房添置一些劳动工具；阳台能为学生劳动教育提供盆景种植的场所，可以添置一些植物盆景，让学生负责浇水、修剪等管理工作；客厅能为学生劳动教育提供卫生清洁、服务劳动的场所，可以添置一些卫生清洁工具。家庭劳动教育应根据学生的年龄特征，提供丰富的、合适的家庭劳动工具与设备，以便学生在家开展劳动。

（2）重视利用家庭劳动教育人力资源

习近平在全国教育大会上强调，家庭是人生的第一所学校，家长是孩子的第一任老师，要给孩子讲好"人生第一课"，帮助扣好人生第一粒扣子。家长作为孩子最早的老师，也是终身的老师，其一言一行都会对孩子产生潜移默化的影响。在新时代"五育"并举的教育政策的指导下，劳动教育已经成为家庭的必修课程。但由于受传统"智育"至上思想的影响，家长在一定程度上忽视了劳动教育的重要性，导致家庭劳动教育发展严重滞后。首先，家长应在思想上认可劳动教育的重要性。家长应意识到劳动教育的综合育人价值，其不仅可以提升孩子的劳动素养，还有助于促进学生全面发展。其次，家长要发挥其劳动者的优势作用，比如开展"陪父母上一天班"等活动，让孩子真实地了解父母的职业特点和具体工作内容，从中感受家长劳动的辛苦。最后，家长应丰富劳动教育方式。家长应在日常生活中营造浓厚的劳动氛围，做好劳动表率，积极为学生创造劳动的机会，敢于让学生参与家庭劳动，并及时总结自己的劳动教育经验，凝练成自己的劳动教育理念。

（3）注重利用家庭劳动教育精神与文化资源

每个家庭都有自己的劳动精神与文化资源。家长的劳动观念、劳动精神、劳动习惯和品质都在时刻影响着孩子的劳动观念和行为。为了更好地开发与利用家庭劳动教育文化资源，首先，家长应做好学生的劳动榜样。在家庭劳动中以良好的劳动精神面貌培养学生认真劳动、踏实劳动的习惯与品质，以及精益求精、勤俭节约的劳动精神。其次，提炼家庭劳动文化之魂。每个家庭可以结合自身家庭的劳动家风与传统，提炼成家庭劳动文化育人理念，重视培养学生的劳动情感，使学生养成爱劳动、以劳动为荣的劳动观念。

（4）合理开发家庭劳动教育活动资源

劳动性是劳动教育区别其他教育的显著性特征。丰富的家庭活动是家庭劳动教育的保障。家庭劳动活动形式多样，一般可分为整理类、清洁类、烹饪营养类、维修制作类、服务类等，其中整理类主要包括内务整理、生活用品整理、学习用品整理等；清洁类主要包括打扫房间、垃圾分类、衣物清洗、餐具清洗等；烹饪营养类主要包括营养搭配、食材购买、美食制作等；维修制作类主要包括家电、玩具、生活用品的维修，手工制作等；服务类主要包括照顾家人、招待客人等。由此可知，家庭劳动内容丰富、形式多样。家长应根据学生的年龄特征有意识地鼓励学生参与家庭劳动活动，不断提升孩子的生活能力。比如小学低年级学生，可以开展文具整理、垃圾分类等简单的劳动活动；小学中高年级学生，应在低年级的基础上开展简单的手工制作、食品加工等劳动活动；初中阶段，学生可以全面地进行清洁劳动，能够独立制作家庭用餐，会简单地照顾客人和招待客人等；高中阶段，学生应能够科学、高效地进行各项清洁劳动，能够从营养与美学方面完成高质量的食物制作，能够利用知识进行家电维修等。

（二）学校劳动资源开发与利用的路径

1. 学校劳动资源的内涵

学校是学生学习与生活的重要场域。学校劳动教育资源内容丰富，蕴含着人、事、物等多个方面，是学校内已经存在的或等待挖掘、开发的一切与劳动教育有关的资源。学校劳动资源主要包括学校人力资源、学校劳动场地与设施、学校劳动活动等。其中学校人力资源主要包括教师与学生；学校劳动场地与设施主要包括劳动专用教室、劳动实践基地以及劳动工具等；学校劳动活动主要包括卫生清洁、手工制作、劳动社团、生产种植等。

2. 学校劳动教育资源开发与利用的路径

（1）学校劳动教育人力资源开发与利用的路径

教师既是课程的实施者，也是课程资源的重要开发者。劳动课程的开发不仅需要劳动教师，还需要其他学科教师积极挖掘不同学科知识中蕴含的劳动资源。

① 劳动教师应从多维度开发劳动教育资源

教师作为劳动教育课程资源的开发者主要体现在：第一，教师应依据学生的心理发展规律与特征，自发地开发出适合劳动教育内容的教学资源。比如教师可以通过自己制作劳动教学微课，或通过网络搜索与教学内容相关的劳动视频。第二，教师本人也是一种劳动教育课程资源。教师个人已有的劳动知识与经验、教学活动的组织与设计以及教师教学中的态度等都是课程资源。教师作为教学活动的组织者与实施者，应当树立正确的劳动课程资源观，并具有相应的课程资源开发与利用的能力。第三，劳动教师应在确保劳动国家课程统一的基础上，基于学校与区域特色，积极开发劳动校本课程，实现学校劳动课程的特色发展，满足学生的劳动个性发展。

② 学科教师应挖掘学科中蕴含的劳动教育元素，促进学科融合

首先，教师应树立劳动教育协同育人观。教学观念指教师对教学的基本看法、态度与信念，决定着教师教学的关注点及授课方式。教师是课程设计与实施的践行者，树立在学科教学中渗透劳动教育的教学观念至关重要。教师应始终坚持以人为本的宗旨，在研读教材时，能发掘其中蕴含的劳动元素，找准各

学科与劳动教育的交叉内容领域；在情境创设时，注重劳动教学素材的合理融入；在课堂教学时，能以提升学生未来生活能力为己任，站在促进学生长远发展的立场上，打好知识传授、价值塑造、劳动素养培养的教学"组合拳"。

其次，挖掘学科教材劳动教育内容。教材作为教师开展教学活动与学生知识获取的重要来源，是实现课程育人的重要载体。不同学科教材中蕴含着独特的劳动元素。要想发挥其学科劳动育人价值，教师应深度分析教材内容，挖掘教材内容中蕴含的劳动元素，搭建劳动与学科教学之间的沟通桥梁，才能使学生在劳动实践中实现"劳动素养"与"学科素养"的双提升。以小学语文学科教材为例，一年级阅读板块《小白兔和小灰兔》，小白兔积极劳动，拥有"吃不完的菜"，而小灰兔无菜可吃，从而引导学生理解"劳动为个人创造美好幸福生活"的道理。小学《道德与法治》教材中，一年级下册《让我来整理》、二年级上册《我是班级值日生》等内容中都蕴含着丰富的劳动素养。

（2）学校劳动教育劳动场地与设施资源开发与利用

学校作为劳动教育课程资源开发的主阵地，蕴含着丰富多样的劳动教育课程资源。学校劳动教育劳动场地、设施资源开发与利用主要应从以下几个方面进行开发：一是，创建校园劳动文化，比如在墙壁上粘贴劳动模范画像与事迹、在办学理念中融入劳动理念等。二是，创建劳动场所，比如开辟百草园、水果种植园，建设劳动专用教室等。三是，购买必要的劳动工具与设备，比如打扫卫生所需要的簸箕、扫帚、垃圾桶等，种植劳动需要的铁锹、耙子、锄头等。

（3）学校劳动教育劳动活动资源开发与利用

学校劳动教育资源开发与利用，不仅要重视人力资源开发与利用，劳动场地与设施资源开发与利用，还应积极开发与利用劳动活动资源。学校劳动活动资源开发与利用可以通过以下方式：

一是利用重要节日和纪念日组织丰富多彩的劳动主题教育活动。学校可以在植树节、劳动节、端午节、丰收节等传统节日，开展劳动教育主题活动。比如，在植树节期间，学校可以组织学生通过挖坑、种树、浇水等过程，让学生体会劳动者的艰辛与不易。

二是成立与劳动教育相关的兴趣社团。学校可以根据学生兴趣，成立与劳动教育相关的社团，开设形式多样的劳动特色活动课程，例如基础教育可以利用课后延时服务时间段，成立十字绣、剪纸、种植等社团。学生通过劳动兴趣社团，既丰富了学校日常生活，又提升了日常生活能力。

三是举办劳模、非遗传人等进校园讲座等活动。学校应邀请各行各业的劳模、能工巧匠等走进学校传播劳模故事，指导劳动实践，弘扬劳动精神，让学生深刻理解新时代劳动教育的内涵，激发学生的劳动热情，增强学生的社会责任感。

四是组织教师开发学校特色劳动课程。学校应依据学校特色、学生需求，成立课程开发小组，积极组织教师开发特色劳动校本课程，例如可开发"二十四节气"劳动课程、食疗课程等特色劳动校本课程。

五是定期组织学校集体劳动。学校应根据实际需要，定期组织集体劳动，比如集体打扫校园、开展宿舍内务整理等。

（三）社会劳动资源开发与利用的路径

1.社会劳动教育资源的内涵

社会劳动资源是学校与家庭劳动教育资源的有力补充。劳动教育的实施，不仅需要学校力量、家庭力量，还需要社会劳动教育资源的支持。社会劳动教育资源是指在社会范围内一切可开发与可利用的劳动资源，可以直接组成劳动教育活动或是促进劳动活动顺利实施的一切资源，主要涉及社会生产劳动和社会服务性劳动。其中社会生产劳动主要包括劳动实践基地资源、乡土劳动教育资源；社会服务性劳动主要包括社区劳动教育资源、校外职业体验资源。

2.社会劳动资源开发与利用的路径

（1）劳动实践基地资源的开发与利用

劳动实践基地资源不仅包括学校开发的劳动实践基地资源，还包括校外劳动实践基地资源。学校应积极开发校外劳动实践基地资源，通过与学校附近的工厂、农场、种植园、生态园等劳动实践场所建立合作，形成中小学生校外劳动实践基地。学校可以通过聘请基地负责人，对学生进行劳动知识传授与示范，在学生实践过程中进行技术指导。

（2）乡土劳动教育资源的开发与利用

我国幅员辽阔，各区域自然环境与人文底蕴具有复杂性、差异性、多样性的特征，使得不同学校在落实劳动教育国家课程时，呈现出显著的不均衡与不充分现象。因此，学校应立足本土特色，挖掘人文景观、民俗风情等区域劳动课程资源。比如挖掘当地特色农产品、传统工艺制作、传统节日与美食等。同时还应积极挖掘各行业的优秀工匠、劳动模范、传统艺人等，可以走进传统工农业进行研学，或者邀请他们走进学校为学生分享劳动技能和生产经验。通过开发与利用乡土劳动资源，一方面有助于丰富劳动教育内容与形式，另一方面有助于增强学生对家乡的热爱之情。

（3）社区劳动教育资源的开发与利用

社区劳动教育资源内容丰富、种类多样，包含工厂、企业、种植基地、养殖场、医院、敬老院、福利院等劳动实践场地。学校应积极开发与利用社区劳动资源，比如带领学生走进工厂、企业、种植基地、养殖场等场所进行参观与职业体验，了解不同的工作步骤与环节；开展社区志愿活动，组织学生开展"街道清洁""垃圾分类"等活动，组织学生走进敬老院，看望孤寡老人，陪老人们聊天，为他们打扫房间、按摩等，从而培养学生的服务意识与社会责任感。

（4）校外职业体验资源的开发与利用

社会上几乎所有的职业都与劳动息息相关。学校应积极与校外不同职业机构建立合作关系，定时带领学生走出校门，走进医院、超市、餐馆等不同工作场所，进行医生、送餐员、服务员、警察等不同职业体验。职业体验不仅有助于学生了解不同职业的特点，感受不同职业的辛苦与幸福，还有助于学生将所学到的理论知识与实践工作相结合，帮助学生发现自己的职业兴趣，从而提升学生的职业生涯规划能力。

以上社会劳动教育资源，学校可基于区域优势，因地制宜，坚持资源开发的便利性、经济性与有效性的原则，进行合理选择与开发。同时也要考虑不同区域学生的差异，进行适当的互补选择，比如让城市的学生有机会体验乡村的社会劳动教育资源，乡村的学生有机会体验城市的社会劳动教育资源。

三、完善课程资源开发与利用的保障机制

劳动教育课程资源的开发与利用是在教育指导纲要、劳动课程标准以及实施意见的指导下，家庭、学校以及社区等不同育人主体有计划、有目的地对能够服务劳动教育课程的一切资源进行开发与利用，主要包括设置劳动教育必修课，安排课时和教师，编制课程计划、提供劳动场地与工具等方面做好系统规划。首先，政府和教育行政部门应建立健全劳动教育经费管理机制，为劳动教育的实施分配足够的课程资源。例如保证劳动教育专任教师与课时数量，优化学校劳动教育设施，提供充足的劳动教育实践材料和设备，加快校内和校外劳动教育实践基地建设，建立学校劳动教育器材和耗材补充机制等。其次，给予学校开发与利用劳动教育课程资源的自主权，提供劳动教育专项资金，鼓励学校结合自身优势开发学校特色劳动资源。最后，当地政府应出台政策支持，鼓励并主动为学校与校外工厂、企业、农场等机构建立合作关系，联络社区的福利院、科技馆、敬老院、图书馆等社会机构作为学校的服务性劳动基地，并提供资金、安全保障，为学校开展校外劳动教育创造便利条件。

四、利用现代信息技术，实现资源共享

随着科学技术的迅速发展，当今社会已经步入技术与人工智能时代。互联网＋教育、智慧校园等现代教育技术的发展，极大地丰富了新时代中小学劳动教育的实施方式。

首先，人工智能与信息技术可以打破现有资源的限制，实现课程资源共享。学校可以通过虚拟现实技术，真实还原劳动场景。比如通过虚拟现实技术，可以呈现现代化的农业生产过程，让学生在教室中就能观看农业机械工作时的情景，参与及感受仿真农业生产劳动实践。

其次，学校应引导学生留心观察日常生活中人工智能与信息技术的产品与服务，如网上交费、3D打印技术、扫地机器人、网上订餐等，感受人工智能与信息技术为生活带来的便利。此外，学校还应充分利用科技馆、工业博物馆等资源，让学生在亲身体验中，感受人工智能与信息技术进行创造性劳动的魅力，不断激发学生树立创造性劳动的意识。

最后，建立劳动教育课程资源库。国家教育部门应全面挖掘、汇集与整合一切保障劳动教育课程实施的课程资源，将劳动教育教材文本资料、音频视频资料、成功劳动教育教学案例、劳模事迹资料、劳动微课资料等内容，在智能数据系统内进行整理、分类、储存，从而丰富劳动教育内容，实现劳动教育课程资源共享。

小　　结

　　本章内容主要围绕"新时代中小学生劳动教育课程资源的开发与利用"展开论述，主要包含三节内容。第一节为"新时代中小学生劳动教育课程资源开发的概论"，对"劳动教育课程资源开发"的相关概念进行了解析，并从多维度对新时代中小学劳动教育课程资源进行了分类。第二节为"新时代中小学生劳动教育课程资源开发的主体与价值取向"，分析了新时代中小学劳动教育课程资源开发的主体及主要责任，并从多维度梳理了开发新时代中小学劳动教育资源的价值取向。第三节为"新时代中小学劳动教育课程资源开发的路径"，从家庭、学校与社会等不同维度，为开发与利用劳动教育课程资源提供了具体策略。

　　劳动教育资源作为实施劳动教育课程的有效载体，充当着劳动教育中介的作用，承载着劳动教育内容的重要成分，是学校开展劳动教育的重要保障，直接关系到课程的实施效果。本章对"劳动教育课程资源开发的内容""劳动教育课程资源开发的主体""劳动教育课程资源开发的价值取向""劳动教育课程资源开发的路径"等多个问题进行了探讨，希望劳动教育者能够从中得到启发，积极挖掘、开发与利用家庭、学校与社会等劳动教育资源，不断丰富劳动教育内容与形式，从而全面助力学生劳动素养的提升。

第五章　新时代中小学劳动教育实施体系构建

第一节　新时代中小学生劳动教育实施体系概述

构建特色劳动教育实施体系是学校实施劳动教育的重要途径。2020 年，中共中央、国务院发布《关于全面加强新时代大中小学劳动教育的意见》明确指出将劳动教育纳入人才培养的全过程，贯穿大中小学，通过多种形式丰富的活动拓展劳动教育实施途径[①]。本研究认为中小学可以通过开设劳动教育必修课、开发劳动教育校本课程、在学科教学中有机渗透劳动教育、在课外校外活动中安排劳动实践、在校园文化建设中强化劳动文化等形式构建新时代中小学生劳动教育的实施体系，详见图 5-1-1。

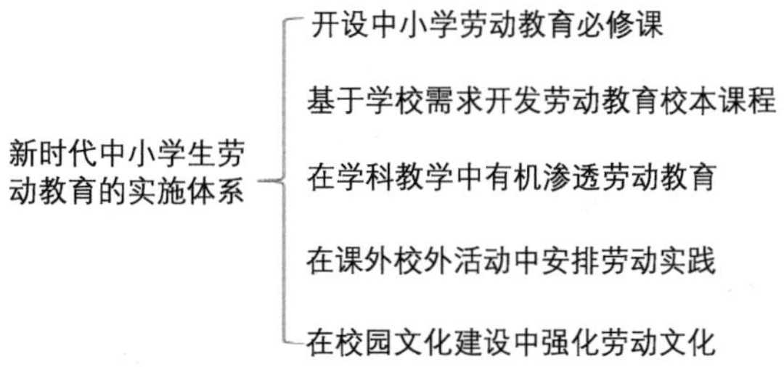

图 5-1-1　新时代中小学生劳动教育的实施体系

一、开设中小学劳动教育必修课

课程是劳动教育的重要载体。落实劳动教育需要依托课程，必须有一定的时间作为保证。2020 年，中共中央、国务院发布的《关于全面加强新时代大中小学劳动教育的意见》明确指出应根据学段特点，在大中小学校设置劳动教育

[①] 中共中央 国务院关于全面加强新时代大中小学劳动教育的意见 [EB/OL].（2020-03-26）[2024-10-27].https://www.gov.cn/zhengce/2020-03/26/content_5495977.htm.

必修课，其中规定中小学劳动教育课每周不少于 1 课时①。这为劳动教育的实施提供了时间保障。

二、基于学校需求开发劳动教育校本课程

我国各区域自然环境与人文底蕴具有复杂性、差异性、多样性等特征，使得不同学校在落实劳动教育国家课程时，呈现出显著的不均衡与不充分现象。为了改变基础教育课程管理过于集中的现状，我国实行国家课程、地方课程和校本课程三级管理制度。而校本课程的出现，在完善与发展国家统一规划的课程结构与价值空间的同时，兼顾到不同学校教育与课程设置的差异和需要，使学校课程更好服务于学生的全面发展和促进学校的特色发展。《义务教育劳动课程标准（2022 年版）》指出劳动课程是实施劳动教育的有效途径，鼓励学校因地制宜，结合实际情况，从时令特点和区域特色出发，根据任务群的安排，合理地开发劳动项目，从而形成校本化劳动清单，构建校本化劳动课程，从而满足学生多元化发展需求②。不同学校应结合自身学生需求、区域特色，开发劳动教育校本课程。以某学校为例，其基于地区优势、学生发展需求，从传统工艺劳动、生活技能类劳动与创新型劳动三个方面构建了劳动教育特色校本课程，如图 5-1-2 所示。

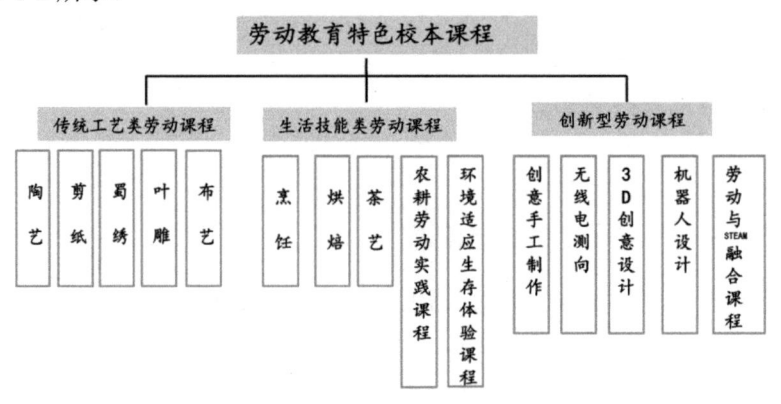

图 5-1-2 劳动教育特色校本课程

---

① 中共中央 国务院关于全面加强新时代大中小学劳动教育的意见 [EB/OL].（2020-03-26）[2024-10-27].https：//www.gov.cn/zhengce/2020-03/26/conent_5495977.htm.

② 中华人民共和国教育部. 义务教育劳动课程标准（2022 年版）[M]. 北京：北京师范大学出版社，2022：2.

三、在学科教学中有机渗透劳动教育

《义务教育课程方案（2022年版）》指出应加强学科内部知识整合，统筹设计综合课程和跨学科主题学习，强化课程协同育人功能①。不同学科蕴含着其特有的劳动元素。劳动教育为跨学科融合提供了贴近学生生活的实际情境与知识内容，有助于学生更好地实现学科知识的习得。同时，跨学科融合为劳动教育提供了新的育人理念与学习方式，以学科为背景，有助于丰富劳动教育实施方式。比如在语文、历史等文科学科教学时，可以有机纳入歌颂劳模、歌颂普通劳动者的选文选材，纳入对学生辛勤劳动、诚实劳动、合法劳动等劳动品质与习惯的教育。数学、物理、科学等理科学科应重视培养学生劳动的科学态度、规范意识、安全习惯、创新精神等。某学校以茶文化为主题，将数学、语文、生物、地理等学科融入其中，构建了茶文化主题的劳动教育课程，如图5-1-3所示。

图5-1-3 茶文化跨学科知识融合劳动教育课程

四、在课外校外活动中安排劳动实践

劳动教育作为一种实践性课程，需要学生亲自动手、亲身体验地参与其中。在课外校外活动中安排劳动实践是丰富劳动教育形式的重要途径。《大中小学劳动教育指导纲要（试行）》指出要在课外校外活动中安排劳动实践，并规定了中小学每周课外活动和家庭生活中劳动的时间，其中小学1至2年级不少于2小时，其他年级不少于3小时②。劳动教育与课外校外活动相结合，极大

---

① 中华人民共和国教育部. 义务教育课程方案（2022年版）[M]. 北京：北京师范大学出版社，2022：4

② 教育部关于印发《大中小学劳动教育指导纲要（试行）》的通知 [EB/OL]. (2020-07-09) [2024-10-27]. http://www.moe.gov.cn/srcsite/A26/jcj_kcjcgh/202007/t20200715_472808.html.

地拓宽了学生劳动实践场域，对丰富劳动教育内容与形式、全面培养学生的劳动素养具有重要意义。

五、在校园文化建设中强化劳动文化

校园作为师生活动的重要场域，既是开展教学活动与实践活动的地方，也是多元文化与思想发生碰撞的场所。学校作为开展劳动教育的主体，蕴含着丰富多彩的校园文化。打造蕴含劳动教育元素的校园文化，能够在无形之中影响学生的劳动观念，从而实现润物无声、和风化雨的劳动育人效果。由此可知，有效落实劳动教育，既离不开学校这一重要场域，更离不开通过校园文化建设，创设劳动教育氛围。例如可以在学校的寝室、教室与食堂张贴热爱劳动、尊重劳动、珍惜劳动成果的标语；在校园公共区域中，充分运用学校的宣传栏、黑板报、墙壁、广播等校园基础设施，进行劳动文化的宣传等。

第二节　新时代中小学生劳动教育校本课程开发

2023年5月，教育部印发的《关于加强中小学地方课程和校本课程建设与管理的意见》明确提出"构建以国家课程为主体、地方课程和校本课程为重要拓展和有益补充的基础教育课程体系"①。校本课程是国家课程与地方课程的有效补充。校本课程对于促进学生的个性发展以及学校的特色发展具有重要意义。不同学校应结合学生需求、区域特色开发劳动教育校本课程。这对构建完善的新时代劳动教育课程体系具有重要意义。因此，十分有必要厘清校本课程开发的内涵，明确开发新时代中小学生劳动教育校本课程的原因与意义，以及具体开发流程等问题。

一、校本课程开发的内涵

（一）校本课程

"校本课程"顾名思义由"校本"和"课程"两个专属名词组成，想要界定"校本课程"首先应该厘清"校本"的内涵。"校本"（school-based）是一

---

① 教育部关于加强中小学地方课程和校本课程建设与管理的意见 [EB/OL]．（2023-06-10）[2024-10-27].https：//www.gov.cn/zhengce/zhengceku/202306/content_6885737.htm.

个舶来品，是校本课程开发的产物。郑金洲（2000）指出"校本"包含"为了学校""在学校中""基于学校"三层意思，其中"为了学校"主要以解决学校教育发展过程中遇到的问题为基本目的；"在学校中"即依靠学校教育工作者制定规范、方案、制度等，解决学校自身遇到的发展难题；"基于学校"是指一切从学校的具体教育实际出发，充分挖掘学校的各类教育资源和教育发展潜力，释放学校教育的生机和活力[①]。徐玉珍（2001）认为"校本"包括以学校为基地，以学校为基础，以学校为主体，以学校为整体，以满足学生的学习需求为宗旨五个方面[②]。由此可见，"校本"强调将学校放在中心位置，但随着教学场域的扩展，人们普遍认为学校是基本场所但不完全局限于学校。

由于对课程内涵的认识存在不统一性，所以关于校本课程内涵，学者们从多个维度展开了概念界定，一般可从课程管理、课程开发主体、课程价值、课程定位四个层面来认识。一是基于课程管理维度，校本课程不同于由国家管理的"国家课程"和由地方政府管理的"地方课程"，其课程管理与决策的主体是学校。二是基于课程开发的主体维度，一些学者认为校本课程是由学校内部教育人员、学生、家长、社区共同开发的课程。三是基于课程价值维度，学者们认为校本课程依据学校办学理念、存在实际问题以及学生个性发展需求进行课程设计，对推动学校特色发展、满足学生需求、促进教师专业发展具有重要价值。校本课程作为相对于国家课程与地方课程而存在的课程形态，更具灵活性。四是基于课程定位维度，校本课程是由学校自主进行设计、实施、开发与评价的课程，与地方课程、国家课程共同构成了基础教育学校课程体系。尽管学者们的研究视角存在差异，但都凸显了校本课程"以校为本"的特性。因此，本研究认为校本课程是依据学校现实情况、办学理念以及学生需求，由学校自主决策、设计、实施与评价的课程，具有一定的灵活性，是对国家课程与地方课程的有效补充。

（二）课程开发

课程开发是一个复杂且系统的概念，研究者们对其概念内涵理解与界定也存在差异。在国外，博比特曾经采用课程编订（curriculum making）、查特斯曾

[①] 郑金洲. 走向"校本"[J]. 教育理论与实践，2000（6）：11-14.

[②] 徐玉珍. 校本课程开发概念解读[J]. 课程·教材·教法，2001（4）：12-17.

用课程建设（curriculum construction）等概念来描述课程由无到有的创建活动。虽然在词语用法上存在细微差别，但都共同强调了课程的制作与构建。课程开发（curriculum development）一词最早是在 1935 年，由美国学者卡斯伟尔和坎贝尔在其合著的《课程开发》一书中提到的。比较而言，development 这个词语包含了创建、发展、形成等意思，进一步突出了课程开发是一个不断改进的过程。事实上，影响课程发展的因素处于不断变化之中，而且学生也总会面临新的需求，这些都会影响课程的建设与发展。因此，curriculum development 更能确切地描述课程建设的活动。此后"课程开发"普遍得到认可。1974 年，在日本东京举行的"课程开发国际研讨会"也对课程开发的概念进行了阐述，指出课程开发是表示新的课程的编订、实验、检验、改进、再编订、实施、校验等一连串作业过程的整体，是意味着伴随社会发展需求而展开的全新的课程研究[1]。国内学者王本陆（2017）认为，课程开发是一个持续且不断细化的动态过程，既包括教育工作者对课程进行精心编制、实施、评价活动，还包括建立在反馈基础上的修正、完善与再检验的活动，其目的是使课程的功能不断适应社会发展与人的成长的要求[2]。综合国内外学者对课程开发的内涵界定，本研究认为课程开发具有过程性、历史性和创造性的特点，可以将课程开发的定义归纳为：基于学校发展和学生成长需求确定课程目标，并据此选择相应的教学内容和教学活动，进一步计划、组织、实施、评价、修改，致力于课程目标达成的实践过程。

（三）校本课程开发

由于对"校本""校本课程"概念的不同理解，导致研究者们从不同视角对"校本课程开发"的概念展开界定，主要有两种不同的解释：一是"校本课程"的开发，二是"校本的"课程开发[3]。前者被称为狭义的理解，是指学校自主开发的独特课程；后者是广义的理解，是指包括国家在内的所有课程的校本化改革。事实上，两种理解源于两种不同的教育管理体制。目前，世界国家的教育管理体制一般分为集权型和分权型，其中集权型是由中央调控，在国家课

---

[1] 钟启泉. 现代课程论 [M]. 上海：上海教育出版社，1989：361-362.
[2] 王本陆. 课程与教学论 [M]. 北京：高等教育出版社，2017：95.
[3] 吴刚平. 校本课程开发活动的类型分析 [J]. 教育发展研究，1999（11）：37-41.

程中预留10%～25%的空间作为学校自主决策的校本课程范围；分权制是指学校在符合国家标准要求的前提下，对实施课程整体上都有决策权[1]。由此可见，我国的国情决定了我国的校本课程开发属于前者。

通过梳理有关校本课程开发的文献，发现研究者主要从以下五个方面对"校本课程开发"展开概念界定。一是活动说，认为校本课程开发是一种满足学生学习需求的、形式多样的课程开发活动。比如校本课程开发是校长、教师、课程专家、学生以及家长和社区人士共同参与学校课程计划的制订、实施和评价的一种活动[2]。崔允漷（2000）认为校本课程开发是学校根据本校的教育理念，通过与外部力量的合作，采用选择、改编、新编教学材料或设计学习活动的方式，并在校内实施以建立内外部评价机制的各种专业活动的总和[3]。二是过程说，强调校本课程开发的过程。比如萨巴尔（Sabar）认为校本课程开发包括了课程开发、实施、评价等环节的全部过程。埃格尔斯顿（Eggleston）认为校本课程开发是以学校为主体，为满足学生发展需要而充分利用相关资源进行课程开发的过程[4]。三是结果说。比如沃尔顿（Walton）认为校本课程开发的结果是教材的选择、改编和新编，强调结果的呈现。四是权力说，强调课程权力的重新分配。比如有学者认为校本课程开发规定了学校在课程开发方面享有一定的自由和自主性，可以自主地决定部分在学校中实施的课程。五是策略说，强调校本课程开发是一种策略。比如肖特（Short E. C.）从课程开发的活动场所、课程开发所需要的专业人员以及课程实施所持有的观念三个维度构建了校本课程开发策略识别的三维模型[5]。吴刚平认为，校本课程开发是指学校根据自己的教育哲学思想，为满足学生的实际发展需要，以学校教师为主体进行的适合学校具体特点和条件的课程开发策略[6]。此观点强调课程开发的主体是学

---

[1] 项家庆. 教你开发校本课程[M]. 广州：世界图书出版广东有限公司，2012：4.

[2] 鲁艳. 校本课程：概念必须正确理解[J]. 教育发展研究，1999（12）：19-23.

[3] 崔允漷. 校本课程开发：理论与实践[M]. 北京：教育科学出版社，2000：47-49.

[4] Eggleston J.School-based curriculum development in britain[J].Comparative Education Review，1982，26（1）：117.

[5] Keiny S，Weiss T. A case study of a school-based curriculum development as a INSET[J].Joural of Education Teaching，1986（12）：156.

[6] 吴刚平. 校本课程开发[M]. 成都：四川教育出版社，2004：40.

校教师，策略应适合学校的具体特点与条件。

综上所述，学者们基于不同视角对校本课程开发概念展开了界定，结合我国对校本课程开发的理解与实践，本研究认为校本课程开发应包含以下四个方面：一是要以"学校本位"为前提条件。校本课程开发应以学校自身办学理念、特点、条件和资源为出发点。二是以满足学校学生需求和兴趣为根本宗旨。校本课程开发应以"学生为中心"，关注学生生活经验和学习兴趣，最终服务学生。三是对学校和教师赋权，使课程权力结构发生变化，优化课程资源配置。教师是课程开发的主体，教师的广泛参与是学校办学特色形成的持久生命力。四是在动态中实现与完成。因为在课程开发中会不断发现问题、解决问题和反思问题，所以校本课程开发是一个不断改进和自我完善的过程。因此，本研究认为校本课程开发是指在国家课程和地方课程纲要和课程标准指导下，依据学校的办学理念、发展特点、教育条件和优势资源，以学校为主要开发和实施场所，学校成员独立或与校外团体或个人合作开展的满足本校学生需求与兴趣发展的一切形式的课程开发活动，此活动具有持续性和动态性的特点。

二、开发新时代劳动教育校本课程的原因

（一）学生发展的需要

校本课程的出现，在完善与发展国家统一规划的课程结构与价值空间的同时，兼顾到不同学校教育与课程设置的差异和需要，使学校课程更好地服务于学生的全面发展和促进学校的特色发展。

（二）课程建设的需要

2022年9月，教育部发布的《对十三届全国人大五次会议第1224号建议的答复》指出，国家不统一组织编写《劳动教育》教材，由省级教育行政部门明确劳动实践指导手册的编写要求，各地区、学校可根据实际需要规划并编写劳动实践指导手册[①]。这为学校结合学生需求开设劳动教育提供了自主性。同时《义务教育劳动课程标准（2022年版）》指出劳动课程是实施劳动教育的有效途径，鼓励学校因地制宜，结合实际情况，从时令特点和区域特色出发，根据

---

① 张天竹."五色教育"背景下的黑龙江高职劳动教育探索[J].成人教育，2023，43（4）：69-72.

任务群安排，合理地开发劳动项目，从而形成校本化劳动清单，构建校本化劳动课程，从而满足学生多元化发展需求。我国实行国家课程、地方课程、学校课程三级课程管理制度。这既保证了国家课程的统一性，又在一定程度上照顾了不同学校因区域环境、地方人文等条件而导致的地区差异性，对满足我国教育目标的整体性要求和区域教育目标的特殊需求具有重要意义。

（三）国家政策支持

校本课程开发旨在发展学校特色化、个性化教育及促进学生全方位发展，是深化基础教育改革的要求，也是当前国家教育改革的重要一环。国家为促进基础教育发展，提升学校办学质量，颁发了一系列促进校本课程开发的教育政策。具体政策内容详见表 5-2-1。

表 5-2-1　校本课程开发相关政策汇总

时间	发布部门	政策名称	具体相关内容
2001 年 6 月	教育部	《基础教育课程改革纲要（试行）》	改变课程管理过于集中的状况，实行国家、地方、学校三级课程管理，增强课程对地方、学校及学生的适应性
2003 年	教育部	《学校课程管理指南》	地方学校在较好地完成义务教育目标的基础上，根据学校及学生具体情况合理参与并开发具有意义的校本课程
2019 年 6 月	中共中央国务院	《关于深化教育教学改革全面提高义务教育质量的意见》	加强课程教材建设，学校要提高校本课程质量
2023 年 5 月	教育部	《关于加强中小学地方课程和校本课程建设与管理的意见》	激发地方和学校课程建设活力，构建以国家课程为主体、地方课程和校本课程为重要拓展和有益补充的基础教育课程体系，增强课程适应性，实现课程全面育人、高质量育人

三、开发新时代劳动教育校本课程的意义

（一）有助于有效落实劳动教育，促进学校特色发展

"校本课程开发"是基于国家课程和地方课程的指导下，依据学校条件、办学理念、发展特点，通过充分整合学校、地方资源和师资优势，以学校为主要开发和实施场所，学校成员独立或与校外团体或个人合作开展的一套适合学生发展、体现办学特色的校本课程。开发新时代劳动教育校本课程，经历对课

程目标制订、内容设置、过程实施和结果评价等课程开发环节，不仅有助于有效落实劳动教育，提升教师课程开发与实施能力，还有助于整合学校及地方的劳动资源，体现学校特色，促进学校特色发展。

（二）有助于满足学生个性发展，全面提升学生劳动素养

校本课程是我国全方位深化教育体制改革进程中的产物，是为了弥补国家课程和地方课程的不足而出现的，具有更大的灵活性和针对性，以满足学生发展为宗旨，能够更好地适应社会和学生的变化和需求。开发新时代劳动教育校本课程，基于学生生活、兴趣、需求，能够更好地反映当地社会生活和文化特点，实现教育资源的合理配置和利用，对劳动教育课程的有效实施具有重要意义。学校通过开发新时代劳动教育校本课程，不仅丰富了劳动教育课程内容，还拓宽了学生劳动知识，对促进中小学生个性发展，全面提升学生劳动素养具有重要意义。

（三）有助于完善新时代劳动教育课程体系构建研究

校本课程是新课程改革的产物。《基础教育课程改革纲要（试行）》指出应改变课程管理过于集中的状况，实行国家、地方、学校三级课程管理，增强课程对地方、学校及学生的适应性。2023年教育部印发的《关于加强中小学地方课程和校本课程建设与管理的意见》也指出在课程实施过程中，要切实加强国家课程方案向地方、学校课程实施规划的转化工作，坚持因地制宜"一地一计"、因校制宜"一校一策"，立足办学理念和学生发展需要，分析资源条件，把国家统一制定的育人"蓝图"细化为地方与学校的育人"施工图"，从而促进学生全面、健康、个性发展[①]。劳动教育课程体系构建应坚持国家课程、地方课程与校本课程的有机统一。开发时代劳动教育校本课程，是对国家劳动课程的有效补充，符合国家对当前深化基础教育改革的要求，对完善新时代劳动教育体系具有重要意义。

---

① 教育部关于加强中小学地方课程和校本课程建设与管理的意见 [EB/OL]. （2023-06-10）[2024-10-27].https://www.gov.cn/zhengce/zhengceku/202306/content_6885737.htm.

四、经典课程开发模式

(一)泰勒(Taylor)的目标模式

目标模式是课程开发模式中最基本以及最经典的一种。最早是由博比特和查特斯提出和确立的。在此基础上,泰勒进行了发展和完善。他提出课程编制需要从四个方面着手,即学校应达到哪些教育目标?要为学生提供哪些教育经验,才能实现这些目标?怎样才能有效地组织这些教育经验?如何才能确定这些目标正在得到实现?[①]根据这四个问题,我们可以得出课程开发的四个步骤:(1)确定教育目标;(2)选择学习经验;(3)组织学习经验;(4)评估学习经验的有效性。泰勒课程原理实质上就是对这些步骤的进一步阐释,作为课程开发的框架,具有极强的普适性。具体课程开发模式流程见图5-2-1。

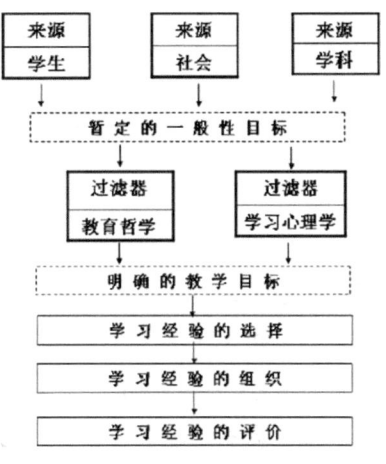

图 5-2-1 泰勒课程开发模式

首先,确定教育目标,即课程目标。泰勒强调课程编制目标的主导作用,认为目标是课程的关键,其他所有环节都要围绕教育目标开展。他指出确定教育目标主要有三个来源。首先,对学习者本身的需求情况展开研究;其次,对当代社会生活的研究,找到学习者本身和当代社会发展需要的共同价值目标;最后,还需要参考学科专家对目标的建议,进而确立精确的、具体化的目标。此外,泰勒建议用教育哲学和学习心理学作为"两把筛子",对已选择出来的目标进行合理筛选。关于教育目标的陈述,泰勒提出目标应借助于二维表格从行为和内容两方面对教育任务进行清晰、详细的表述,才能得到一项令人满意的教育目标阐述。

其次,选择学习经验,即课程内容。基于泰勒的课程理论,"学习经验"是指学习者与使其发生反应的外部环境条件之间的相互作用。泰勒提出了五条

---

① 拉尔夫·泰勒. 课程与教学的基本原理[M]. 罗康,张阅,译. 北京:中国轻工业出版社,2014:1-138.

选择学习经验的原则。一是选择学习经验是为了实现既定目标，要使学生有机会去实践学习经验所隐含的行为。比如，如果有关兴趣的目标是培养学生广泛阅读小说的兴趣，那么学习经验不仅要为学生提供阅读机会，还要提供阅读各种小说的机会。二是学习经验必须使学生在从事目标所隐含的相关行为时获得满足感。学生在学习中能够获得满足感，是保持学生学习兴趣与学习动机的重要因素。三是经验想要引起的反应是在学生力所能及的范围之内，即经验应该适合于学生目前的成就水平、心理倾向等。四是有许多特定的经验可以用来达成目标。教育目标的达成可以有多种路径与形式，教师在组织课程内容时，可以从多个维度出发组织教学经验，共同助力教育目标的实现。五是同样的经验在不同的学生中可以产生不同的结果。学生是一个独立的个体，对同一情境、同一问题，有不同的态度与观点。

基于以上五条学习经验选择原则，教师在设计学习经验时，不是用一种机械的方法为每一项特定目标制定明确规定的学习经验，而是一个创造性的过程。确定想要实现的目标后，不仅需要查看提出的学习经验是否让学生有机会从事教育目标所隐含的相关行为，还要看这些经验是否代表了目标所隐含的相关内容；再用有效性的标准检查已提出的学习经验；根据学生的准备状态检查已提出的学习经验；从操作上的经济性来检查这些经验等。泰勒认为，选择学习经验的过程能为有创意的建议提供机会，然后按照合适的标准仔细检验这些建议，帮助学生把新知识与原有知识进行有意义的建构。

再次，组织学习经验，即课程实施。根据泰勒课程与教育原理，有效组织学习经验应坚持连续性、顺序性、整合性三大原则。学习经验的组织有横向和纵向两个维度。其中连续性是纵向维度中的一个重要因素，是指主要课程要素的直线式重复，需要不断重复训练学习的技能；顺序性既牵涉连续性，又超越连续性，强调要将每一后续经验都建立在先前经验的基础上，且必须更广泛、更深入地探究所涉及的事物；整合性是指课程经验的横向联系，强调学科知识的融合育人，重视学科知识的整合。

最后，评估学习经验的有效性，即课程评价。泰勒认为评估是一个发现已经制定和组织好的经验能在多大程度上产生期望结果的过程。课程评价实质是确定实际与教学计划中所确定的教育目标之间的差距，主要是对学生学习结果前后行为变化程度的反映。教师对学生的评价不能只通过在教学计划结束时展开评估，还需要一方面有必要在早期也开展评估，另一方面创造一些情境，让学习者充分参与到学习过程中，进行过程追踪评估。同时，通过作品分享、师生讨论、访谈、问卷调查等方式来评估学习成果。之后，教师可以根据反馈的结果来修改课程内容、结构等。可见泰勒的评价是对课程目标展开的评价，可以检验课程哪些方面是有效的，哪些方面还需要进行改进，从而不断完善课程编制。

综上所述，目标课程开发模式依据"目标、内容、实施、评价"的直线式程序展开。该模式以目标出发开展课程评价，以量化评价为主要方式，具有很强的逻辑性和操作性的优势，适用于开展目标明确、结果固定的课程开发。但此模式主张一切教学活动应围绕预设的课程目标开展，在一定程度上束缚了课程开发者的思维，容易导致课程脱离实际，影响学生学习的积极性。而且评价结果重视量化，难以对学生情感和心智上的改变展开测量，对教学过程中非预设行为重视不够，容易造成评价结果的片面化，具有一定的局限性。

（二）斯滕豪斯（Stenhouse）的过程模式

英国著名课程专家斯滕豪斯为批判目标模式而构建了"过程模式"。他认为目标模式预先设定目标会限制教师才能的发挥，根据目标进行评价忽视了学生的个性与创造性的发展。斯滕豪斯认为课程的开发应当是一个动态的、持续性研究的过程[①]。斯滕豪斯主要论述了过程模式开发课程的基本原则和方法。在目标确立方面，过程模式不进行目标的预设，而只是确立一般化的、宽泛的目标，还有贯穿于整个课程的总目的、总要求的程序原则，并且该目标不作为最后的评价依据。在课程设计及内容选择方面，斯滕豪斯认为教师作为课程开发的研究者，内容选择要以问题为中心，课程设计必须反映真实的课堂状况，选择符合教育目的和实际的教学过程。在课程评价方面，斯滕豪斯更重视课程教学过程中的形成性结果，更倾向采用形成性评价方式。他认为学生的学习是主动参与和探究的过程，并强调结果没有正确错误之分。

综上所述，过程课程开发模式主张课程目标是暂时性的，允许改变课程开

---

① 沈剑平. 课程编制的目标模式和过程模式述评 [J]. 课程·教材·教法，1988（6）：53-57.

发的顺序。该模式重视课程开发者的作用，提出了"教师即研究者"的观点。课程开发者应以知识内容的价值为基础，根据教学过程不断修改课程目标。这具有较大的灵活性，有助于激发课程开发者的创新意识和提升学生分析解决问题的能力，在一定程度上弥补了目标模式的不足。然而过程模式也存在不足之处。一是并没有提出明确而具有操作性的课程开发程序，课程开发过程缺少系统性；二是难以准确评价学生的学业状况，对于教师的能力要求较高。

（三）施瓦布（Schwab）的实践模式

施瓦布对泰勒的"目标模式"、斯滕豪斯的"过程模式"进行了批判，认为他们太过于依赖理论，难以解决实践过程中产生的问题，对于学生的评价不注重过程，没有把课程当成一个动态的持续过程[①]，为此提出了"实践性课程观"。实践模式以"杜威的实践理念"作为重要的思想来源，重视课程中的实践和过程，追求课程开发中结果与过程、目的与手段的统一[②]。施瓦布认为课程开发应以实践性课程的价值取向"实践兴趣"为依据，应该把实践课程当作有机的"生态系统"。在实践模式中，实践主体由单一走向多元。教师与学生作为课程开发的主体，此外还包括家长、课程专家、社区代表等。在课程开发方法方面，实践模式认为课程的问题需要采用集体审议的方法去解决，课程审议的重点应放在教师、学生、学科和环境四个基本要素之间的平衡上。

综上所述，施瓦布的实践模式注意到了课程开发的复杂性，重视实践的过程性，在一定程度上满足了不同课程开发主体的价值期望，充分尊重学生和教师在课程开发中的主体性。集体审议方法，能够采纳不同课程开发主体的建议，具有民主性与科学性，对课程理论的发展有重要意义。但实践模式对各种理论进行折中、杂糅，使得课程开发思路不够清晰。集体审议的方式，难以实现力求满足不同课程开发主体的价值诉求，因此，"实践模式"的弊端是操作性并不强。

（四）斯基尔贝克（Skilbeck）的情境模式

英国教育家斯基尔贝克提出了课程开发的"情境模式"。这一模式强调在

---

① 吴刚平. 校本课程开发的思想基础：施瓦布与斯腾豪斯"实践课程模式"思想探析 [J]. 外国教育研究，2000（6）：7-11.

② 史学正，徐来群. 施瓦布的课程理论述评 [J]. 外国教育研究，2005（1）：68-70.

校本课程开发中对学校具体情境的评估与分析的重要性。课程开发方案的制订要聚焦于具体的学校、教师以及学生的实际情况。基于此，他提出了课程开发的五个具体环节：情境分析、确立目标、编制方案、解释与实施、评价与改进（见图5-2-2）。该模式强调课程开发是一个不断反馈和提升的过程。

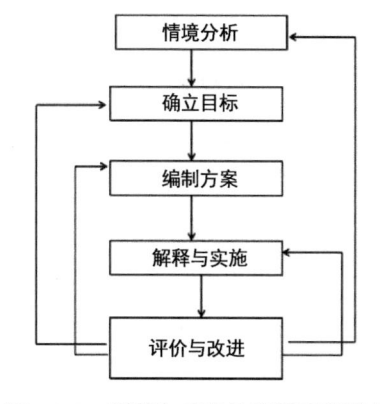

图 5-2-2　斯基尔贝克的课程开发模式

1. 情境分析

课程开发"情境模式"将"情境分析"作为课程开发的起点，其中"情境"包含学校内部情境与外部情境。其中内部情境包括教师与学生的状况、已有的教育资源、已有资源的缺陷与问题等；外部因素主要是指涉及与课程相关的因素，比如社会政策、社会期望、学科科目特征、各种资源特征等。在对情境进行分析时，一般采用SWOT分析法。

2. 确立目标

在目标模式中，确定课程目标是课程开发的第一步，但在情境模式中，课程目标的确定并不是第一步，课程目标的确定必须参照情境分析，应满足学校发展理念和学生的发展需求。学校发展理念关系到一所学校的发展方向和人才培养的总体设计，课程目标要和学校的发展理念一致。学生的发展需求是制约课程目标的根本因素。学生的认知发展水平、兴趣爱好、基础知识与发展愿望等决定着课程目标的设定。

3. 编制方案

在情境模式里编制方案包括选择课程内容与组织课程内容。在确立了课程目标之后应考虑：选择哪些课程内容以及如何组织这些内容来实现课程目标。课程编制一般要求形成一个文本性的课程方案。这个方案是课程实施的基本依据。对于校本课程来说，一般课程方案难以实现"教材化"，但要有明确的目标说明、内容框架、实施建议和评价建议等，这样才能保障课程有计划地实施。

4. 解释与实施

解释与实施作为课程方案付诸实施的过程，是实现课程目标的关键环节。课程解释与实施不仅包含传统的课程教学，还包括课外甚至校外的一些调查、实验与实践甚至社区服务活动。

5. 评价与改进

评价与改进是对课程实施状况进行反馈并优化的过程。课程评价包括学生学习课程效果评价与课程方案本身评价两个方面。该模式评价要求与最初的情境建立联系，考虑如何从学校发展与学生发展两个维度继续优化课程，从而实现最佳效果。

综上所述，情境模式强调课程方案的研制需要根据课程所要实施的学校的实际情况和特点进行情境分析与评估，根据情境分析的结果，确立符合该学校的课程目标；通过目标确定课程内容，设计活动方案，并付诸实践；检查与评价课程结果，并以此作为反馈与优化课程的依据。情境模式课程开发环节并不是直线式的实施程序，具有一定的弹性。课程开发者可以从五个具体环节中任何一个环节着手进行，也可以几个环节同时开始，具有很强的灵活性和适应性。但是，在课程实施与评价之后，课程开发工作并未结束，而要进行反馈与改进。这样通过与"情境分析"建立联系，从而形成一个完整的"闭路循环"，有利于提升课程的开发质量。不足之处是情境模式容易陷入过度适应性的短视行为。

五、课程开发模式评价

四种经典课程开发模式各有侧重，各有利弊，但归根到底都离不开泰勒目标模式的四个基本环节，即"课程目标的确定""课程内容的选择与组织""课程实施""课程评价"。教师们在进行校本课程开发时，可依据所开发课程的性质与内容，进行选择或者创新课程开发模式。比如有的学者认为，校本课程开发重点是基于"校本"，为了"校本"，所以在课程开发过程中应呈现课程开发与学校之间的联系是关键。因此，为了使所开发的课程凸显"校本"特色，会重点借鉴斯基尔贝克"情景模式"的相关内容，将"分析情境"纳入课程开发流程，将对目标学校进行实际的情境分析，综合考量校内与校外资源优势与不足。

第三节　新时代中小学生劳动教育与学科教学相结合

有效实施劳动教育不仅需要开设专门的劳动必修课，还需要在学科教学中有机渗透劳动教育。教育部印发的《大中小学劳动教育指导纲要（试行）》明确指出，在学科专业中有机渗透劳动教育是实施劳动教育的重要路径[①]。不同学科中蕴含着其独特的劳动元素。目前，劳动教育已由独立实施转向多学科融合、融入传统文化，理应发挥其学科劳动育人价值。

一、劳动教育跨学科融合的意义

学科融合是在尊重学科之间差异的基础上，打破学科壁垒，促使学科间相互渗透、交叉的活动。劳动教育是学生成长的重要途径，有着与其他学科开展融合教学的天然优势。劳动教育的跨学科融合是学科发展的趋势，具有重要意义。

（一）落实课程改革的要求

《义务教育课程方案（2022年版）》指出应加强学科内部知识整合，统筹设计综合课程和跨学科主题学习，强化课程协同育人功能[②]。不同学科蕴含着其特有的劳动元素。劳动教育为跨学科融合提供了贴近学生生活的实际情境与知识，有助于学生更好地实现学科知识的习得。同时，跨学科融合为劳动教育提供了新的育人理念与学习方式，以学科为背景，有助于丰富劳动教育实施方式。因此，劳动教育跨学科融合突出"学科融合""跨学科主题学习""跨学科主题教学""项目式学习"等改革要求。

（二）有助于促进"五育融合"

"五育融合"是以发展素质教育、促进学生全面发展为目标。劳动教育作

---

① 教育部关于印发《大中小学劳动教育指导纲要（试行）》的通知[EB/OL].（2020-07-15）[2024-10-27]. http：//www.moe.gov.cn/srcsite/A26/jcj_kcjcgh/202007/t20200715_472808.html.

② 中华人民共和国教育部.义务教育课程方案（2022年版）[M].北京：北京师范大学出版社，2022：4.

为其他"四育"的黏合剂，具有树德、增智、强体和育美的综合育人价值。通过劳动教育跨学科融合，打破学科壁垒，将不同学科、不同领域的知识有机整合，有助于促进学科发展由"五育并举"走向"五育融合"。通过在劳动学科教学中落实"五育"，一方面有助于将碎片化的、不成体系的知识构建成系统化、逻辑性的知识框架，对学生重塑与构建知识结构，提升学生实践能力、创新能力等具有重要意义；另一方面，学科融合落实五育，有助于学生在学科学习中塑造良好品质、形成良好德行，发展思维、增长智慧，磨炼意志、强身健体，提升尚美、创美能力，树立正确的劳动观念、掌握必要的劳动技能，最终使学生在必备品格和关键能力上得到充分的发展，成为未来社会发展所需要的有用人才。

（三）有助于学生进行深度学习，实现劳动素养与学科知识的"双提升"

在劳动教育中实现跨学科融合，有助于打破学科界限，实现劳动教育与其他学科知识的融会贯通。学生以劳动活动为载体，通过参与动手实践，与他人合作，经历问题的解决过程，不仅有助于学生进行深度学习，掌握学科知识，还有助于提升学生的劳动技能，激发学生的学习兴趣。

（四）有助于提升学生综合能力，促进学生的全面发展

劳动教育跨学科融合对提升学生综合能力具有重要意义。一是有助于培养学生的实践能力和协作能力。学生通过在学科学习中参与劳动实践活动，经历与他人合作解决问题的过程，有助于提升学生分析问题、解决问题以及与人沟通合作的能力。二是有助于拓宽学生视野，发展学生思维。跨学科融合的劳动教育通过统筹劳动教育与自然、社会、人文等多个学科的知识，有助于学生涉猎不同领域的知识，构建全面的知识结构，拓宽学生的知识视野，发展学生思维与智力，促进学生深度学习。三是有助于提升学生的创新与创造能力。劳动教育跨学科融合可以帮助学生接触多个学科的知识与技能，从多维度思考问题，从而提出独特的问题解决方案。

二、劳动教育跨学科融合的实施路径探索

（一）学科教师应树立在教学中培养学生劳动素养的观念

教学观念指教师对教学的基本看法、态度与信念，决定着教师教学的关

注点及授课方式。教师是课程设计与实施的践行者，树立在学科教学中渗透劳动教育的教学观念至关重要。目前，大部分教师对待学科融合育人存在"知行不一"的问题。尽管一些教师认为劳动教育很重要，但没有较好地在教学活动中践行劳动育人理念。因此，教师要转变教学观念，始终坚持"以人为本"的宗旨，在研读教材时，发掘其中蕴含的劳动元素；在情境创设时，注重劳动教学素材的融入；在课堂教学时，以提升学生未来生活能力为己任，站在促进学生长远发展的立场上，打好知识传授、价值塑造、劳动素养培养的教学"组合拳"。

教师只有经历在学科教学与劳动相融合的实践过程，才能将劳动育人理念融入自身血液，落实到学科教学过程之中；才能打造出有温度、有生命，关注学生未来发展的生命课堂。

（二）分析教材，探索劳动教育与学科教学的内在契合点

教材作为教师开展教学活动与学生知识获取的重要来源，是实现课程育人的重要载体。不同学科教材中蕴含着独特的劳动元素。要想发挥其学科劳动育人价值，教师应深度分析教材内容，挖掘教材内容中蕴含的劳动元素，搭建起劳动与学科教学的沟通桥梁，才能使学生在劳动实践中实现"劳动素养"与"学科素养"的双提升。以部编小学语文教材为例，对其内容中蕴含的劳动元素进行梳理，详见表 5-3-1。

表 5-3-1 部编小学语文教材融入劳动教育内容类目分析表

一级指标	二级指标	表现形式	教材课例
劳动价值观	个人价值	表现在劳动对个体发展的意义上，如劳动创造个人的美好生活	一年级阅读板块《小白兔和小灰兔》小白兔积极劳动，拥有"吃不完的菜"，而小灰兔无菜可吃，从而引导学生理解劳动为个人创造美好幸福生活的道理
	社会价值	表现在劳动对社会发展意义上，如劳动创造社会财富，推动人类社会发展	三年级上册课文《手术台就是阵地》，白求恩医生不惧危险、无私奉献的精神，引导学生从小培养社会责任感
	文化价值	表现在劳动在推动人类社会发展进步的过程中所产生的文化积淀，如中国传统节日与习俗	六年级下册课文《北京的春节》介绍了我国传统节日与文化，引导学生体会劳动人民的勤劳与智慧

(续表)

一级指标	二级指标	表现形式	教材课例
劳动认知	劳动知识	指劳动基本常识、劳动实践步骤等理论层面的内容,如了解劳动形式(体力劳动、脑力劳动等),认识劳动工具,知道劳动步骤等	二年级上册《葡萄沟》这篇文章介绍了新疆葡萄干的制作过程与原理
	劳动技能	指劳动过程中应掌握的行为操作方式,如使用劳动工具,掌握劳动方法等	一年级上册《小书包》课后阅读内容安排了书包整理的方法,旨在培养学生劳动能力与习惯
劳动情感	劳动态度	指对劳动这件事本身的看法和对待方式,如热爱劳动、热爱劳动人民,尊重劳动成果,劳动光荣、劳动伟大等	二年级下册《千人糕》,介绍了千人糕的复杂的制作工艺,体现了劳动者的辛勤与汗水,从而引导学生应尊重普通劳动者,珍惜劳动成果
	劳动美感	指劳动本身所带来的与审美相关的体验,如体会劳动创造自然美、人文美等	语文教材编排了大量的古诗与好词好句,比如:二年级的《咏柳》
劳动意志	劳动意识	指参与劳动实践的意识,如主动参与劳动,劳动为他人服务,劳动才能收获成果等	三年级下册《守株待兔》,教师可以依据这则寓言故事,帮助学生树立有劳动才有收获的观念
	劳动品质	指在劳动过程中表现出的精神态度,如辛勤劳动,诚实劳动,团结合作,认真负责,脚踏实地,吃苦耐劳,敢于创造,无私奉献,勤于思考、分享等	一年级上册的《悯农》,有助于培养学生养成辛勤劳动、脚踏实地等优秀品质
劳动行为	劳动体验	指亲身参与劳动过程,如动手操作,经历劳动过程等	三年级下册习作"植物记录卡",四年级下册习作《我学会了——》引导学生经历与体验多种劳动形式,重视在劳动中提升学生自我成就感、满足感
	劳动创造	指在劳动过程中运用创新思维,如创造性解决问题等	六年级阅读链接《詹天佑》主人公詹天佑在条件极其恶劣的条件下,创造性地使用"人"字形铁路突破技术难关

(三)探索在学科教学中与劳动教育融合育人的方法与途径

教师在学科教学中融入劳动教育要契合学科特点以及学生的认知特征,从而采用合适的教育载体、实施方法与途径落实劳动教育的相关要求。"项目学习"是一种以学生为中心的教学方法,主张跨学科学习。教师通过提供一些关键素材构建一个真实的问题情境。学生通过团队小组合作,在真实情境里解决一个开放式问题,最后形成项目产品的教育实践活动。项目学习成果形式多样,可以是报告、论文、问题解决方案、演讲、手工制品等[1]。项目学习通过目的明确的项目活动,引领学生全身心地参与探索知识,延续了杜威"做中学"的思想精髓。学生通过自主探究与团队协作相结合,将知识学习与现实生活有机融合,实现知识深度理解的同时,全面提升学生的核心素养。比如在小学数学学习轴对称图像时,老师可以挖掘知识中蕴含的劳动元素,利用好中华优秀传统文化——剪纸。在教学中,教师通过项目化学习"任务—探究—表达—反思"的教学模式,让学生经历创设情境、学生探索、合作与交流、展示与分享的过程,一方面有利于学生掌握轴对称图形的知识要点,另一方面在剪纸创作过程中传承与发扬中华优秀传统文化。

三、案例:新时代劳动教育融入初中地理课程的 SWOT 分析

劳动作为人类生存和社会发展的重要手段,是实现人生价值、创造美好生活的根本保障[2],也是推动社会持续发展的力量源泉。但随着科学技术、人工智能的迅速发展,出力流汗、繁重复杂的体力劳动逐渐被精细、智能、便捷的脑力劳动所替代。越来越多的人从体力劳动中解放出来,使得人们对劳动的态度也随之发生了变化。部分学生滋生了不劳而获、贪图享乐、拜金主义等思想。为破解劳动教育被淡化、边缘化等问题,2020 年 3 月,中共中央、国务院发布的《关于全面加强新时代大中小学劳动教育的意见》强调劳动教育是国民教育体系的重要内容,是学生成长的必要途径,要求大中小学校设置劳动教育必修课程[3]。同年 7 月,教育部印发的《大中小学劳动教育指导纲要(试行)》(以下简称《纲要》)明确指出:除劳动课程外,其他课程也要结合学科特点,有机

---

① 庄治新,陈雪飞.基于核心概念的数学项目化学习设计[J].教学与管理,2019(32):43-45.

② 李晓霞,何云峰.劳动幸福与共同富裕的辩证关系探析[J].湖北社会科学,2023(6):13-19.

③ 中共中央 国务院关于全面加强新时代大中小学劳动教育的意见[EB/OL].(2020-03-26)[2024-10-27].https://www.gov.cn/zhengce/2020-03/26/content_5495977.htm.

融入劳动教育内容[①]。地理课程作为中学课程的重要组成部分，不言而喻，应将新时代劳动教育融入其中，承担起地理课程培养学生劳动素养的一面大旗。

SWOT 分析法，又称态势分析法，是一种综合分析组织或系统内部条件和外部环境因素，并对其整体情况进行客观、公正评价的战略分析框架[②]。其中 S（Strength）代表内部优势因素，W（Weakness）代表内部劣势因素，O（Opportunity）代表外部机遇因素，T（Threat）代表外部威胁因素。以此方法，分析与整合新时代劳动教育融入初中地理课程的内部优势与劣势、外部机遇与威胁，从而提出合理建议，为新时代劳动教育融入地理课程扩展思路与方法。

（一）新时代劳动教育融入初中地理课程的 SWOT 分析

1. 内部优势因素分析（S）

（1）地理教材中蕴含丰富的劳动育人元素与素材

地理学是研究地理环境以及人类活动与地理环境关系的科学[③]。而劳动作为人类社会赖以生存和发展的重要手段，总是在一定的地理环境中发生。由此可见，地理课程与人们生活、生产实践劳动紧密相联，两者从源头上密不可分。教材是开展教学活动的重要载体。地理教材中蕴含着丰富的劳动元素与素材，为新时代劳动教育融入地理课程提供了坚实根基。比如地理教学内容既涉及环境、资源、气候等自然科学知识，又包括与人类生活密切相关的工业、农业、服务业等社会科学知识。学习自然科学知识，有助于学生在生活与生产劳动中因地制宜，保护环境，践行"天人合一"理念，推动"绿色发展"；学习影响农业、工业和服务业的区位因素，有助于学生了解劳动的不同形式及其特征，同时感受不同劳动者的智慧，帮助学生形成正确的劳动观，并为学生将来的职业发展奠定基础。

[①] 教育部关于印发《大中小学劳动教育指导纲要（试行）》的通知 [EB/OL].（2022-07-15）[2024-10-27].http://www.moe.gov.cn/srcsite/A26/jcj_kcjcgh/202007/t20200715_472808.html.

[②] 连文达，于小盼.福建省义务教育优质均衡发展战略的 SWOT 分析 [J].教育学术月刊，2021（4）：49-57.

[③] 尹厚霖，张平.地理实践力培养中融入劳动教育的探索：以校园微农场劳动教育实践基地为例 [J].中学地理教学参考，2023（22）：48-50.

（2）地理课程与劳动教育具有多维度内在契合性

地理是一门兼具社会科学和自然科学的学科，具有生活性和实践性等特征。地理课程与劳动教育在育人方式、育人目标、育人场域等方面皆存在契合性。一是在育人方式方面。地理课程强调学生通过地理考察、实验与调研等形式，亲身参与实践。这与劳动教育所提倡的"参与实践，出力流汗"，实现身心统一、手脑结合、知行合一的劳动育人方式不谋而合。二是在育人目标方面。地理实践力是地理核心素养重要培养目标之一。劳动教育本身是一项重视学生体验、参与的实践活动，注重培养学生的劳动创新能力。这与地理学科应培养学生地理实践力的核心素养目标相得益彰。三是在育人场域方面。地理课程的实践性特征决定了其教学活动不能仅限于教室场域，还应拓展深入到自然与社会场域[4]。比如学生家长应支持学校组织学生走出校门，参与野外考察、地理调查、研学旅行等活动。这与劳动教育强调构建家校社协同育人场域具有异曲同工之效。总之，新时代劳动教育融入地理课程，一方面，拓宽了劳动教育途径；另一方面，劳动教育为地理课程提供了实践基石，赋予了地理教学活力。

（3）地理课程是落实新时代劳动教育的重要载体

《义务教育地理课程标准（2022年版）》提出地理学科核心素养主要包括人地协调观、区域认知、综合思维与地理实践力[5]。人类在接触自然、认识自然、适应自然、改造自然的劳动实践过程中形成了与地理环境的相互关系。因此，地理学科的四大核心素养与劳动教育密不可分，决定了地理课程是落实劳动教育的有效载体。其中"人地协调观"重在引导学生在处理资源、环境等问题时，必须尊重自然规律，坚持文明劳动、生态劳动，在和谐的人地关系中实现"天人合一"，领悟劳动创造美好的意义。"区域认知"重在引导学生从区域视角思考问题，明晰不同劳动区域概况，理解劳动因素是区域布局的重要影响因素之一。"综合思维"则要求学生从地域、环境、社会等多维度，用综合和动态的眼光思考、分析地理现象与问题，让学生明白劳动不仅需要体力劳动的支持，还需要思维智慧等脑力劳动的指导。"地理实践力"为学生提供了真实的劳动情

---

④ 莫小丽，孟丽红，陈福玲．高中地理教学渗透劳动教育的探索[J]．地理教育，2021(6)：4-7．

⑤ 中华人民共和国教育部．义务教育地理课程标准（2022年版）[M]．北京：北京师范大学出版社，2022：4．

境，重在强调在活动中"手脑并用""劳力劳心"，旨在提升学生的行动意识与劳动能力，培养学生劳动品质与精神等。由此可见，地理学科核心素养承载着新时代劳动教育的基本内涵，其培育落实必然与学生劳动素养培养息息相关。

2. 内部劣势因素分析（W）

（1）教师在地理课程中融入劳动教育观念较为淡薄

近年来，随着国家对劳动教育的重视，研究者逐渐开始对在地理课程中融入劳动教育展开研究。尽管取得了一定的成果，但仍处于初级阶段。受传统以"知识为主导"课程观及以"分数为导向"评价方式的影响，大多数地理教师过于重视知识与技能的传授，对在地理教学中融入劳动教育观念较为淡薄，忽视了学生在学习中的主体性，造成了地理实践活动流于形式，难以保障地理实践活动的有效开展。这在一定程度上阻碍了地理课程与劳动教育的有效融合，影响了学生获得真实体验与自我综合发展的机会。

（2）教师在地理课程中融入劳动教育的能力有待提升

在地理课程实施中有效地融入新时代劳动教育，教师不仅需要树立"地理+劳动"育人理念，还需要深入了解新时代劳动教育的目标、内容、实施以及劳动素养与地理学科素养的契合点等知识。此外，地理课程内容自成体系，尽管蕴含着丰富的劳动元素，但有些劳动元素具有隐蔽性，需要教师深度挖掘教材中蕴含的劳动元素。而大部分地理教师对劳动教育并没有较为深刻的认识与研究，缺乏探究劳动教育与地理课程有效融合的能力。

3. 外部机遇因素分析（O）

（1）国家政策的有力支持

党的十八大以来，党中央高度重视劳动教育，为大中小学开展劳动教育、构建新时代劳动教育课程体系提供了一系列的方法指导与政策保障。2018年9月，习近平总书记在全国教育大会上指出要将劳动教育纳入全面发展教育之中，提出了"五育并举"的新表述[①]。2020年7月，教育部印发的《纲要》明确指出，其他课程也要结合学科特点，有机融入劳动教育内容，确保劳动教育全方位融入，并强调数学、地理等学科要注重培养学生劳动的科学态度、规范

---

① 石中英."培养什么人"问题的70年探索[J].中国教育学刊，2019（1）：51-57.

意识、效率观念和创新精神。在国家政策的支持下，劳动教育研究迎来了属于自己的春天。

（2）新时代社会发展需要

青少年作为未来实现民族复兴的圆梦人，其劳动价值取向引领着未来我国社会价值走向，关乎伟大祖国的长久发展。习近平总书记对新时代青少年劳动教育问题十分关心。他将正处于人生关键期的青少年比喻为农作物的"拔节孕穗期"。正确的劳动价值观是受教育者提升劳动素养的根基，还是治愈"躺平""啃老族""摆烂""咸鱼"等懒惰群体的一剂良药。同时要求各门课程都要守好一段渠，种好责任田[①]，与劳动教育同向同行，实现"五育融合"，发挥课程协同育人的作用。地理学科作为中学教育阶段的必修课程，义不容辞地融入新时代劳动教育，发挥自身的一份力量。

（3）"学科＋劳动"研究迅速发展

在《纲要》要求学科教学要有机融入劳动教育内容的影响下，研究者开始关注新时代劳动教育与地理课程深度融合研究，并取得了可观的成果，极大地促进了新时代劳动融入地理课程相关研究的发展。比如：王晓英等人（2022）基于劳动教育对地理实践力的培养策略展开了研究；莫小丽等人（2021），贾世秀等人（2022）对地理学科与劳动教育融合的路径展开了研究；朱春凤等人（2022）通过"小辣椒大故事"案例，李智勤（2021）通过"水资源"案例，张美绚（2023）通过"农业区位因素及其变化"案例分析了在地理教学中融入劳动教育的策略。

4. 外部威胁因素分析（T）

（1）教育观念阻碍，教学评价单一

受"唯知识、唯分数、唯考试"等功利主义桎梏，一些家长、教师以及学校将学生成绩作为评价学校与学生优秀的重要指标，认为劳动会耽误学生学习时间。"衣来伸手，饭来张口"仍是部分学生的真实写照，导致一些学生养成四体不勤、懒散闲逸的品性，甚至一些家长和教师将劳动视为惩戒手段，使学生将不良体验感与劳动相结合，导致部分学生鄙视体力劳动，产生"不以劳动

---

① 陶竹．追求卓越教学的三大价值取向[N]．中国社会科学报，2022-04-07（4）．

为荣，反以为耻""不珍惜劳动成果"等错误观念。

（2）社会舆论偏见，劳动认知偏差

在新时代社会背景下，随着科学技术、人工智能的迅速发展，许多繁重的体力劳动被机械化、智能化所代替。同时受网红、选秀等节目的影响，"一夜成名""贪图享乐""不劳而获""躺平"等不良思想时刻腐蚀着青少年。由于缺乏正确劳动观念与职业规划教育，部分学生产生了不思进取、不珍惜劳动成果、盲目崇尚偶发性成名与暴富等错误认识。

（二）应对劣势和挑战的措施

本研究借鉴 SWOT 分析思路，梳理出新时代劳动教育融入地理课程的优势（S）、劣势（W）、机遇（O）和威胁（T），建立了 SWOT 矩阵模型（见表5-3-2），并利用 SWOT 矩阵两两交叉的分析方式，提出了新时代劳动教育有效融入地理课程的相关策略。

表 5-3-2　新时代劳动教育融入初中地理课程的 SWOT 矩阵分析

外部因素	内部因素	
	内部优势（S）	内部劣势（W）
外部因素	1.地理教材中蕴含丰富的劳动育人元素与素材； 2.地理课程与劳动教育具有多维度内在契合性； 3.地理课程是落实新时代劳动教育的重要载体	1.教师在地理课程中融入劳动教育的观念较为淡薄； 2.教师在地理课程中融入劳动教育的能力有待提升
外部机遇（O）	SO 战略	WO 战略
1.国家政策的有力支持； 2.新时代社会发展需要； 3."学科+劳动"研究迅速发展	深度研究地理教材，植根地理文化史料： 1.深研地理教材，挖掘劳动元素； 2.植根地理史料，弘扬劳动精神	加强教师队伍建设，夯实课堂育人主阵地： 1.树立"地理+劳动"的融合理念； 2.发挥课堂教学主阵地的育人作用
外部威胁（T）	ST 战略	WT 战略
1.教育观念阻碍，教学评价单一； 2.社会舆论偏见，劳动认知偏差	加强劳动实践育人，拓宽劳育融入场域：校内+校外实践活动	优化学科评价体系，培养学生综合素养：评价主体+评价形式

1.SO 策略：深度研究地理教材，植根地理文化史料

（1）深研地理教材，挖掘劳动元素

教材是教师进行课堂教学的主要媒介，也是学科知识呈现的重要方式。教师作为教学活动的引导者与组织者，应对教材内容进行深度分析与研究，挖掘地理教材中蕴含的劳动元素与素材，进而构架起地理教学与劳动教育有效融合的桥梁。本书以人教版初中地理教材八年级上册为例（见表 5-3-3），对其中的文字、插图、阅读材料、活动栏目等内容进行分析，梳理出其中蕴含的劳动精神、劳动能力、劳动品质等劳育元素[①]。

表 5-3-3　人教版八年级上册地理教材中蕴含的劳育元素梳理

章节	教材章节及呈现形式	教学内容	蕴含的劳动元素	劳动素养
第一章 从世界看中国	人口 教材 14 页 阅读材料	胡焕庸与中国人口地理分界线	科研工作者求真务实的劳动精神，吃苦耐劳的劳动品质	劳动精神、劳动习惯和品质
	民族 教材 15 页 文本内容	各民族在建筑、饮食、风俗、艺术、体育、宗教等方面共同组成了中华优秀传统文化	各民族同心协力，团结一致；体现人民群众劳动智慧和劳动成果；感受劳动创造美好生活	劳动精神、劳动品质、劳动观
第二章 中国的自然环境	地形与地势 教材 24 页 文本内容	利用多种地形，因地制宜地发展农、林、牧等多种经营模式	感受劳动人民的劳动智慧；尊重普通劳动者；了解劳动形式；要因地制宜，规范劳动	劳动精神、劳动观念
	气候 教材 39 页 阅读材料	竺可桢利用我国古代典籍与方志等记载资料，研究了我国近五千年来气候变迁的规律	科研工作者奋斗、创新的劳动精神；精益求精的工匠精神；持之以恒、吃苦耐劳的劳动习惯和品质	劳动习惯和品质，劳动精神
	河流 教材 42 页 文本内容	河流具有灌溉、养殖、航运、发电和旅游等作用	感受劳动人民的智慧，体会劳动创造财富，劳动最伟大、最崇高等	劳动观念、劳动精神
	河流 教材 44 页 阅读材料	京杭大运河是世界上开凿最早、最长的人工运河	感受劳动人民的智慧，体会劳动创造幸福的观念；尊重普通劳动者	劳动精神、劳动观念
	河流 教材 47 页 图 2.37	三峡工程具有防洪、发电、养殖、供水等综合效益	尊重普通劳动者，渗透劳动创造财富与美好生活的道理，体会幸福是奋斗出来的	劳动观念、劳动精神

[①] 刘科灈，杨显明. 初中地理教学中劳育元素的挖掘及融入策略探讨 [J]. 中学教学参考，2023（7）：85-87，92.

(续表)

章节	教材章节及呈现形式	教学内容	蕴含的劳动元素	劳动素养
第三章 中国的自然资源	自然资源的基本特征 教材66页 活动	围绕"节约和保护自然资源,从我做起",收集相关资料,设计板报或举办主题班会	提升学生信息搜集能力、团队合作能力、设计能力、审美能力、创新能力等	劳动精神、劳动能力
	土地资源 教材71页 图3.11	土地资源遭到破坏	渗透规范劳动、安全劳动,培养人与自然和谐发展观念	劳动习惯与品质
	土地资源 教材69页 活动	观察家乡土地利用类型,绘制家乡土地利用构成的饼状	培养学生调查能力、设计能力与审美能力等	劳动能力、劳动精神
	水资源 教材78页 图3.16、3.17、3.18	南水北调工程、引滦入津、引黄入晋等跨流域调水工程	无私奉献、不畏艰难的精神;勇于开拓创新、砥砺奋进的时代精神;尊重普通劳动者	劳动精神、劳动观念、劳动品质
第四章 中国的经济发展	交通运输 教材84页 图4.1	交通运输工具的发展:手提肩扛—牲畜驮运—公路运输、铁路运输、航空运输等	感受科技迅速发展;懂得劳动创造美好生活,理解"幸福是奋斗出来"的内涵,弘扬精益求精、追求卓越的工匠精神;开拓创新、踔厉奋发的时代精神等	劳动观念、劳动习惯与品质、劳动精神
	农业 教材92页 阅读材料	多姿多彩的现代农业:介绍了传统农业与现代农业	进行职业教育,体会劳动创造财富的道理;弘扬时代精神与工匠精神	劳动观念、劳动品质、劳动精神
	农业 教材98-99页 文本与图4.16	走科技强农之路:绿色、低碳、生态农业,科学育种,"杂交水稻之父"袁隆平院士,温室、大棚,农业生产的机械化,滴灌、喷灌技术	体会农业科技的重要性;渗透时代精神、劳模精神、工匠精神,感受劳动创造财富与美好生活的道理;尊重普通劳动者,介绍节约用水的方法,珍惜劳动成果等	劳动观念、劳动能力、劳动习惯与品质、劳动精神
	工业 教材105页 图4.24	中国高新技术产业举例:信息技术、人工智能、生物技术、新能源、新材料、高端装备等高新技术产业	体会劳动创新的重要性,懂得劳动创造美好生活的道理,认真负责、吃苦耐劳、团结合作的劳动品质、精益求精、开拓创新的劳动精神等	劳动观念、劳动习惯与劳动精神、劳动精神

（2）根植地理史料，弘扬劳动精神

科学研究本身就是一项开拓创新、艰苦奋斗的劳动过程。地理科学的发展是无数地理学家历经千辛万苦，在反复探索、调查、实验中凝练而成。在地理教学中，教师应善于发掘地理史料中所蕴含的劳动思想，将科学家们不惧艰辛、勇于挑战的实践精神注入学生的血液。比如：麦哲伦船队历时3年，证明了地球是圆的；哥白尼经历30年观测研究，提出了"日心说"；郑和七次下西洋，留下了著名的航海图；竺可桢查阅我国古代典籍与方志的记载等资料，研究了我国近5000年的气候变化规律，出版了《物候学》等。教师在教学过程中应发挥地理文化与史料的劳动教育价值，引导学生体会地理学家取得成功的不易，感受劳动创造的意义，明确劳动是促进社会发展、实现自我价值的重要媒介。

2. WO策略：加强教师队伍建设，夯实课堂育人主阵地

（1）树立"地理+劳动"的融合理念

教师作为课程的实施者，其育人理念直接影响着教育目标的确立与教学方式的选取。目前，大部分教师对在学科教学中融入劳动教育存在"知行不一"的问题。尽管一些教师认为在学科教学中融入劳动教育很重要，但没有较好地在教学过程中践行"学科+劳动"的融合育人理念。因此，地理教师要想有效地将新时代劳动教育融入地理课程，就必须坚持以人为本的宗旨，树立"地理+劳动"的课程融合育人理念。此外，教师不仅需要掌握地理学科的课程性质、目标、核心素养等内容，还应深刻理解新时代劳动教育的目标、内涵以及与地理课程的契合点等。这样在确立教学目标时，教师才能将劳动素养有效融入地理教学目标之中；在研读教材时，才能深度挖掘其中蕴含的劳动元素；在情境创设时，才能选取整合有效的劳动育人素材；在课堂教学时，才能站在促进学生综合发展的立场上，打好知识传授、能力提升与劳动育人的教学"组合拳"，从而构建出有知识、有温度、有生活，关注学生发展的生命课堂。

（2）发挥课堂教学主阵地的育人作用

课堂教学是育人的主渠道。教师在课堂教学过程中要善于整合劳动资源。一是在课堂导入环节。教师应关注时事热点事件，选取与地理学科教学内容相关的劳动教育素材，激发学生学习兴趣，提升学生劳动素养。比如：学生在学习了工业区位因素，需要分析航空航天事业发展影响因素时，教师可以通过播放2023年10月26日，神舟十七号载人飞船在酒泉发射成功的视频，引导学生分析航天飞船发射成功的原因、酒泉发射中心的位置选取原因以及发展科技

劳动的重要性。二是在地理教学过程中。教师要善于挖掘日常生活中地理资源所蕴含的劳动元素，引导学生通过身边的人与事"现身说法"，深刻体悟到地理是生活的学科，劳动是生活的本质。比如：学生在学习了气候内容后，教师结合生活实际，让学生讨论气候对农业、饮食、民俗、建筑的影响，引导学生感受人民群众的劳动智慧，增强学生的劳动情感。三是重视作业设计。作业是巩固学生地理学科知识、培养学生劳动素养的重要载体，比如：学生在学习了水资源内容后，教师安排学生对学校、家庭及公共场所用水情况展开调查，并设计主题为"珍惜每一滴水，爱护水资源"的公益广告。这对提升学生的劳动实践能力与创新能力具有重要价值。由此可见，教学素材源于生活，实践场域基于生活，有助于引发学生共鸣，使劳动教育的融入更真、更近。

3. ST 策略：加强劳动实践育人，拓宽劳育融入场域

地理实践力是地理学科核心素养之一，指的是人们在考察、实验和调查等地理实践活动中所具备的意志品质和行动能力[①]。地理实践活动的过程也是学生劳动价值观不断建构、劳动能力不断提升的过程。基于地理学科与劳动教育兼具实践性的特点，教师在教学活动中可有序地组织学生参与校内与校外实践活动。一方面基于校内实践活动。教师可以根据教学内容安排学生制作教学用具、绘制地图、开展地理实验与观测等活动。学生通过参与实践活动，不仅激发了学习兴趣，巩固了地理学科知识，还提升了劳动创造力。另一方面基于校外实践活动。地理学科实践性特点决定了地理教学活动需要打破学校与社会藩篱，将书本知识与社会生活有机融合，实现知识理论与社会实践相结合。教师可以组织学生到野外、工厂、农场、社区等场所，拓宽学生眼界，让学生在生产性、服务性和创造性的劳动中获得直接经验，掌握劳动知识与提升劳动技能，从而养成正确的劳动观念以及良好的劳动品质与习惯等。

4. WT 策略：优化学科评价体系，培养学生综合素养

评价是教育发展的"牛鼻子"与"指挥棒"，是实现教学目标的着力点[②]。为了将新时代劳动教育有效地融入地理课程，教育者应对照劳动教育融入地理

[①] 滕佳美,张伟,郭炳.基于地理实践力培养的教学设计：以"土壤外部特征"为例[J].中学地理教学参考,2020(20):46-48.

[②] 赵婀娜,吴月.专家解读《深化新时代教育评价改革总体方案》[N].人民日报,2020-10-20(12).

课程的教学目标进行综合评价，实现多样化的评价方式。就评价主体而言，应建立学生自评、生生互评、教师评价、家长评价等多元主体评价形式。就评价形式而言，应统筹好过程性评价与结果性评价。教师在关注地理学科知识与技能掌握的同时，还应给予学生动手进行实践的机会，注重对学生学习过程的观察、记录和分析，倡导基于学生表现的证据评价，重视学生劳动素养的培养。此外，教师还应充分考虑不同地理实践活动特征，采取差异性评价。比如针对职业体验实践活动，在生产性劳动中侧重劳动知识与技能的评价，在服务性劳动中侧重劳动精神与品质的评价，但均需要对学生的地理课程知识掌握情况进行评价[①]。

（三）结语

地理学具有实践性与生活性等特点，决定了地理课程可以与劳动教育深度融合。教师在地理教学时应坚持"地理+劳动"的育人理念，深度挖掘地理教材中蕴含的劳动元素，努力为提升学生劳动素养搭建平台，引导学生在地理学习中"劳力劳心"，塑造劳动观念、提升劳动能力与智慧，实现地理素养与劳动素养的"双赢"，从而为国家培养出全面发展的栋梁之材"助力""蓄能"。

第四节 新时代中小学生劳动教育与课外校外活动相结合

《义务教育劳动课程标准（2022年版）》指出，中小学劳动教育应涵盖日常生活劳动、生产劳动、服务性劳动三大劳动主题，统筹家庭、学校与社区三大实践场域。中小学生的劳动教育活动大多聚焦在学校与家庭之中，而走出校门参与到社区、基地、企业等社会范围内的劳动实践较少。《大中小学劳动教育指导纲要（试行）》指出要在课外校外活动中安排劳动实践，并规定了中小学每周课外活动和家庭生活中劳动时间，其中小学1至2年级不少于2小时，其他年级不少于3小时[②]。劳动教育与课外校外活动相结合，极大地拓宽了劳动

---

① 贾世秀，郭峰.地理学科和劳动教育融合的路径研究[J].中学地理教学参考，2022（18）：30-34.

② 教育部关于印发《大中小学劳动教育指导纲要（试行）》的通知[EB/OL].（2020-07-15）[2024-10-27]. http：//www.moe.gov.cn/srcsite/A26/jcj_kcjcgh/202007/t20200715_472808.html.

实践场域，对丰富学生生活、全面提升学生的劳动素养具有重要意义。

一、新时代中小学生劳动教育与课外校外活动相结合的意义

（一）有助于拓宽课程知识，增强学生的实践能力

新时代中小学生劳动教育与课外校外活动相结合，是丰富学生学校生活的重要举措。学校通过开展校外实践活动，例如走进银行、工厂、博物馆等实践基地，将极大地拓宽学生知识视野，在实践活动中亲身体验与感受不同职业的辛苦，对培养学生正确的劳动观念、增强学生的实践能力具有重要意义。

（二）有助于培养学生的社会适应能力，提升学生的综合能力

新时代中小学生劳动教育重视在课外校外活动中落实劳动教育。学生在劳动活动中，势必要与学生合作、交流、讨论。这对提升学生的合作交流能力具有重要意义，比如组织学生参加校内集体劳动、现代服务业劳动等。学生通过参与集体实践活动，有助于在劳动中学会与人相处，学会与人合作，对培养社会适应能力，提升综合能力具有重要意义。

（三）有助于培养学生奉献精神，增强学生的社会责任感

新时代中小学生劳动教育重视组织学生积极参与公益劳动、志愿服务。学校应积极挖掘校内外社会性劳动资源，例如组织学生担任图书管理员、学校活动志愿者，组织学生参与社区环境维护等。学生通过参与校内外公益劳动与志愿服务，有助于增强公共服务意识与社会责任感。

二、新时代中小学生劳动教育与课外校外活动相结合的具体路径

（一）学校应定期组织校内劳动实践活动

校内集体劳动实践活动是落实劳动教育的有效形式。学校要有针对性地组织校内文体赛事、综合实践、集体劳动等劳动活动。一是利用植树节、劳动节、端午节、元旦等重要节日，开展劳动教育主题活动。比如利用植树节，学校可以组织学生开展植树活动。学生通过经历植树过程，相互合作，共同完成植树任务。二是定期开展有关劳动主题的比赛活动。比如开展以"劳动"为主题的演讲比赛、宿舍内务整理大比拼等，让学生参与其中，感受劳动带来的快乐的同时，也可以掌握劳动技能。

（二）学校要适当开展家庭劳动活动

日常生活劳动是劳动教育的重要内容。卧室整理、烹饪食物、家用器具使用与维护等都是日常生活劳动的重要内容。家庭作为开展日常生活劳动的重要场域，理应承担其培养学生日常生活能力的责任。学校应根据教学内容，积极与家长建立有效合作，开展有助于提升学生日常生活能力的家庭劳动实践活动。比如开展卧室整理大比拼活动、水果拼盘创意设计活动等。学生通过家庭劳动，一方面可以体会父母的艰辛，从而拉近亲子关系；另一方面，有助于培养学生良好的劳动习惯，提升学生的日常生活能力。

（三）学校应积极组织学生参加社会实践、调查研究和志愿服务等活动

校外实践是学生拓宽视野、进行职业体验的重要方式。学校可以利用寒暑假和节假日组织学生参加社会实践、调查研究和志愿服务等活动。一方面，学校应积极开发校外劳动教育资源，通过与学校附近的工厂、农场、企业、博物馆、劳动教育基地等机构建立合作关系，有计划地组织学生进行职业体验。另一方面，学校应组织学生参与公益劳动与志愿服务等服务性劳动。服务性劳动是劳动教育的重要组成部分。学校应积极组织学生参与服务性劳动。比如参与社区环境维护、健康知识宣传，走进养老院为老人打扫卫生、制作食物，走进公共图书馆、科技馆等机构提供服务性劳动。学生利用自己所学的知识与技能为他人和社会提供服务，对增强社会责任感，培养良好的社会公德具有重要的意义。

第五节　新时代中小学生劳动教育与校园文化相结合

文化不仅具有潜移默化的特点，还拥有影响深远持久的特点。校园作为师生活动的重要场域，既是开展教学活动与实践活动的地方，也是多元文化与思想发生碰撞的场所。学校作为开展劳动教育的主体，蕴含着丰富多彩的校园文化。打造蕴含劳动教育元素的校园文化，能够在无形之中影响学生劳动观念，实现润物无声、和风化雨的劳动育人效果。正如苏霍姆林斯基提出，把劳动渗透到学生的精神生活中，让学生通过亲身劳动，使学生热爱劳动与尊重劳动，并让劳动成为他们少年时期的兴趣之一。由此可知，有效落实劳动教育，既离不开学校这一重要场域，更离不开校园文化建设。

一、校园文化的内涵

校园文化是学校在长期教育基础上积淀、创造所形成的一种特殊的文化现象，蕴含着学校传统、办学理念、校园环境、制度管理、校风、教风、学风等丰富内涵。学者们对其概念有不同的认识。有的学者认为校园文化只包含物质文化和精神文化两个维度；有的学者认为其包含物质文化、制度文化和精神文化三个维度；还有的学者则在三个维度基础上添加了行为文化，也就是有四个层面的内容。本研究基于学者的观点认为，校园文化主要包含四个维度，如图5-5-1所示。

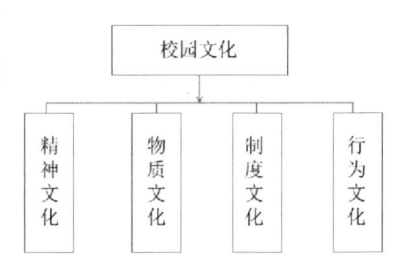

图 5-5-1　校园文化的主要构成

（一）精神文化

精神文化作为校园文化的核心灵魂，涵盖了学校的办学理念、校风、学风、教风以及人际关系的建设等，是师生在长期努力、积淀中形成的办学理念与理想信念。通过校园精神文化的培育，有助于学校形成办学特色，提升师生精神面貌，能够帮助学生树立正确的"三观"，推动学生的全面发展。

（二）物质文化

物质文化作为校园文化建设的基石，涵盖了教学、生活、设施等硬件方面的物质结构，是校园文化外在的、直观的展现。完善的校园设施、合理的校园布局，能够为学生缔造出一个适宜的校园学习环境。这不仅为师生提供了学习与活动的空间，更能激发学生勇往直前的精神，促进学生身心的和谐发展。

（三）制度文化

制度文化作为校园文化建设的规范保障，涵盖了学校的行为准则、道德规范、规章制度以及组织架构等内容。制度文化必须遵循法律法规，符合教育规律与社会需求，具有针对性和可操作性。制度文化旨在规范师生的行为，保障科学管理、民主管理，维护学校的正常秩序。

（四）行为文化

行为文化作为校园文化建设的基本内容，涵盖了师生在校园内的文体赛事、综合实践、集体劳动等内容，是师生能力锻炼的重要形式，影响着师生行事风格、行为习惯、交往方式的形成。校园行为文化对丰富学生的校园生活、增强学生的学校凝聚力和向心力具有重要意义。

二、新时代劳动教育融入中小学校园文化建设的价值意蕴

创设蕴含劳动教育的校园文化，对丰富校园文化内容、构建特色校园文化与弘扬劳动精神风尚具有重要意义。

（一）有助于丰富校园文化内容

劳动教育思想是中华优秀传统文化的重要组成部分。将劳动教育融入中小学校园文化建设，符合国家政策要求，是开发劳动教育资源、促进中华优秀传统文化进校园的重要举措，对丰富校园文化内容具有重要意义。

（二）有助于构建特色校园文化

校园文化作为学校发展的一种"软实力"，以其独特的风貌展现着学校的精神魅力，在无形之中影响着学生的发展。学校通过打造突出新时代劳动教育特色的校园文化，将成为学校的活广告，是创建特色校园的重要路径之一。

（三）有助于弘扬劳动精神风尚

打造蕴含劳动教育元素的校园文化，是一种隐性的劳动课程。学生身处蕴含劳动教育的校园里，能够在无形之中拓宽认知视野，学习劳动知识、认识劳动名人，从而弘扬劳动精神，帮助树立正确的劳动观念，实现润物无声、和风化雨的劳动育人效果。

三、新时代劳动教育融入中小学校园文化建设的方法

（一）在学校环境中融入劳动元素，推动校园物质文化建设

在学校环境中融入劳动元素，是构建劳动隐性课程的重要方式。校园物质文化包括自然环境文化、基础设施文化和装饰人文文化等。人与环境之间存在着相互作用的关系，环境在一定程度上能够潜移默化地影响着人的思想与行为。学校的物质资源作为构建校园物质文化建设的重要载体与媒介，是对学生实施劳动教育的一种有效资源。因此，要建设校园劳动文化，需要依托与劳动教育相关的物质环境，在校园环境布置等方面融入劳动教育内容，创设劳动教

育氛围。例如：在学校的寝室、教室与食堂张贴热爱劳动、尊重劳动、珍惜劳动成果、弘扬劳动精神的标语等；在校园公共区域中，充分运用学校的宣传栏、黑板报、墙壁、广播等校园基础设施，进行劳动文化的宣传，进一步激发学生以劳动为荣的观念，增强学生对劳动思想的认同感。新时代劳动教育融入中小学校园文化建设，让校园处处都散发着劳动意蕴，在一定程度上，对丰富学生劳动形式、激励学生树立正确的劳动观念具有重要的意义。但需要说明的是，学校实施劳动教育并非一蹴而就的，校园劳动物质文化对于学生劳动思想与行为的培养也并非一朝一夕就能实现的，而是需要学校长期坚持校园劳动物质文化的建设。

（二）加强劳动教育思想引领，推动校园精神文化建设

精神文化作为校园文化的核心灵魂，是全校师生在长期实践中积淀、创造所形成的一种特殊意识形态，具有鲜明的价值倾向。校园精神文化不仅是校园劳动文化的核心，还是校园劳动文化的隐性标志，更是实现校园高水平发展的价值导向。精神文化建设主要包括办学理念、办学特色、校风、学风、教风、校训、校歌等。创建校园劳动精神文化的重要方式如下：

第一，在办学理念中融入劳动思想。办学理念体现了一个学校培养学生的目标。学会劳动是新时代中小学生发展核心素养的重要内容之一。劳动教育具有树德、增智、强体与育美的综合育人价值。劳动的育人价值重要性不言而喻。因此，十分有必要将"劳动"这一关键词语纳入到学校的办学理念之中。培养能够满足未来发展的劳动者是新时代学校教育的重要要求与目标。

第二，在校训中融入劳动思想。校训利用简明扼要、言简意赅的语言，凝聚并展现着一所学校的人文精神，是一所学校教风、学风和校风的集中体现。同时校训又是一把标尺，提醒着学生要时时刻刻遵守行为准则与道德规范。因此，要深度挖掘校训中蕴含的有关劳动思想的育人元素，激励和劝勉学生要不断努力，奋发向上。

第三，发挥教师劳动精神的榜样作用。教师是培养人才的重要"引路人"。教师要树立教书育人、奋发图强、精益求精、严于律己的工作态度，发挥劳动先锋模范作用，用其劳动行为与精神潜移默化地影响学生，引导学生树立辛勤、诚实劳动的价值观念，养成认真负责、精益求精的劳动习惯与品质，健全和塑造学生的健康人格等。

第四,挖掘学校历史中的劳动思想。每所学校的历史都是一部奋斗史,在其历史发展中涌现了许多吃苦耐劳、艰苦奋斗的典型人物与感人事迹。学校应通过图片、视频、图书等形式展现学校的发展历程,引导学生深刻认识"劳动创造美好生活""劳动创造未来"的道理,激励学生奋发图强、勇敢向前。

(三)健全劳动教育保障机制,在校园规章制度中融入劳动元素

制度文化作为校园文化建设的规范保障,是实现校园文化建设可持续发展的保证。制度文化涵盖了学校的行为准则、道德规范、规章制度以及组织架构等内容。在学校制度设计中体现劳动文化,是落实劳动教育的重要保障。具体方法如下:

第一,建立劳动教育管理机制。学校要建立相关的劳动教育部门,统筹安排劳动教育的各项工作。比如制定劳动教育教学大纲、劳动教材,明确劳动教育的课时安排,准备劳动教育工具、开辟劳动实践基地等。

第二,建立劳动教育评价机制。学校应构建劳动教育评价指标,完善学生劳动素养评价标准。同时应开发劳动清单,及时记录学生在劳动实践活动中的参与情况、劳动态度以及劳动完成情况等。

第三,建立劳动师资队伍考核机制。学校应建立劳动教师考核标准,对劳动教师课程开展情况、实施成效等方面进行评价,确保劳动教育教学质量。同时,建立健全劳动教育教师的晋升渠道,激发劳动教师的从教热情。

第四,建立劳动教育经费管理机制。学校要对教育经费进行合理分配,设立专门的劳动经费,用于购买相关的劳动教育教学工具与设备,为开设劳动教育提供物质保障。

第五,建立劳动安全保障机制。学校应把劳动安全教育与管理作为劳动教育实施的必要内容。为保障学生在参与劳动实践活动过程中的安全,学校必须明确劳动安全注意事项,制订劳动安全应急预案,做到防患于未然,切实保障学生在劳动活动中的身心安全。

(四)开展校园劳动实践活动,创建劳动育人氛围

行为文化作为校园文化建设的基本内容,主要涵盖了师生在校园内的文体赛事、综合实践、学校社团活动、学术讲堂、集体劳动等,直接体现了学校日

常教学与生活。学校行为文化建设应坚持以劳动育人思想为指导，合理统筹好日常生活、生产劳动和服务性劳动三大劳动主题，制订多方位、多层次的劳动文化建设活动方案，开展多种主题、内容丰富、形式多样的劳动实践活动。

第一，成立与劳动教育相关的兴趣社团。学校应根据学生兴趣，利用课后延时服务时间段，成立劳动教育相关的社团，开设形式多样的活动课程，例如十字绣、剪纸、种植、编织、陶艺等。通过参加劳动兴趣社团，既丰富了学生学校生活，又提升了学生的生活能力。

第二，利用重要节日和纪念日组织丰富多彩的劳动主题教育活动。在植树节、劳动节、端午节、丰收节等节日，开展劳动教育主题活动。比如在五一劳动节期间，学校可以组织学生走进学校食堂、家庭厨房、社区等不同场域进行职业体验，体会劳动者的艰辛与不易，从而树立正确的劳动观念，理解"劳动创造美好生活"的道理。

第三，举办劳模、非遗传人等工作者进校园开展讲座等活动。学校应邀请各行各业的劳模、能工巧匠走进学校传播劳模故事，指导劳动实践，弘扬劳动精神，让学生深刻理解新时代劳动教育的内涵，进一步丰富学校的劳动内容，弘扬中华传统劳动文化，激发学生热爱劳动的热情。

第四，举办学习身边劳动榜样的活动。学校要挖掘身边刻苦努力、踏实勤奋的学生代表。以他们的故事和成长经历为引领，发挥榜样示范的作用，从而营造勤奋刻苦、诚实守信、尊重劳动、崇尚劳动与热爱劳动的学校氛围，激发学生参与劳动的热情。

小　结

本章主要围绕"构建新时代中小学生劳动教育的实施体系"来展开，主要包括六节内容。第一节为"新时代中小学生劳动教育实施体系的概述"，从宏观角度分析了构建新时代中小学生劳动教育的实施体系的途径。第二节至第六节，从微观角度具体分析了构建新时代中小学生劳动教育的实施体系的途径，即通过开设劳动教育必修课、开发劳动教育校本课程、在学科教学中有机渗透劳动教育、在课外校外活动中安排劳动实践、在校园文化建设中强化劳动文化等形式构建新时代中小学生劳动教育的实施体系。

  总之,学校在实施劳动教育时,不仅需要开设劳动教育必修课程,确保劳动教育时间,还应积极开发特色校本课程,满足学生个性发展;挖掘学科中的劳动元素,在学科教学中有机渗透劳动教育;积极组织课外校外劳动实践活动;打造蕴含劳动教育元素的校园文化等,从全方位构建出综合性、实践性、开放性、针对性的劳动教育实施体系。

第六章　国外劳动教育的实践、探索及研究启示

劳动作为人类特有的实践活动，是促进社会发展与实现个人价值的动力源泉。当今世界，各国十分重视劳动教育。基于本国社会背景、人文传统、自然环境等因素，各国开展了丰富多彩的劳动教育活动。我们必须以开放的态度，借鉴与学习其他国家开展劳动教育的成功经验，不断增强我国劳动教育实施水平，从而促进新时代劳动教育的健康发展。本章通过对美国、德国、英国、俄罗斯、日本、新加坡、芬兰等国家开展劳动教育的现状展开分析，提炼与总结不同国家开展劳动教育的特点与经验，旨在学习其优秀经验，从而提出对我国开展中小学劳动教育的经验启示。

第一节　美国的劳动教育

一、美国中小学阶段开展劳动教育概述

美国作为经济发展世界排名第一的发达国家，农业已经全部实现了机械化、现代化。据统计，美国在1980年时，农业人口仅占全部就业人口的2.7%。由此可知，美国在劳动内容方面已不存在类似中国的农业体力劳动或生产劳动。但是，这并不意味着美国教育不重视劳动教育。美国人深信：童年养成的勤劳品质是帮助人们将来事业走向成功的一块重要"跳板"。这意味着美国人十分重视在中小学阶段对学生进行劳动教育。

美国的劳动教育主要分为体力劳动、脑力劳动和手工劳动三类。但不管是

哪一类，其目标都是培养学生的劳动习惯、劳动态度和尊重劳动的品质。在劳动教育实现形式方面，美国重视借助家庭、学校、社区与社会构建一体化的劳动育人模式。其中以家庭劳动教育培养孩子作为家庭成员应具备的劳动能力、劳动习惯与劳动品质；以学校劳动培养学生与人合作的工作技能；以社区与社会劳动提升学生的生存能力，服务社会的能力。此外，美国还重视凭借信息技术，整合 STEM 教育，实现劳动教育与其他学科知识的深度融合。

二、美国中小学阶段开展劳动教育的方式

美国中小学劳动教育受杜威教育思想的影响，具有明显的实用主义倾向。在发达的工业生产社会背景下，美国形成了较为健全的教育与劳动相结合的模式，主要形成了三类劳动育人形式：一是基于日常生活；二是基于就业；三是基于公民培养[①]。

（一）基于日常生活的劳动教育

美国的学校课程并没有设置专门的劳动教育课程，但在家庭和学校都十分重视开展各种与劳动教育相关的活动。家庭与学校通过共同合作，不断提升学生的日常生活能力，帮助学生养成了动手做事的良好习惯，使劳动意识在学生的脑海里生根发芽。

在家庭生活中，美国家长注重学生参与家庭劳动，例如收拾、打扫与整理自己的房间与物品，帮助家人分担日常家务、修剪自家房屋前后的树木与花草等[②]。总之，凡是与孩子自立与成长相关的一切事情，家长都会最大限度地让孩子去处理、解决。

在学校里，一方面教师们会遵循学生的认知规律，因地制宜、因时制宜地安排形式多样的活动来培养学生的劳动习惯，例如鼓励学生进行垃圾分类、手工制作；参加学校或社区的植树活动、志愿服务；在某个特定的日子，为需要帮助的残疾人、贫困人员募款等。另一方面，一些美国学校建立了学校农场（school garden），便于学生进行劳动实践与体验。20 世纪 90 年代，在美国开

---

① 谷贤林. 美国学校如何开展劳动教育 [J]. 人民教育，2018（21）：77-80.
② 汪静，李炳煌. 美国中小学家校协同开展劳动教育的特点及启示 [J]. 教学与管理，2021（22）：81-84.

始兴起"从农场到学校"（farm to school，F2S）运动，搭建起本地农场/农园与学校的连接，积极贯彻"生活的空间就是教育的空间"理念。其宗旨包括：（1）改善本地食物供给，开展营养教育，促进儿童饮食健康；（2）提升家庭农场的可持续性；（3）推动充满活力繁荣的社区建设。美国为推动"从农场到学校"行动的有效落实，2017年首次通过了《从农场到学校的法案（2017）》，为促进地方经济发展、保障儿童健康成长、维护农业家庭利益提供了法律支持。此外，美国各州和地方也对学校餐饮体系、土地规划与利用等进行了立法管理。例如，华盛顿州在2008年通过了《地方农场与法案》，其中规定包括允许不同学校为满足教育需要可自建校园农场或农园，种植水果与蔬菜[①]。学校通过兴建学校农园，开展农业、食品、健康与营养方面的主题教育活动，让学生在学校农园中从事生产劳动，学习种植蔬菜和花卉，能够让学生有机会沉浸在大自然中亲身去体验与实践劳动，帮助学生养成健康的饮食习惯，真正成为学生的老师。除此之外，一些美国学校还开展高年级学生帮助低年级学生的活动，例如小学高年级学生需要引导或帮助新入学的学生熟悉学校环境，了解如何在学校用餐以及学校的各项规章制度，以便学生能够快速适应学校生活等。

（二）基于就业的劳动教育

美国早在20世纪70年代，面对1/3的高中生毕业后无法继续接受高等教育也无一技之长参加工作的困境，提出了"生计教育"计划。1977年通过的《生计教育促进法》规定生计教育应当贯穿中小学甚至大学的所有学段，并进行专项资金拨款，保障生计教育的顺利落实[②]。生计教育具有综合性，作为劳动教育的重要内容之一，强调教育应"面向劳动世界""面向职业生计"，为学生提供了一种或多种谋生的技能。生计教育将小学到中学12个年级一共分为三个阶段，具体内容详见表6-1-1。

[①] 汪明杰，刘娟娟. 美国的"从农场到学校"：都市农耕与本地食物[J]. 上海教育，2022（8）：49-51.

[②] 蒋花. 全面发展背景下初中劳动教育实践活动设计研究[D]. 重庆：西南大学，2023.

表 6-1-1　不同学段生计教育目标汇总[①]

阶段	阶段名称	主要目标
第一阶段（1～6年级）	职业了解阶段	主要使学生了解他们将面临的各种职业，培养职业兴趣，通过现场参观加深学生对职业的认识
第二阶段（7～10年级）	职业探索阶段	熟悉美国15大职业分类，然后选择自己可能学习的5～6种职业；面向9～10年级，对选定的职业进行深入研究，并通过增加访问、见习、实际操作的机会，积累实践经验，深化对职业的认识，为职业选择做准备
第三阶段（10～12年级）	职业选择阶段	选定一种职业进行更为深入的学习、研究和实际训练，并从以下三类课程中选择一种：（1）掌握中学毕业后直接就业的各种知识、技能课程；（2）为升入大学学习做准备，既学习学术性课程也学习职业课程；（3）为进入专业学院学习做准备的课程

由表 6-1-1 可知，美国生计教育关注学生的个体发展，从小学到高中已经构建了体系化课程，有助于学生了解不同职业，从而更好地规划未来职业。其中，1～6年级课程旨在帮助学生了解职业，7～10年级课程旨在帮助学生进行职业探索，10～12年级课程旨在帮助学生进行职业选择。值得一提的是，美国的生计教育课程紧跟时代步伐，随着现代科学技术的发展，其内容逐渐从传统的手工类、体力类、生产制作类课程转向现代社会需要的计算机维修技术、文字信息处理技术、电子表格制作、计算机绘画设计技术等众多偏重脑力劳动的课程。

（三）基于公民培养的劳动教育

美国十分重视公民的教育与培养。"志愿服务／社区服务"与"服务学习"是实现公民培养的重要方式。在美国，中小学不开展三好学生评比活动，但如果一个孩子在服务他人与社会方面做得很出色，学校为了肯定与鼓励学生的行为，通常会为他们颁发"好公民"奖。

美国各个学校都会因地制宜、因时制宜开展一些社区志愿服务活动。例如：学校会组织学生走进社区进行清洁与服务，进行垃圾分类、回收废物等；一些学校会与残疾学校的学生联谊，为残疾儿童制作节日贺卡；为需要帮助的人群捐献学习与生活物品；去疗养院、福利院进行义务劳动与表演等。学生通过参与这些志愿活动，不仅丰富了日常生活，还有助于增强同情心和社会责任感。

---

① 谷贤林. 美国学校如何开展劳动教育 [J]. 人民教育，2018（21）：77-80.

"服务学习"是实现公民培养的另一重要方式。早在 20 世纪 60 年代，美国就已经兴起"服务学习"。1969 年美国南部地区教育委员会等联合召开会议，针对"服务学习"在教育领域的重要性展开了讨论，并达成了三项共识：一是学校必须鼓励学生参与社区服务活动，并对服务学习给予肯定与鼓励；二是学校、民间组织、联邦和州政府必须为学生提供参与服务学习的场所与机会，并给予专项资金支持；三是学生、教师必须制定参与服务学习的规划与实施过程[①]。1990 年 2 月，美国时任总统布什签署了《国家与社区服务法》。此项政策使"服务学习"首次在法律上有了明确的地位。这不仅为"服务学习"提供了法律保障，还使"服务学习"拥有了稳定的资金来源保障，也极大地推动了"服务学习"的有效实施。现在美国每个州都在积极开展"服务学习"。一些州还将其作为公民教育计划的组成部分，并把"服务学习"作为学生从学校毕业的基本条件之一。

三、美国开展劳动教育的总结与经验启示

（一）美国开展劳动教育的总结

美国劳动教育围绕生产劳动、社会需要、个性发展开展了丰富的劳动实践活动，并构建了较为完善的劳动育人体系。美国劳动教育注重培养学生的劳动习惯、劳动态度和尊重劳动的品质。美国劳动教育有其鲜明的特点，教学内容注重实践性、连续性等，其主要表现为：一是教育内容与时俱进，坚持因地制宜、因时制宜原则开展劳动教育；二是秉持"做中学"育人理念，坚持教育与实践相结合，而不是在教室里传授理论知识；三是重视生计教育，关注学生的个体发展，从小学到高中已经构建了体系化的课程，有助于学生了解不同职业，从而更好地规划未来职业；四是构建家庭、学校、社区与社会一体化劳动育人模式，旨在培养学生的劳动习惯、品质与精神。需要指出的是，美国中小学劳动教育并未涉及劳动与人的全面发展之间的关系。这与我国以马克思主义劳动观为指导的劳动教育本质上存在着根本性差异。

---

① 谷贤林. 美国学校如何开展劳动教育 [J]. 人民教育，2018（21）：77-80.

（二）美国开展劳动教育对我国的经验启示

1. 家庭教育应注重早期劳动意识培养

目前，我国一些家长过度重视孩子的智力培养，将文化成绩放在第一位，却忽视了学生生活能力、劳动习惯与品质的培养，导致一些学生养成了好吃懒做、意志薄弱等不良品质，也难以真正体会"劳动创造美好生活"的道理。国内外大量调查研究都已证实适当的劳动不仅不会影响学生学习成绩，反而有助于学生身心健康，增强学生的学习动力，更有助于促进人的全面协调发展。因此，我国家庭教育应重视培养学生的劳动意识，帮助学生树立正确的劳动观念，成为一名爱劳动、会劳动的孩子。

2. 学校应重视学生职业生涯教育

在美国从小学到高中已经构建了体系化的生计课程，其中，1～6年级学生旨在了解职业，7～10年级旨在职业探索，10～12年级旨在职业选择。生计教育有助于学生了解不同职业，从而更好地规划未来职业。我国中小学劳动教育涉及职业教育较少，学生们对职业了解较少，也不知道不同职业具体从事什么。这导致一些高中生在高考后填报专业时，一脸茫然，不知所措，造成选报的志愿并不是自己真正喜欢的专业。因此，我国应将职业教育纳入大中小学劳动教育之中，使学生从小了解不同职业，有机会体验不同职业，从而选择自己最感兴趣的职业。

3. 促进"学校—学生—社区（家庭）—社会"形成内外联合协作机制

劳动教育内容与形式丰富，涉及不同的劳动场域。这就决定了劳动教育不能仅依靠学校与教师。美国劳动教育不仅重视校内劳动，还重视课外与校外活动，比如社区清洁、志愿活动，社会服务、职业体验等，使学生对职业、职场、工作有亲身体验与感悟的机会。我国劳动教育为了学生安全，户外劳动活动开展较少。学校应积极与社区、工会、社会福利组织等建立联系，搭建多样化的劳动实践平台，给予学生参加一些志愿或服务活动的机会。构建"学校—学生—社区（家庭）—社会"内外联合协作机制，有助于拓宽学生的劳动实践场域，丰富劳动教育的内容与形式，对提升学生的生活能力、社会使命感与责任感皆具有重要意义。

第二节 德国的劳动教育

一、德国中小学阶段开展劳动教育概述

劳动教育是德国教育体系的重要组成部分。早在20世纪初期，由于现代化经济的迅速发展，德国劳动教育思潮已经开始兴起。德国著名教育改革家凯兴斯泰纳（Kerschensteiner）于1905年正式提出"劳作学校"的概念，强调学校教育应把职业技能训练与公民精神培育相结合[①]。20世纪60年代，德国颁发的《关于在主体中学设置劳动课程的建议》标志着德国中小学劳动教育的正式诞生[②]。进入21世纪后，在世界信息科技革命快速发展以及新产业兴起的背景下，2013年4月，德国紧跟时代步伐，提出"工业4.0未来"项目，极大地加快了以数字化和信息化为特征的非物质性劳动代替制造性劳动的步伐；同时也推动了德国学校劳动教育的改革。此阶段，劳动教育培养目标也随之发生变化，强调培养"工业4.0"发展所需的具有数字化能力的人才，从而使学生能够在毕业之后，快速适应智能化、数字化时代的社会生活。

劳动教育是一个综合性的学习课程，其内容涵盖经济、社会、技术、营养健康、家政、职业和学业导向等多个领域。在德国，五个联邦州以"劳动学"课程的方式实施劳动教育。在其他联邦州，则以多种综合性科目的形式实施劳动教育。尽管不同联邦州开展劳动课程的形式不同，但它们有着共同的育人目标，即让学生获得日常生活、职业活动和社会生活等多方面需求所必需的综合技能。

总之，德国的劳动教育重视以学生的日常生活和未来职业需要为导向，注重培养学生的综合实践能力，具有鲜明的实用性特征。德国的劳动教育让学生通过劳动了解自身的兴趣、能力和潜力，熟悉不同职业的要求，了解经济和技

---

① 凯兴斯泰纳.工作学校要义[M].刘钧，译.北京：商务印书馆，1935：94.

② 孙进，陈囡.德国中小学的劳动教育课程：目标·内容·考评[J].比较教育研究，2020，42（7）：73-81.

术的发展及其对社会的影响，从而为学生的未来独立生活和职业选择做好准备。

二、德国中小学阶段开展劳动教育的方式

（一）开设劳动教育必修课

劳动教育是大多数德国中小学的必修课。小学阶段一些联邦州一般以"常识课"的形式开展劳动教育相关课程，科目主要涉及自然、环境、技术、职业工作、日常生活、交通安全、人与饮食等基本知识等。常识课作为劳动教育的重要组成部分，旨在培养学生劳动兴趣与正确的劳动观念，掌握独立生活的基本常识与生活技能。以巴符州为例，2016年，巴符州颁布的《小学艺术／手工课教学大纲》指出1～4年级应开设艺术／手工课程，主要教授绘画、印刷、编织、木工、手工制造、陶器、雕塑等手工劳作[1]。此外，巴符州颁布的《小学综合知识课教学大纲》明确指出小学应开设综合知识课，要求学生要学会对日常物品进行分类收纳，学会垃圾分类、回收废料，能够对废弃材料进行二次利用，能掌握简单的手工操作等[2]。一些学校为了培养学生养成良好的饮食习惯，掌握一些烹饪知识与技术，还专门设置了食物烹饪专用教室，并配备了各种厨房用具供学生进行烹饪实践操作。学校通过健康膳食课程传授关于健康饮食的知识，教授学生食品加工、饮食卫生、烹饪技巧、餐桌礼仪、整理餐具等烹饪知识与技能。

德国大多数中学，一般是从7年级到10年级都开设了专门的劳动课程，课时安排为每周2～3节必修课。部分对劳动课程感兴趣的学生可以每周增加到3～4节选修课。德国课程体系包括必修课、限选课和选修课等不同课程形式，已经形成了一种比较完善和规范化的课程体系。每个学校可根据自己的学

---

[1] ministerium für Kultus，Jugend und Sport BW. Bildungspläne 2016. Grundschule Kunst/Werken[EB/OL].（2016-03-23）[2024-05-18]. http：//www.bildungsplaene-bw.de/，Lde/LS/BP2016BW/ALLG/GS/KUW.

[2] ministerium für Kultus，Jugend und Sport BW. Bildungspläne 2016. Grundschule Sachunterricht[EB/OL].（2016-03-23）[2024-05-18]. http：//www.bildungsplaen]e-bw.de/site/ bildungsplan/get/documents/lsbw/export-pdf/depot-pdf/ ALLG/BP2016BW_ALLG_GS_SU.pdf.

校类型、办学条件与特色发展选择或开设对应的劳动课程,以此保持或凸显学校的办学特色。由于德国各联邦州具有教育自治权,一般而言,每个州会根据自身的地区特色与学校特征设置劳动课程大纲,所以课程名称与内容设置方面也存在一些差异,比如有的州称作"经济—劳动—技术课",有的州称作"家政—技术—经济",还有一些州称作"经济/职业—学业规划课程"等,但总体而言,学校劳动课程的核心内容大致是类似的,基本包括家政、技术、经济、职业规划四个重要领域。具体内容见表6-2-1。

表6-2-1 德国中学劳动课程内容分类[①]

劳动教育课程内容类型	课程内容
家政学	涉及营养学、家庭消费、家务、烹饪与裁剪、家庭理财与税务、家庭节能与可持续发展等内容
科学技术	涉及数字化生产原理、计算机常用软件、网络技术、机械技术等内容
经济学	涉及国民经济学基础、企业经济学基础、商品流通、商品贸易等内容
职业	涉及劳动科学知识、劳动价值与责任、职业选择与培训、劳动保护等内容。随着数字化的发展,网络信息技术、通信技术原理(3G、4G)、计算机辅助设计软件的使用成为德国中小学劳动课程的热点内容

在课程内容设置方面,德国劳动教育以丰富的主题单元搭建跨学科知识体系。劳动者在当今社会遇到的劳动情境往往是复杂的,因此,成功解决某一问题往往需要运用多门学科的综合知识。劳动教育是一门综合性课程。为有效解决复杂的劳动问题,德国普通中学劳动教育教材的内容编写大多依据主题。课程内容通过创设各类综合情境,整合不同学科知识,增强学科知识间的关联性,帮助学生在劳动实践过程中形成跨学科知识体系。以"营养配置和膳食制作与食用"单元为例,具体内容见表6-2-2。课程教材整合了劳动、数学、农学、营养学等多学科知识,梳理出15个真实问题,构建了跨学科劳动育人体系。

---

① 任平. 德国中小学如何实施劳动教育 [J]. 人民教育,2020(11):71-74.

表 6-2-2 "营养配置和膳食制作与食用"跨学科劳动知识体系

教学大纲要求的知识点	教材中的现实生活问题	关联学科
厨房安全与卫生	厨房里的卫生规则有哪些？如何安全使用刀具？我应该如何使用厨房用语？	劳动学
处理食物的技术和工具	测量与称重：我如何得到想要的重量？	数学
	我应该如何储存食物？	物理学
食物与菜肴的感官认知	我的食物来自哪里？	农学
设计膳食	我应该如何设计一餐饭？	营养学、生物学
膳食的文化背景与社会意义	用餐时间：饮食对我来说意味着什么？餐桌礼仪：我怎么用餐？节日美食：节日期间，我应该给客人们准备什么食物？文化差异：我们有哪些共同的地方？	社会学
食品制备和食用的文化差异		
食物的制备过程	菜谱：我能按照哪个食谱制作美食？我能用已有食材做什么可口食物？日常厨房：放学后我能吃什么？	劳动学
创意菜谱		
不同加工程度的食品	超市：我应该如何采购食物？	营养学、化学

（二）专业师资为劳动课程质量提供了人才保障

德国重视劳动教育专业化建设，并形成了一整套完善的劳动教师专业化培养体系。德国中小学一般都配备了专职的劳技教师。

1. 德国构建了系统的、专门化的职前劳动教师培养体系

作为劳动职前教师，劳动学科专业学生需完成本科、硕士一体化课程后，还需完成 12～18 个月的学校见习，并最终通过国家教师资格考试认证，方可获得正式的任教资格，成为正式的劳动专业教师。据统计，目前德国约有 35 所高校开设了劳动师范专业或者相关的劳动教育学科。德国构建了劳动专业教师系统化培养体系，对劳动教师的高标准化、专业化的培养要求，为中小学"劳动学"科目培养了专门的人才，为劳动课程的有效实施提供了人才保障。

2. 德国形成了劳动教育专业化共同体

在德国，中小学教师、高校教师和大学生共同组成了劳动、技术和经济教学协会，形成了劳动教育专业化共同体。共同体成员通过组织专业会议、创办劳动专业期刊、定期组织劳动交流等形式，围绕劳动教育的各类问题进行研讨和信息交流，为中小学"劳动学"课程的专业化建设提供了有益的实践经验支持[①]。

（三）重视劳动资源开发与利用

俗话说："巧妇难为无米之炊。"劳动课程的顺利实施需要劳动教学资源提

---

① 郑建萍. 德国中学如何开展劳动教育 [J]. 福建教育，2020（10）：21-23.

供物质保障。德国学校依据学校需求与特色,积极开发满足劳动课程实施需要的劳动教育资源。

1. 学校建立校内劳动教育实践基地

在德国,一些学校为了保证劳动教育的有效实施,建立了独立的劳动教育车间工场,并配备了专业化的劳动设备。比如很多学校都建立了工业制造、木工、金属、塑料加工、饮食烹饪等专业教室;一些实科学校甚至还开设了校园车间,不仅拥有常规手工作坊所需的打磨工具,甚至还有3D打印机以及先进的数控机床等专业设备;在烹饪教育方面,一些学校建设了教学专用厨房,并配备了整套的烹饪设备,器具应有尽有。为了消除劳动教育实践基地的安全隐患,一方面学校对各类设备及时进行检修,确保设备的正常安全运行;另一方面,教师对学生加强劳动实践安全教育,不断提升学生的劳动安全意识。

2. 学校积极建立校外劳动实践基地

校外劳动实践基地是丰富劳动形式与内容,拓宽学生视野,将劳动理论知识与实践相结合的重要场域。为了使学生获得真实的劳动经验与职业体验,增强劳动课程的实践性,德国中小学与一些校外企业、工厂、手工作坊、酒店、餐厅、农场等场所建立了长期合作关系,开辟了一大批特色鲜明的劳动教育实训基地。学生一方面需要走进劳动教育实训基地展开企业考察活动,一般每年安排2~4次企业考察活动(包括农业、手工业、工业、服务业等)[①];另一方面还有机会跟随专业人士完成一段时间的企业实习,在真实的工作中熟悉不同职业的具体工作内容、生产流程、安全事项,并掌握操作设备的基本知识与技能等。

(四)课程实施模式——项目式教学

在教学方式上,德国学校在课程实施时坚持行动导向原则,即实践性,强调劳动内容应与劳动世界的真实情境相联系,要给予学生实际动手操作的机会和时间,以帮助学生形成相关的劳动经验。德国学校劳动课程以项目活动作为课程实施的主要载体,在教学过程中以教师为主导,重视发挥学生的主体作用。学生通过小组合作,最终以项目成果的形式完成劳动实践活动。项目式教学主要从项目的确立、修订、准备、实施、评价五个方面来安排教学,大多需

---

① 姚静. 德国中小学的劳动技术教育及启示 [J]. 基础教育参考,2007(10):26-29.

要在小组中合作完成。通过具体劳动项目的实施，调动学生参与各种项目的兴趣，重视引导学生在实践活动中合作、交流、创新，运用相关知识解决具体问题，形成项目成果。项目成果形式多样，可以是具体的、有形的物体，如一件木工制品、小型电器设备、一道菜肴等；也可以是一个商业营销方案；还可以是一项家庭劳动活动策划与实践。

（五）构建了"特色课堂—工作坊—基地"三级劳动教育体系

德国劳动教育的实践场所不局限于学校的课堂，还延伸至校内工作坊和校外学习基地，且不同的教育场所承担着不同的育人内容与功能。在课堂之中，学生可以全面且细致地了解与各类劳动相关的知识与技术，从而为学生参与真实的劳动实践活动奠定理论基础。学校工作坊为学生提供了模拟真实劳动实践活动的机会。为使学生了解并融入工业4.0时代，德国校内工作坊正积极进行数字化改革。此外，学校还与校外学习基地建立了合作关系。校外学习基地也是德国劳动教育不可或缺的一部分。学校会定期组织学生参与社会实践实习、企业实习和手工工厂实习等。这有助于学校将劳动知识和真实的劳动环境联系起来，实现劳动理论知识与劳动实践的有效结合。从劳动课堂教学到校内工作坊，再到校外劳动基地学习，德国已经构建了"特色课堂—工作坊—基地"三级劳动教育体系。三级劳动教育实践体系通过层层递进的方式，为中小学生提供了全面了解、体验、反思各行各业劳动特点的渠道，以及发掘劳动兴趣、学习劳动知识和锻炼劳动能力的机会，为其作出恰当的未来职业选择奠定了良好的实践基础。

三、德国开展劳动教育的总结与经验启示

（一）德国开展劳动教育的总结

总体来看，德国十分重视劳动教育，已经构建了面向现代化的劳动教育内容框架。其中主要表现在：一是内容丰富，涵盖家政、技术、经济、职业规划等多个领域，重视学科融合育人。同时紧跟时代步伐，国家提出"工业4.0未来"项目，推动了德国学校劳动教育的改革，重视培养"工业4.0"发展所需的具有数字化能力的人才。二是德国构建了系统的、专业化的职前劳动教师培养体系，为学校开展劳动教育提供了师资保障。三是重视劳动资源开发，通过建立校内活动基地与校外实践基地，促进学生劳动素养提升。四是劳动教育实施

"项目化教学",重视培养学生动手能力与创新能力。五是构建了"特色课堂—工作坊—基地"三级劳动教育体系,极大地发挥着不同育人主体的育人功能。

(二)德国开展劳动教育对我国的经验启示

1.适时更新劳动教育课程内容

德国紧跟时代步伐,与时俱进,不断调整、优化、更新与丰富中小学劳动教育课程内容,比如国家提出"工业4.0未来"项目,推动了德国学校劳动教育的改革,重视培养"工业4.0"发展所需的具有数字化能力的人才,使学校劳动教育课程与社会、工业、职业、科技等变革相协调,适应社会发展的需要。我国社会经济发展迅速,但中小学劳动教育课程内容更新缓慢,大多还停留在简单的知识传授阶段,实践环节也以简单的校内劳动、家务劳动等为主,缺少对社会问题、劳动意识、科学技术、工匠精神、人工智能等现实问题的关注。我国应结合新时代科技进步与未来社会发展需求,精心设置新时代中小学劳动教育特色课程内容,关注生产生活领域的热门问题,将趣味性和时代性融于中小学劳动教育课程中,促进学生劳动知识、劳动能力的积累与发展,正确劳动观念、劳动习惯与品质、劳动精神的形成,从而提前为中小学生未来进入社会、选择合适的职业做好准备。

2.革新教学方式方法

项目教学是德国中小学实施劳动教育的重要方式。与传统的课堂讲授的教学方式相比,项目教学更注重发挥学生在教学活动中的主体性,学生的参与度更高,体验感更强,为广大学生提供了动手实践、合作创造的机会。由于受到升学导向的影响,我国的劳动教育课程在具体的实践之中,通常会用教师的传统课堂讲授取代学生的动手实践。这样的教学活动不仅难以激发学生的学习兴趣,也会影响教学效果。因此,我国应努力尝试借鉴德国劳动教育的实践经验,整合相关课程内容,以综合性课程为载体,将各类"项目"融入教学过程之中,诸如服装、家具、文具等物品的设计、制造、销售与改进等。教师应在传统课堂讲授的方法基础之上,依据课程内容,合理地引入"项目教学法",将劳动实践与传统课堂讲授活动按比例有机结合,将不同的学科知识与劳动教育相融合,重视培养学生的综合实践能力,从而实现理论学习与劳动实践活动的相互融合、学生动手能力和创新能力的不断提升。

3. 建立健全劳动教育课程配套设施

良好的教学环境与教学设备是德国成功开展劳动教育的重要因素之一。德国十分重视劳动教育，对其投资很高，不仅学校内开设了设施齐全的劳动教育专业教室，例如工业制造、木工、饮食烹饪等专业教室，还采用校企合作模式，与校外许多实践基地建立了长期的合作关系，使学生有机会参与校外实践，进行研学、职业体验等。我国中小学的劳动教育经费不足，设立劳动教育专用教室比较单一，完善配套设施的难度相对较大，这在一定程度上影响了中小学劳动教育课程的教学效果。学校一方面应充分挖掘校内可利用的设备和场地，创设学校特色课程；另一方面还应积极地与校外企业、工厂等机构建立合作关系，将劳动教育由课堂、校园拓展到校外、社会，为学生创设良好的劳动教育体验环境。此外，政府与教育行政部门也应增强对劳动教育的重视程度，合理制定劳动教育发展规划，鼓励学校开发劳动特色课程，并给予资金支持，尽快建立健全劳动教育课程配套设施。

4. 完善劳动教育专业教师培养体系

教师的个人素质及专业素养是保障课程实施效果的重要因素。劳动教育作为综合性实践课程，不仅要传授理论知识，更要立足于实践。这无疑对劳动教育者提出了更高的要求。德国重视劳动教育专业化建设，许多高校开设了劳动教育相关课程，并形成了一整套完善的劳动教育专业教师培养体系。我国将劳动课程设为必修课的时间尚短，目前专职劳动教育教师的数量有限，现有的劳动教育教师大都为兼职，专业劳动教育理论知识基础不足。我国劳动教育师资力量薄弱，直接影响了劳动教育课程的建设与发展。基于德国培养劳动专业教师的经验，我国应从三个方面展开学习：首先，我国应完善劳动教育教师的培养体系，突破固有的模式，大学阶段应开设劳动教育相关专业，完善劳动教师职前教育，并建立劳动教育教师考核标准，确保教师质量水平。其次，针对在职教师应开展不定期的劳动教学培训，促进各校劳动教育者之间的经验交流，从而提高教师劳动教育专业素养。此外，教育相关部门还应结合时代发展需要，将人工智能等现代技术融入教师培养体系，不断提升教师的信息育人能力。

5. 统筹与完善劳动教育保障机制

有效地开展劳动教育，需要从多维度出发，统筹与完善劳动教育保障机制。首先，要建立协调机制。作为提高学生劳动素养的课程，劳动教育不仅是学校的责任，更需要社会、家庭的支持与配合。因此，应有效开发与统筹学校、社会、家庭等不同场域的劳动资源，使之形成"育人共同体"，协同推动劳动教育的有效实施。其次，加强对劳动教育教师培训，优化劳动教育教师队伍。教师作为课程的直接实施者，对课程的落实效果具有关键作用。一方面应从劳动理论知识与劳动实践能力两个方面出发对中小学劳动者展开培训，提升其课程开发与实施能力；另一方面应根据学校情况和需要，聘请有专长的教师和技术人员，建立一支专职和兼职相结合的劳动教育教师队伍，共同助力劳动教育的有效实施[1]。最后，建立与完善劳动教育的激励机制和评价体系。教育行政部门要加强建立劳动教育的激励机制，对在劳动教育中作出重大贡献的学生、教师和学校进行奖励，大力发挥榜样示范作用。此外，教育相关部门还应结合不同年级学生的特点，加强对劳动教育的研究，了解中小学劳动教育的现状，并分析存在的问题和面临的形势，从而制定出中小学劳动教育的评价标准，构建有效的劳动教育激励机制和评价体系。

第三节 英国的劳动教育

一、英国中小学阶段开展劳动教育概述

早在 18 世纪，英国在工业革命兴起的背景下，社会需要大量的职业人才。为了满足社会经济发展对劳动力的需求，英国教育开始强调培养人的职业劳动技能。比如洛克主张集中贫苦与流浪的儿童，通过建立"工业学校"，对学生进行职业培养，从而培养出满足社会需要的纺织品制作的手工劳动者。2003年，英国政府颁布了绿皮书《每个孩子都重要》（*Every Child Matters*），提出教育的目标是发展学生的自立能力、生活技能和培养学生的正确劳动观念，从而培养全面发展、积极进取的英国公民[2]。进入 21 世纪，随着互联网技术、人

---

[1] 孙进，陈囡. 德国中小学的劳动教育课程：目标·内容·考评 [J]. 比较教育研究，2020，42（7）：73-81.

[2] 郑荣璐，王雪双. 英国中小学劳动教育的内涵特征、价值追求和实施路径分析 [J]. 中国校外教育，2022（4）：33-43.

工智能的迅速发展，英国的劳动教育开始重视培养学生信息技术能力。

由此可知，英国的劳动教育经历了"劳作与手工—工艺—技术"的转变，教育类型由偏体力劳动转向体力与脑力相结合劳动或偏脑力劳动，从简单的低水平技能劳动转向复杂的创造性高水平技能。

二、英国中小学阶段开展劳动教育的主要方式

（一）以国家课程为主要载体开展劳动教育

在英国，学校是开展劳动教育的主体。其中学校国家课程是英国实现劳动教育教学目标的主要形式。在英国，国家课程是指在公立学校的 5～16 岁学生必须学习的全国统一安排的课程。英国国家课程一共分为四个"关键阶段"（key stages）："关键阶段 1"（5～7 岁）、"关键阶段 2"（7～11 岁）、"关键阶段 3"（11～14 岁）、"关键阶段 4"（14～16 岁）[①]。在英国，不同地区的国家课程开设情况略有不同，以英格兰开展的国家课程开设情况为例，具体情况见图 6-3-1。

	关键阶段 1	关键阶段 2	关键阶段 3	关键阶段 4
年龄	5~7 岁	7~11 岁	11~14 岁	14~16 岁
年级	一～二年级	三～六年级	七～九年级	十～十一年级
核心课程（core subjects）				
英语	√	√	√	√
数学	√	√	√	√
科学	√	√	√	√
基础课程（foundation subjects）				
艺术与设计（art and design）	√	√	√	
公民课（citizenship）			√	√
计算机	√	√	√	√
设计与技术（design and technology）	√	√	√	
外语		√	√	
地理	√	√	√	
历史	√	√	√	
音乐	√	√	√	
体育	√	√	√	√

图 6-3-1 英格兰国家课程结构[②]

[①] 石佩. 英国劳动教育为未来工作生活做准备 [J]. 上海教育，2020（8）：13-16.
[②] 石佩. 英国劳动教育为未来工作生活做准备 [J]. 上海教育，2020（8）：13-16.

由图 6-3-1 可知，中小学核心课程（core subjects）包括英语、数学和科学；基础课程（foundation subjects）包括艺术与设计、公民、计算机、设计与技术、语言、地理、历史、音乐、体育 9 门课程[①]。其中与劳动教育相关的内容主要体现在艺术与设计、公民、设计与技术、计算机课程。

1. 设计与技术课程中的劳动教育

"设计与技术课程"是英国国家课程之一，是对传统的手工课等学科的改造与超越。"设计与技术课程"贯彻中小学"关键阶段 1"至"关键阶段 3"，主要包括设计（design）、制作（make）、评估（evaluate）、技术知识（technical knowledge）四个部分，旨在确保学生具备日常工作所需的创造性、技术性和实用性的专门知识，并且学生要对完成任务有信心，并积极参与进来。由此可知，其在英国课程中的重要性。英国国家课程的学习大纲指出在设计和制作过程中要直接利用儿童已有的经验和观念鼓励学生发挥创造性的想象能力，把动手与动脑结合起来[②]。一方面学校应注重丰富学生的活动场景，通过家庭、博物馆、公园、体育场、景点、公司等拓宽学生活动场域；另一方面重视学生体验与实践，通过大量创新实践项目让学生体验与实践设计与技术的学习，从而获得劳动知识与技能。比如，学生通过使用工具、设备、材料和零部件，加深对材料、组件、系统和控制的知识与理解，从而制造出高质量的产品。为满足这些课程要求，学校为学生们提供了各种各样的体验活动。例如：学校开展专业设计活动，聘请来自校外的专家担任顾问，对学生制作的产品提供独立的测试和评估；一些学校还与附近的企业建立了合作关系，为学生提供更多活动体验机会，进一步拓宽了学生获得实践的渠道与机会。

"烹饪与营养"是"设计与技术课程"中的重要组成部分，与劳动教育密切相关，已经成为英国中小学的必修内容。2008 年，英国宣布从当年 9 月起，

---

① Department for Education. national curriculum in England：framework for key stages 1 to 4（2014）[EB/OL].（2014-12-02）[2024-08-01].https：//www.gov.uk/government/publications/national-curriculum]-in-england-framework-for-keystages-1-to-4/the-national-curriculum-in-england-framework-for-key-stages-1-to-4.

② 丁邦平. 英国小学的"设计与技术"课程：建构主义的视角 [J]. 全球教育展望，2005，34（8）：38-42，32.

将烹饪课列为 11～14 岁学生的必修课，课程设置为每周不少于两节课，规定每名中学生应学会以新鲜原料烹制八道营养、健康、可口的菜肴[①]。2014 年 9 月，英国教育部宣布将烹饪必修课程扩展至小学。由此可见，烹饪课程在英国课程体系中的重要性[②]。"烹饪与营养"课程纲要指出"烹饪是一项非常重要的生活技能"[③]，其核心目标是教会学生掌握一种生活技能，在坚持营养与健康的原则下，学会如何烹饪，从而为学生未来健康生活奠定基础。"烹饪与营养"课程每个阶段的具体育人目标有所不同，具体详见表 6-3-1。

表 6-3-1　不同学段"烹饪与营养"课程育人目标[④]

阶段	年龄	目标
关键阶段 1	5～7 岁	教导按照健康和多样化饮食的基本原则来准备菜肴，并了解食物来自哪里
关键阶段 2	7～11 岁	学生需要理解并运用健康多样的饮食原则，使用各种烹饪技术准备并烹饪多种营养健康的美味菜肴；理解食材的季节性，了解各种食材种植、饲养、捕获和加工的地点和方式
关键阶段 3	11～14 岁	学生要能够理解并应用营养和健康的原则，烹饪一系列营养健康的美味佳肴，以便能够为自己和家人提供健康和多样化的饮食；成为多种烹饪技术的胜任者（例如选择和准备食材，使用厨房用具和电器设备，使用味觉、嗅觉等方式决定如何给菜肴调味）；形成自己的食谱；了解各种食材的来源和季节性特征

学生在学习"烹饪与营养"课程中，不仅培养了烹饪技能和健康素养，还在实践过程中享受到劳动教育带来的成就感与幸福感，对提升生活技能十分有益。

2. 计算机课程中的劳动教育

在人工智能信息化社会，劳动不再单一强调指向体力劳动，而是更加注重计算机等新兴现代技术的掌握。学校开设的计算机课程是培养社会需要的关键能力的重要方式。英国十分重视现代信息技术的运用和学生信息素养培养，在

---

① 缪学超. 劳动教育进国家课程：英国中小学烹饪课程的演进、经验及启示 [J]. 天津师范大学学报（社会科学版），2021（6）：77-82.

② 余萧蕊. 英国劳动教育体系的发展与构建 [J]. 基础教育参考，2023（3）：27-35.

③ Department for Education.The national Curriculum in England Frameworkdocument（2014）[EB/OL].（2013-09-11）[2024-08-01]. https：//www.gov.uk/government/publications/national-curriculum-in-england-design-and-technology programmes-of-study.

④ 石佩. 英国劳动教育为未来工作生活做准备 [J]. 上海教育，2020（8）：13-16.

中小学从"关键阶段1"到"关键阶段4"皆开设了计算机课程。计算机课程旨在使学生掌握计算机科学的基本原理和概念，能够使用计算机专业技术分析问题、解决问题，不断提升学生的设计能力和计算思维能力，成为可以胜任富有创造力的信息和通信技术使用者，从而为之后进入更高的学习阶段或职业生涯奠定基础。总而言之，计算机课程将劳动行为与信息时代学生信息素养培养有机融合。学生在学习计算机技能的过程中不断提升自身的生产劳动能力，是一种紧跟科技发展和产业变革的劳动教育方式。

3. 艺术与设计课程中的劳动教育

"艺术与设计课程"覆盖"关键阶段1"至"关键阶段3"，其中包含着许多劳动内容，旨在吸引和启发学生在艺术与设计活动中具备实验、发明和创作艺术以及设计作品的知识与技能。比如艺术与设计课程开设雕塑、绘画、手工艺等内容。"艺术与设计课程"育人目标详见表6-3-2。

表6-3-2 "艺术与设计课程"育人目标[①]

阶段	年龄	目标
关键阶段1	5～7岁	学生应创造性地使用一系列材料设计和制造产品，通过绘画和雕塑分享想法和经验，并发展想象力
关键阶段2	7～11岁	学生应继续通过创造性活动和实验，增进对不同类型的艺术、工艺和设计的认识，培养学生的技术能力，包括对材料的使用和控制
关键阶段3	11～14岁	学生应具备创造性思维，并提高执行能力。学生应具有对艺术家、建筑师和设计师的批判性理解，学会表达自己合理的判断，从而为自己的作品提供参考

总而言之，不同关键阶段的学生因年龄、心理发展与兴趣等多种影响因素不同，"艺术与设计课程"的具体教学目标各有侧重。低年级"关键阶段"的学生注重基本动手能力的培养和创造性劳动精神的启蒙；而高年级"关键阶段"学生更注重设计与技术能力的培养以及将创造性劳动的精神转化为实际作品能力的提升。

4. 公民课程中的劳动教育

英国开设的"公民课程"十分注重对学生劳动价值观念的培养。"公民课

---

① 郑荣璐，王雪双. 英国中小学劳动教育的内涵特征、价值追求和实施路径分析 [J]. 中国校外教育，2022（4）：33-43.

程"主要在"关键阶段3"和"关键阶段4"展开实施,旨在使学生通过参与丰富多样的公益活动,进而培养学生的友爱互助精神与主动服务他人的意识,从而为未来在社会中扮演积极角色做好准备。"公民课程"的具体课程目标如表 6-3-3 所示。

表 6-3-3 "公民课程"育人目标[①]

阶段	年龄	目标
关键阶段 3	11～14 岁	学生应了解公共机构和志愿团体在社会中发挥的作用,以及公民如何共同努力改善社区的机会与渠道
关键阶段 4	15～16 岁	学生通过包括志愿服务活动在内的不同方式为改善社区作出贡献

不同关键阶段的公民教育都强调学生要积极参加基于学校、社区的公益活动和志愿服务,鼓励学生通过劳动培养自身对他人的关心、社会责任感以及劳动奉献精神。比如伊顿公立学校明确要求学生平均每周参加 1～2 次志愿活动,具体包括三种形式:一是当地学校项目,学生到当地学校和各个年龄段的孩子们一起相处,帮助当地学校有学习障碍的儿童一起参加课堂和体育活动;二是老年人项目,学生拜访社区老年人,和他们一起喝茶、聊天,帮忙收拾房间、打理花园等;三是慈善商店项目,星期一、星期三和星期五,学生们会去慈善商店帮助其他志愿者做一些"幕后"工作,如将捐赠物进行分类、清点和摆放等[②]。

(二)开发劳动教育校本课程

虽然英国的一些国家课程包含着劳动教育,这在国家维度强调了课程设置的统一性,但为了体现区域优势与学校特色,学校可以开发自己认为适合学生的劳动校本课程,从而实现课程的多样性。比如圣保罗女校面对 13～18 岁的青少年开发了"计算机科学和创意技术"课程,其中低年级学生主要了解计算机基本架构、最新的芯片开发、新兴的互联网技术等,主要是培养学生对信息技术的兴趣。高学段的学生可以选择参加为期一年的选修课程,内容主要包括 3D 环境创建、算法和声音编程、机器人技术等现代信息技术。

[①] 余萧蕊. 英国劳动教育体系的发展与构建 [J]. 基础教育参考,2023(3):27-35.

[②] 乐书思,陈波涌. 英国如何实施劳动教育:以英国国家课程为例 [J]. 职教通讯,2021(7):39-45.

（三）形成了"家庭—学校—社区"合作育人体系

2009 年，英国政府发布的教育白皮书《你的孩子，你的学校，我们的未来》，明确提出学校应注重与家长、当地社区和其他儿童服务机构展开合作与交流，将学校教育、家庭生活和社会需要有效结合，为所有学生提供更优质的教育环境[①]。

首先，家庭发挥在劳动教育中的基础作用。英国有计划地开展家庭劳动项目，一方面组织开展学生家庭劳动，例如园艺活动、家庭烹饪等；另一方面开展一系列课外家庭活动、假期活动等，比如参观博物馆、营地项目等。

其次，学校发挥在劳动教育中的主导作用。英国学校一方面通过开设国家课程实施劳动教育，例如艺术与设计、计算机课程、公民教育、烹饪课程等，另一方面学校积极组织户外活动，例如英国学校会定期组织学生走进农场进行参观学习，让学生亲自体验种植、挖土豆、喂牛羊等劳动活动，并让学生参与准备午餐活动。学生在此类活动中不仅拓宽了视野，还亲身经历了劳动过程和感受劳动带来的美好与快乐。

最后，发挥社会在劳动教育中的支持作用。英国政府重视整合校内与校外育人资源，注重统筹社会教育、社区教育和学校教育融合育人发展，积极拓宽教育场域，将社会力量纳入学校教育，为中小学学生全面发展创设多元的教育环境。社会资源是劳动教育课程开发的重要依托。英国一些学校根据地区自然与人文特色，积极与社区共建劳动教育实践基地，极大地丰富了学生劳动实践活动形式。例如学校与植物园、博物馆、农场等组织机构与场所建立了长期稳定的合作关系，使其成为学生开展劳动教育活动的校外重要实践基地。

三、英国开展劳动教育的总结与经验启示

（一）英国开展劳动教育的总结

英国十分重视劳动教育，并取得了显著的成果。首先，英国以国家课程为主要载体开展劳动教育，主要包括艺术与设计、公民、设计与技术与计算机课

---

① 郑荣璐，王雪双. 英国中小学劳动教育的内涵特征、价值追求和实施路径分析 [J]. 中国校外教育，2022（4）：33-43.

程。其次,为实现课程的多样性,学校积极开发劳动校本课程,实现了国家课程与校本课程相互映衬。最后,英国形成了"家庭—学校—社区"合作育人体系,将学校教育与家庭生活和社会需要相结合,拓宽了学生劳动实践场域,丰富了劳动教育的内容与形式,有助于为学生提供更加优质的教育。

(二)英国开展劳动教育对我国的经验启示

1. 健全劳动教育课程体系

劳动教育课程是实施中小学劳动教育的重要载体。英国从"关键阶段1"到"关键阶段4",其国家课程都开设了有关日常生活性劳动课程与生产劳动的相关课程。同时,一些学校还开发了劳动校本课程。英国通过国家课程与校本课程相互映衬,既确保了国家课程的统一性,又给予了学校的自主性,从而维持国家统一与地方特色之间的平衡。"特色"是学校生存与发展的生命线。我国实行三级课程管理制度,同样鼓励学校因地制宜地开发地方课程与校本课程。这就要求中小学应在完成国家课程的基础上,积极开发满足学校需求、体现地方特色的劳动校本课程,从而建立健全"国家—地方—学校"三级劳动教育课程体系。

2. 重视开展课外劳动教育实践活动

英国重视开展课外劳动教育实践活动。学校会成立各种俱乐部,开设丰富的课程,并提供学生需要的各种设施。比如高年级的学生可以参加寄宿旅行,在营地活动中,学习和掌握营地建设和户外烹饪等技能,从而发展学生新的劳动技能,提升学生的生活技能。自"双减"政策实施后,我国鼓励学校利用课后服务时间,根据学生兴趣成立社团。然而,一些学校仍然将课后服务时间作为提升学生成绩的机会,进行作业练习,难题讲授。这与"双减"的初心相违背。学校应利用课后服务时间,开发育人资源,培养学生德智体美劳全面发展。比如成立劳动社团,与校外工厂、企业建立合作关系,有计划地让学生走出去,进行研学旅行,参与劳动体验,把所学到的知识运用于实践中,真正实现"读万卷书,行万里路"。

3. 家庭、学校和社会协同推动劳动教育发展

劳动教育作为综合育人课程,想要取得好的实施效果,需要依托家庭、学校、社会三方育人主体,构建团结协作的整体育人环境。英国已形成了"家

庭—学校—社区"合作育人体系。我国的劳动教育涵盖日常生活劳动、生产劳动、社会服务性劳动三大主题。由此可见，仅仅依靠学校与教师是远远不够的，还需要家庭与社会参与其中。首先，家长应树立尊重和崇尚劳动的教育观念，认同劳动与知识文化学习一样重要。家长应鼓励学生参与到家庭生活劳动中，提升学生的生活能力，强化学生的家庭责任感。其次，学校要明确劳动教育课程在学科教学中的地位，积极开发劳动资源，合理安排劳动教育课程，不断改进劳动教育的实施方式，同时还应保障学生有充足的劳动实践活动时间。最后，社会教育应为劳动教育提供劳动场所支撑和必要的资金支持。比如英国的中小学与校外图书馆、博物馆、农场、工厂等建立了长期稳定的合作关系。学校一方面为学生邀请专业技术人员走进学校进行教育指导；另一方面为学生提供了专门的校外实践设施与场地，学生可以进行现场动手实践操作。这一做法对我国开展劳动教育很有借鉴意义。因此，我国的劳动教育不应该仅限于校内教育，还应开阔视野，拓宽劳动场域，在保障学生人身安全的前提下，让学生"走出去"，走进工厂、农场、劳动基地等教育场所亲身体验和参与力所能及的劳动项目。

第四节　俄罗斯的劳动教育

一、俄罗斯中小学阶段开展劳动教育概述

俄罗斯开展劳动教育的历史十分悠久。1884年，沙皇俄国发布的《国家工业教育总体正常计划草案》中，"体力劳动"一词首次被正式使用，并将其作为"劳动教育"纳入中小学课程体系[①]。1889—1890年，俄国第一届技术和职业教育大会将学校实践课定名为"劳动教育"，将其视为通识教育，具体内容包括：木材、纸板、金属和其他材料加工等[②]。设置该课程的主要目的不是教授学生手艺，而是在考虑学生长处、兴趣和能力的基础上，让学生逐步熟悉不

---

① 欧柔薜. 俄罗斯劳动教育的发展历程、特色和经验 [J]. 基础教育参考，2023（3）：53-64.
② 欧柔薜. 俄罗斯劳动教育的发展历程、特色和经验 [J]. 基础教育参考，2023（3）：53-64.

同劳动的内容，从而培养正确的劳动观念。

1917年"十月革命"胜利后，苏俄成为第一个社会主义国家。1918年，列宁呼吁"教育应与社会和生产性工作紧密联系"。1991年，苏联解体，1993年的俄罗斯联邦《普通教育学校基础教学计划》将原来的"劳动"课程更名为"技术"课程，又称为"工艺学"。"工艺学"作为中小学学生必修的学习领域之一，规定课时约占总课时的10%。这为开展劳动技术课程提供了政策保障。在课程理念上，"工艺学"强调学生在获得有关技术、工艺及生产组织等方面知识与技能的同时，还应了解劳动与技术的联系，形成热爱劳动的品质；在课程内容设置方面，小学阶段主要学习手工制作、植物栽培等内容，初中阶段还增加"服务性劳动"模块，要求每个学校必须积极组织学生参与公益劳动和生产劳动，提升学生的社会服务与责任意识。

随着信息时代的到来，在课程内容结构方面把计算机应用、信息技术等列为学科内容，以适应新技术发展所带来的社会性需求。在课程目标上重视培养学生劳动意识、劳动技能和劳动精神，强调围绕技术要素的学习与实践来提高学生创造性、主动性以及信息技术素养。

目前，俄罗斯已形成了"1～11年级技术课程的一体化"体系。其中"技术"课程作为俄罗斯国家基本课程计划中"不可变更"的部分，是基础教育机构必须完成的强制性课程。1～9年级要求每周2课时。其中，考虑9年级学生面临未来分化发展，9年级的"技术"课程不设置固定的教育内容，允许学生进行自主选择的专业学习，在10～11年级每周1课时[①]。

二、俄罗斯中小学阶段开展劳动教育的方式

（一）俄罗斯普通学校开设"工艺学"学科

俄罗斯重视劳动教育。让孩子们为智能时代的到来做好生活、就业等方面的准备，是"工艺学"课程的初心和重要使命。自1993年以来，俄罗斯普通学校1～11年级的基础课程中引入"工艺学"，已经构建了"1～11年级技术

---

① 顾建军，董秀敏.俄罗斯20年来中小学技术课程改革历程与思考[J].比较教育研究，2016，38（5）：82-89.

课程一体化"育人模式。在 2012 年新修订的《俄罗斯联邦教育机构实施普通教育大纲的联邦基准教学计划和示范教学计划》指出，把 1～8 年级的"工艺学"列为课程教学计划的"不可变更"的部分，并规定了最低学时数，具体详见表 6-4-1。

表 6-4-1　俄罗斯联邦教育机构普通学校"工艺学"学时汇总一览表[①]

年级	1	2	3	4	5	6	7	8	9	10	11
联邦基准（必修）部分											
年课时	—	34	68	68	70	70	70	35	—	—	—
周课时	—	1	2	2	2	2	2	1	—	—	—
国家（区域）示范部分											
年课时	33	34	68	68	70	70	70	70	35	—	—
周课时	1	1	2	2	2	2	2	2	1	—	—

基于 9 年级学生面临未来发展的分化性，将"工艺学"列入了可变部分，允许学生进行自主选择，由地方教育机构自行组织。10～11 年级则由学校列入了地方教育机构的"可变更"范畴，包括侧重性专业教学科目和选修基本层级上的科目。1～11 年级学生"工艺学"具体育人内容，具体详见表 6-4-2。

表 6-4-2　1～11 年级学生"工艺学"具体育人内容

年级	主要内容
1～4 年级	主要以健康保育、生活环境、技术基础和工艺设计等为主，涵盖了烹饪、饮食、装饰、缝饰、黏土塑造、编织艺术、工艺美术原理等内容
5～8 年级	学校根据学生年龄，将女生和男生分开进行选择性教学，其中男生主要学习木工、金属切割、机床工作等技术，女生则学习烹饪、编织艺术、裁剪和缝纫、缝饰与针织、应用装饰艺术等技艺
9 年级	作为毕业生在"工艺学"课上接受相关专业的培训
10～11 年级	主要包括专业教学科目和选修基本科目，内容涉及"生产、劳动与技术""技术设计、材料加工或服务""职业的自我定位与职业选择""创意及实践活动"等主题单元

在课程目标上，"工艺学"指出 1～4 年级应拓宽学生的劳动视野，不断丰富学生的劳动体验，加深学生对多种职业的了解等；5～9 年级则要求学生了解并掌握制造业、家庭劳动等多领域中最普遍的材料与加工技术，了解并掌握不同职业活动的基本知识与技能，从而使学生养成对待劳动过程的认真、严谨的态度，增强学生对职业的自我认定；10～11 年级则要求学生熟悉一些专

---

① 宋丽荣，姜君. 俄罗斯劳动教育课程改革："工艺学"的改革举措及特点 [J]. 基础教育课程，2020，（5）：74-80.

业技术，掌握一些技术原理和专门工艺知识，能够完成一些复杂的技术项目设计，培养学生的职业生涯规划能力等。由此可见，俄罗斯的 1～11 年级开展的"工艺学"课程内容有效衔接、循序渐进、螺旋上升，已经构建了较为完善的劳动育人课程体系。

（二）完善课程管理制度，充分体现学校自主性

俄罗斯通过不断加强教育立法的建设与完善，在政策落实与实施过程中明确联邦、国家—区域、教育机构等不同层面教育主体的责任、义务以及相互作用机制，确保各育人主体之间既要明确分工、各司其职，又要紧密有效衔接、共同合作，共同服务教学活动。在宏观上，俄罗斯普通教育课程构建了"国家—区域—学校"的三级课程管理模式；在微观上构建了"课上课下—校里校外—综合实践"教学模式[①]。在俄罗斯，国家不向各类型的学校提供统一的教学计划、教材与教参，而是提供一套示范性教学计划、大纲、教材等作为学校的课程实施的参考。这些材料既保障了俄罗斯劳动教育的基本方向，又增强了学校工作的自主性，对学校依据学生需求开发劳动校本课程，提升教师的创造性实施劳动实践活动具有重要的意义。

（三）课程内容既重视传承传统劳动，又强化课程内容更新

俄罗斯是一个历史悠久的国家，一些地区仍然保持着传统的耕作方式、手工制作等风俗。一方面，这些传统风俗与工艺作为文化遗产受到国家高度重视，以独特的文化形式，成为劳动教育的重要组成内容。另一方面，俄罗斯劳动课程内容设置充分考虑当今社会需求与学生发展需要，积极更新劳动内容。2018 年 5 月 7 日，俄罗斯颁发的《关于俄罗斯联邦 2024 年期间的国家目标和战略目标》中指出，教育必须解决的任务之一是更新与丰富课程内容、改进与优化工艺学学科领域的教学方法。俄罗斯的"工艺学"充分考虑社会以及区域具体情况和需求，对课程内容进行调整，其内容与时俱进，紧跟时代的步伐，涉及计算机辅助设计、3D 建模、机器人和自动控制系统、智能家居技术等领域。同时规定，所有教科书必须有电子版。由此可知，传统劳动对传承与发扬

---

① 宋丽荣，姜君. 俄罗斯劳动教育课程改革："工艺学"的改革举措及特点 [J]. 基础教育课程，2020（5）：74-80.

俄罗斯传统文化具有重要意义；新时代鼓励劳动与现代技术应用、创制作品等有机结合在一起，为学生提供了充满活力的劳动内容，对学生掌握新知识与新技能、提升实践能力与创新能力具有重要意义。

（四）俄罗斯为劳动教育提供了法律制度保障

俄罗斯十分重视劳动教育，并颁布了一系列促进劳动教育发展的法律政策，逐步形成了健全的劳动教育保障制度，具体详见表6-4-3。

表6-4-3 俄罗斯颁发的部分有关劳动教育的政策汇总

时间	政策	内容
2009年10月6日	《关于批准和实施联邦初等普通教育标准》	要让学生获得关于劳动在个人和社会生活中的创造性和道德意义的初步想法；关于职业世界和选择正确职业的重要性；将获得的知识和技能用于简单设计、艺术和设计、技术和组织任务的创造性解决方案；获得联合生产活动、合作、互助、计划和组织的初步技能
2012年5月	《关于批准联邦中等普通教育标准》	重视俄罗斯人民在在科学、艺术等方面的传统劳动；通过劳动教育，提升学生的工作与参加社会劳动活动的意愿；增强学生对相关专业活动的兴趣，以及提升学生对职业的了解和实施自己的人生计划的能力
2018年5月7日	《关于俄罗斯联邦2024年期间的国家目标和战略目标》	更新内容和改进工艺学学科领域的教学方法
2018年12月30日	《"工艺学"教学方案》	《工艺学》应该集中在建筑材料加工、3D建模及机器人三个关键领域

（五）整合劳动教育资源，发挥家校社协同育人作用

为了有效实施"工艺学"课程，俄罗斯充分考虑到了区域经济的发展需求，广泛利用家庭、社会资源，实现"学校—家庭—社会"资源的有效整合和利用，重视让学生参与有意义的社会职业实践。家庭劳动包括清洗个人物品、打扫卫生、整理房间、照顾动物、种植绿植、购买食物等，旨在通过个人劳动努力满足家庭、集体和每个成员的日常需要；学校劳动包括打扫学校校舍、教室，操场，清理学校垃圾，修剪树木等，旨在培养掌握劳动技能，学会与人合作劳动；社会劳动主要是让学生走进青年创新创意中心、养老院、博物馆、企业等进行职业体验，同时参加一些公益活动，旨在拓宽学生劳动视野，提升学生的社会责任感。比如，彼得罗扎沃茨克三十九中学，学生在学校学习理论知

识，参与劳动集体活动；在校外，走进职业院校学习与体验烹饪、道路维修、焊工等其他职业技能。

三、俄罗斯开展劳动教育的总结与经验启示

（一）俄罗斯开展劳动教育的总结

俄罗斯实施劳动教育历史悠久，并积累了丰富的经验。主要表现在：一是，俄罗斯以"工艺学"为代表，形成了1～11年级技术课程体系，内容注重系统化设计，根据不同学段学生的不同特点，劳动内容相互衔接，层层递进，螺旋式上升。二是，俄罗斯普通教育课程构建了"国家—区域—学校"的三级课程管理模式。课程分为"不可更改"课程与"可更改"课程，给予学校课程开发的自主性。三是，俄罗斯颁布了一系列促进劳动教育发展的法律政策，为开展劳动教育提供了制度保障。四是，课程内容既重视传承传统劳动，又强化课程内容更新与提升学生信息化素养，实现了"互联网＋劳动教育"人才培养创新模式。五是，俄罗斯重视"学校—家庭—社会"资源的有效整合和利用，构建了"学校—家庭—社会"三位一体的劳动教育模式。

（二）俄罗斯劳动教育对我国的经验启示

1. 应重视劳动教育课程中小学一体化设计

俄罗斯注重课程系统化设计，构建了1～11年级技术课程体系。劳动内容依据学生心理发展特征，前后相互衔接，层层递进，螺旋式上升。尽管我国将劳动教育设定为必修课程，但目前，许多学校尚未配备统一的劳动教材，导致劳动教学活动缺乏系统性和连贯性。因此，我国应根据《义务教育劳动课程标准（2022年版）》，进行劳动课程内容构建，为学校提供劳动教育实施纲要。此外，我国也是实行三级课程管理制度，这一点与俄罗斯的课程管理制度是相同的。提升教师的课程开发能力是创生新课程的关键。然而，目前学校开发校本课程的能力较弱，尤其是中小学。因此，我国应重视提升教师课程开发能力，从而使教师能够有效地整合与利用家庭、学校与社会资源，使劳动教育真正落地。

2. 课程内容应统筹传统性与时代性

俄罗斯在劳动课程内容设置方面，既要求涵盖传统风俗与工艺制作等文

化遗产，又要求必须纳入 3D 建模、机器人等现代新行业、新技术。我国拥有五千多年的历史文化，形成了剪纸、中医、耕种等传统劳动。在劳动课程内容设置方面，我们需要借鉴俄罗斯经验，重视选择地区传统劳动，积极传承、发扬传统文化，培养学生的工匠精神、劳模精神等劳动精神。新时代，世界已经进入信息化、智能化时代，我国的劳动教育必须紧跟时代的步伐，合理纳入计算机辅助设计、3D 建模、机器人等领域的劳动知识。通过"传统文化＋互联网＋劳动教育"人才培养创新模式，帮助学生既要成为传统文化的继承人，又要掌握新知识与新技能，提升实践能力与创新能力，成为未来信息社会发展所需要的有用人才。

3. 完善政策，提升教师对劳动教育的认识

俄罗斯颁布了一系列促进劳动教育发展的法律政策，明确了劳动内容，为开展劳动教育提供了保障机制。尽管近年来我国也颁发了几项促进劳动教育发展的政策，但许多学校并没有取得较好的教学效果。劳动课形式化严重，课程内容简单，缺乏系统性。其主要原因是教育者对劳动教育的认识不够，没有较好地开展劳动教育。未来，学校应加深教师对劳动教育的认识，为学校开展劳动教育活动提供劳动工具、劳动场地以及劳动资金支持。教育监督部门应监督学校劳动教育开设情况，并给予经验、方法与资金的支持。

第五节 日本的劳动教育

一、日本中小学阶段开展劳动教育概述

日本历来重视劳动教育，主张通过提高劳动者素质来提升学生生活能力以及社会生产率。早在明治维新时期，日本政府就明确要求中小学应因地制宜开展农业科、工业科，在小学开设手工课，并强调应与普通教育相结合。20 世纪 50 年代，日本为推进经济建设发展，培养社会发展需要的人才，对中小学教育进行了改革，其中重要一项就是重视劳动教育与职业教育的有效融合，旨在

为学生未来的职业发展做好准备[①]。2006 年颁发的《教育基本法》强调应重视教育与职业和生活的关联，培养学生尊重劳动的态度。劳动教育与生涯教育相结合是日本教育的一种特色形式。

日本尽管没有专门开设劳动课程，但重视在不同学科教学与课外活动中渗透劳动教育[②]。日本劳动教育大致可分为自我服务性劳动、家务劳动、公益劳动和简单生产劳动四个方面。自我服务性劳动主要围绕为自己或为自己所属集体展开的服务劳动。为自己直接服务的劳动，以自己衣食住行服务展开，主要包括穿衣、洗漱、收拾学习用品、整理自己房间等内容。为自己所属集体的服务劳动，表现为作为集体一员为集体服务的劳动，主要包括值日、校园卫生、图书整理等。家务劳动教育主要通过"家庭科"教授学生物品分类与收纳、手工缝制和机器缝纫、废物利用与回收等知识与技能。公益劳动教育主要通过美化环境与关怀老人两种活动进行实现。美化环境主要包括公园、海边、街道等地域清扫、垃圾分类与回收等；关怀老人主要包括照料社区老人、服务老年人福利院等。简单生产劳动教育主要包括"勤劳生产活动"与"产业学习"。学生主要通过生活科、社会科、特别活动，在亲历生产过程、实地参观见习与动手实践中掌握生产知识与技能。

日本劳动教育内容多样、形式丰富。通过劳动教育实现主要育人目标为：一是培养学生的勤劳态度与劳动合作精神，让其学会尊重他人劳动成果；二是发展学生个人劳动知识与技能，提升学生生活能力；三是增强学生的劳动体验与实践，提升劳动创造力。

二、日本中小学阶段开设劳动教育的方式

（一）通过法律与教育政策给予中小学劳动教育保障

法律与政策是劳动教育的重要保障。日本高度重视中小学劳动教育，政府通过一系列相关法律与政策确保劳动教育的顺利实施。2006 年，日本颁布的

[①] 胡小桃，黄奕洲. 日本职业生涯教育及其对我国劳动教育的启示 [J]. 职业教育研究，2023（5）：91-96.

[②] 蒋洪池，熊英. 日本小学劳动教育：形式、特点及启示 [J]. 外国教育研究，2020（12）：71-81.

《教育基本法》明确指出教育必须以充分发展学生个性为目的，努力培养身心健全、具备构成和平民主的国家和社会所必需素质的人民，并培养其劳动创造能力和自主独立精神，使其重视事业与生活的关系，尊重劳动价值。2013年《教育促进基本计划》指出，在一个快速变化发展的社会中，教育应培养学生掌握在社会生存中应有的基本劳动技能。在日本，不同时期出台的各种相关法律法规条文皆对中小学劳动教育作出明确规定，它们共同建构了日本中小学劳动教育立法体系。在日本，中小学劳动教育得到普遍重视，使得日本劳动教育做到有法可依、有法指导[1]。

（二）在生涯教育中落实劳动教育

进入21世纪，随着社会产业结构变化，社会对以知识和信息为基础的产业需求日益增强，同时对劳动者的个人素质提出了更高要求。生涯教育作为个体职业规划的有效形式，开始受到日本重视。2004年，日本文部科学省颁布的《生涯教育报告书》指出"生涯教育"的目标是"培养青少年勤劳观、职业观"。这与劳动教育重视培养学生的劳动观念具有异曲同工的作用。同年，日本文部科学省发表的《为了在中小学各阶段培养每个学生的劳动观与职业观》报告书重新定义了职业生涯教育，以"职业生涯"概念为基础，支持中小学不同学段学生的职业生涯发展，培养个体适应自我职业生涯发展所需的情感、态度与能力[2]。目前，日本已经构建了从小学到大学不同发展阶段的学生职业生涯教育体系，开启了职业生涯教育的新时代。

（三）在学科教学中融入劳动教育

日本中小学劳动教育重视综合性与多样性。开设的劳动教育以多门课程为载体，具体分散在道德课、社会公民课、家政课等学科，强调依托学校的所有教育活动来实现劳动教育。尽管日本学校没有设置专门的劳动教育课程，但要求将劳动教育有机地整合进社会、生活、家政、道德、综合学习时间、特别活动等学习领域中[3]，详细内容见图6-5-1。例如东京小学劳动教育课程涵盖了日

---

[1] 潘燕婷，杨再峰. 日本中小学劳动教育及其启示[J]. 教学与管理，2021（18）：120-124.
[2] 邵玲. 日本高中职业生涯教育研究[D]. 上海：上海师范大学，2020.
[3] 李其，闫宗良. 日本劳动教育课程特点及其经验启示[J]. 教育与装备研究，2022，38（5）：92-96.

常生活劳动、生产劳动和公益服务性劳动等多个方面，在不同年级以不同的方式与不同学科课程紧密地结合起来，具有自身的体系性和计划性。注重体验学习是日本劳动教育课程教学的一个重要特点。小学阶段包括自然体验、志愿活动、物品制作、生产活动等内容，中学阶段还增加了职场体验活动。

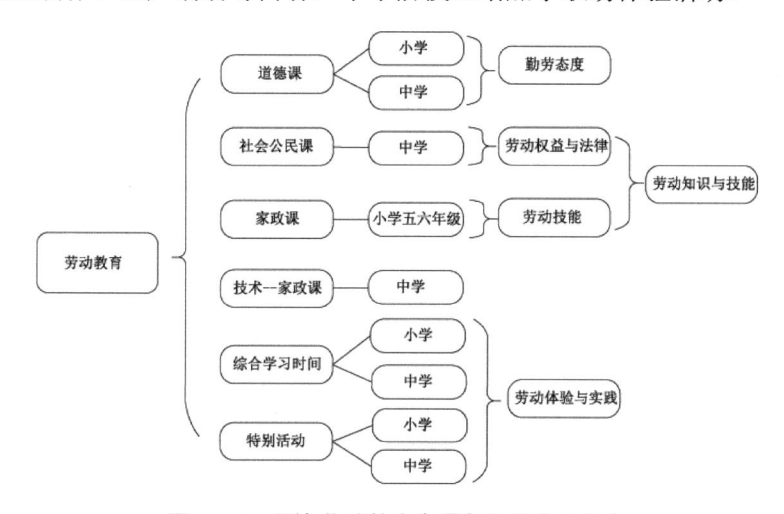

图 6-5-1　日本劳动教育在课程体系中的分布

（四）在家政课中进行劳动教育

一方面，日本重视家政课专任教师培养。在日本，教师想要从事家政课教学，需要修满家政课程各个学科领域中规定的学分，还需通过岗前测试，成绩合格后才能取得家政课教师资格证，承担家政课教学任务。此外，日本实行教师聘任制，会定期对教师进行专业考核，考核合格才可以继续从教。

另一方面，日本中小学开展家政课，又称为"技术·家庭"课，内容涵盖"技术篇""家庭篇"两大部分，主要包括劳动教育知识、技能与观念等内容，详细内容见图 6-5-2。其中"技术·家庭"课程中的劳动知识主要包括两个方面：一是关于劳动资料的知识，比如工具、土地、机器、设备等；二是关于劳动对象的知识，比如动植物培育原理、饮食搭配原则等。"技术·家庭"课程中的劳动技能包括：一是维持基本生存的劳动技能，比如掌握食品选择与烹饪，房间整理清洁等生活技能；二是改善生活的劳动技能，比如电器维修、材料加工等技能；三是优化家庭关系的劳动技能，比如照顾幼儿与老人的技能。"技术·家庭"课程中可持续发展理念下的劳动观念包括：一是培养劳动安全意识，比如劳动工具使用时的安全注意事项；二是培养劳动效率意识与劳动环保意识，例如在材料与加工时应注意提高资源利用效率，在规范处理垃圾中培养学生的环保意识。

小学	生活科	1.正确使用公共设施 2.学会制作游戏用具 3.培育动植物
	家庭科	1.饮食制作 2.食材洗切、调味法、盛放、配膳、后续整理；煮食物、焖炒调理；米饭·汤汁料理；餐具安全卫生、炉灶使用 3.衣服穿着与维护 4.营造舒适居住环境 5.生活用品制作
初中	技术科	1.制作物品 2.制作使用工具机械及使用方法、加工技术 3.机械维护 4.利用能源转换设计制作物品 5.作物栽培及相关事项
	家庭科	1.食物选择及日常饮食调理 2.衣服选择与维护 3.室内环境整理与居住 4.饮食生活技巧及调理应用 5.简单衣服制作
高中	家庭基础	家人衣食住生活管理
	家庭综合	家庭规划与学校家庭活动
	生活设计	1.家庭生活与革新 2.饮食生活设计与调理 3.衣物生活管理 4.居住生活设计与室内设计 5.家庭规划与学校家庭活动

图 6-5-2　日本"技术·家庭"课程中的劳动教育内容[①]

（五）中小学劳动教育课程重视过程性评价方式

日本中小学劳动教育评价主要以档案记录袋的方式进行，主要包括学生自评、同学互评及教师评价等多种评价方式。2020 年 4 月，日本文部科学省推出"生涯护照"这一评价工具，学生通过回顾和反思自己的劳动学习与实践过程，进行自我评价，旨在发展学生独立学习的能力，详细内容见图 6-5-3。除此之外，日本中小学也会对劳动教育教学活动和教学计划进行评价。

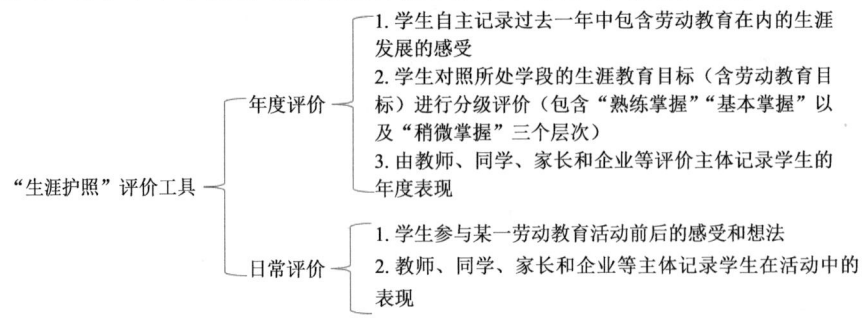

"生涯护照"评价工具
- 年度评价
  1. 学生自主记录过去一年中包含劳动教育在内的生涯发展的感受
  2. 学生对照所处学段的生涯教育目标（含劳动教育目标）进行分级评价（包含"熟练掌握""基本掌握"以及"稍微掌握"三个层次）
  3. 由教师、同学、家长和企业等评价主体记录学生的年度表现
- 日常评价
  1. 学生参与某一劳动教育活动前后的感受和想法
  2. 教师、同学、家长和企业等主体记录学生在活动中的表现

图 6-5-3　日本"生涯护照"评价工具内容

---

① 郑晓华.日本中小学家政课中的劳动教育及启示[J].基础教育课程，2022（11）：73-80.

（六）日本建立了政府、家庭、社会各方协同推进劳动教育的机制

1. 日本政府重视劳动教育

日本政府部门积极为学校劳动教育提供教师培训、资金、劳动设施、第三方评估与指导等多方面的支持。例如在师资培训方面，日本从国家到地方都设立了面向中小学教师的研修计划，为劳动教育者提供了劳动教育的相关培训，主要包括提供成体系的培训视频、材料、指南、手册，学校生涯教育的总体框架说明，在中小学课程中具体实施劳动教育的指导（如总体思路、教学目标设定说明、实施策略、案例展示、教学法支持）等，以提高劳动教育者的课程开发与实施能力。此外，日本还建立了"生涯教育推进合作者表彰""生涯教育大奖"等荣誉制度，以激发教师积极参与学校的劳动教育相关工作。

2. 积极开展家校合作

在日本，学校会通过邀请有劳动经验的家长走进学校进行讲座或授课，参加校外研习、家务劳动等活动，同时选取部分家长成为职业访谈对象，参与学生职业规划讨论，并聘请有经验的家长担任校外实践导师，协助学校开拓劳动体验场所等，让学生家长各尽所能地支持和服务学校的劳动教育工作。

3. 重视社会多方育人主体的广泛参与

在日本，学校会大力吸收企业、社会团体、教育机构等主体，参与学校的劳动教育，使其为学生提供必要的劳动实践场地、资源等。比如学校会安排教师带领学生迈出校门走进野外或劳动实验基地，了解和种植各类农作物。学生通过亲临劳动场景，在经历种植的过程中学会辨别农作物的种类，掌握耕种技术、除草方法和农药使用等劳动技能；又如涉及机械、设计制造等内容时，学校通常会组织学生走进工厂或工地进行实地参观，让学生近距离地深入了解各种机械的特征以及不同劳动工具的使用方法，并分配学生和技术人员一起进行实地操作，使学生在专业人员指导下通过实际动手掌握操作知识与技能[①]。

三、日本开展劳动教育的总结及经验启示

（一）日本开展劳动教育的总结

日本是一个历来重视劳动教育的国家。劳动教育内容丰富，形式多样，主

---

① 罗开国. 日本中小学家政教育的发展历程与实施现状研究 [D]. 延边：延边大学，2015.

要包含服务性劳动、家务劳动、公益劳动和简单生产劳动四个方面。其实现形式主要通过以下路径：一是，通过法律与教育政策给予中小学劳动教育保障；二是，在生涯教育中落实劳动教育，重视培养学生职业素养；三是，在学科教学中融入劳动教育，重视综合性与多样性；四是，通过家政课进行劳动教育，注重培养学生的生活能力；五是，重视过程性评价，主要以档案记录袋的方式进行评价；六是，发挥不同育人主体的价值，构建政府、家庭、社会各方协同推进劳动教育的育人机制。

（二）日本开展劳动教育对我国的经验启示

1. 完善劳动教育制度保障体系

在日本，国家颁发了一系列促进劳动教育发展的法律与政策，使劳动教育有法可依。在我国，尽管在 2020 年颁发两项促进劳动教育发展的政策，但由于劳动教育不作为教育考核内容、缺少教育监督等原因，劳动教育实施效果并不理想。劳动教育作为中小学必修课，国家应加强劳动教育指导与监督，完善劳动教育保障制度，合理地给予资金、设施等支持，保障学校、企业、家庭与社会积极参与到劳动教育之中，促进劳动教育可持续发展。

2. 多学科知识有机整合劳动教育

日本重视在各学科教学和学科外活动中交叉渗透劳动教育，具体分散在道德课、社会公民课、家政课等学科，强调依托学校的所有教育活动来实现劳动教育。我国在实施劳动教育时，一方面要开好劳动教育必修课，保障劳动教育时间，同时还要发挥劳动教育在树德、增智、强体、育美、创新等方面的价值。另一方面，不同学科应积极挖掘其学科中蕴含的劳动特色元素，在教学中探索跨学科教学，探索劳动教育与学科教学融合育人的新模式。比如将劳动教育与 STEM 教学相融合。

3. 重视劳动教育专业师资建设

在日本，教师想要从事家政课教学，需要修满家政课程各个学科领域中规定的学分，还需通过岗前测试，成绩合格后才能取得家政课教师资格证，承担家政课教学任务。日本重视家政教育专业人才培养，是家政课能够顺利、高质量完成的有效保障。我国应向日本学习经验，探索有效的劳动教师专业教师培养方式，从而为我国中小学劳动教育有效实施提供人才保障。

4. 重视优化评价方式

劳动教育活动重视学生动手实践，重视劳动过程，注重社会生活问题解决。日本在对劳动教育评价时，重视通过档案袋法进行评价。我国在对学生进行评价时，可以借鉴档案袋制度，发挥学生评价主体的作用。学生通过收集整个学习阶段所完成的作业、作品，所参与的活动、比赛和所获得的表彰、证书等，对每个阶段作出评价与反思。教师与家长也可通过档案袋直观地看到学生所取得的成就，了解学生的进步与不足，以便发现教学问题并及时调整与优化教学策略，更好地服务劳动教育活动。

第六节 新加坡的劳动教育

一、新加坡中小学阶段开展劳动教育概述

新加坡是一个人口密度大、经济发达而自然资源相对匮乏的国家。新加坡十分重视学生综合素质的培养，在近几次的 PISA 测试中均位列世界前三名。劳动素养是 21 世纪公民必备素养之一。新加坡十分重视在中小学阶段开展劳动教育，并将劳动素养作为公民个人综合素质的重要组成部分。

二、新加坡中小学阶段开展劳动教育的方式

尽管新加坡在教育课程设置方面没有开设与我国语境下"劳动教育"一致的教育类型，但在其教育内容中有很多项目和活动具有典型的劳动教育特征。新加坡教育中体现劳动素养培养的具体做法如下：

（一）以提升学生基本生活能力为主要内容的日常劳务训练

新加坡日常劳务训练以培养基础生活技能为目的，主要包括两种形式：一是集体生活中的卫生清洁，例如打扫教室卫生、宿舍卫生等基础劳务；二是学生个人日常生活管理，例如打扫房间、整理书桌、清洗衣物等。

在新加坡，日常劳务训练主要通过学校课程项目和家庭劳动教育两种方式

展开。一是中小学开设了为生活学习项目（learning for life programmes，LLP）。为生活学习项目是一门以掌握生活技能、开展社会探索等为主要内容的课程。一些小学的LLP就以日常生活劳务实践为课程核心内容。例如伊布拉欣小学开设了"明亮场所"项目，学生通过合作形式进行教室、食堂和校园卫生清洁等，旨在培养学生劳动合作能力，增强学生作为社会公民爱护环境的责任意识[1]。二是在家庭中进行基础劳务训练。家庭是学生参与劳动的主要场域。新加坡在基础教育阶段重视发挥家庭的育人作用。教育部颁布的《小学教育手册》十分强调家庭教育在学生成长过程中的重要性，并对家校合作中家长的主要职责进行了详细阐述，明确提出家长要帮助孩子学会独立和自我管理，提升学生的生活能力，例如学会买东西、整理书包、烹饪食物、清洗衣物等。

（二）以就业为导向的职业规划与体验

新加坡在基础教育阶段重视开展职业生涯教育。教育部统一大纲规定，在课程组织方面要设置教育与职业指导（education and career guidance experiences）项目。其目的在于探索并明晰不同学生的兴趣与专长所在，从而帮助学生对各类职业产生初步认识，从而为自身职业规划奠定基础。教育与职业指导项目有利于学生形成正确的劳动观与职业观，是对学生进行职业规划与劳动观念塑造的重要方式。新加坡一些学校为学生开设了具有实践性质的职业探索活动。例如美雅小学面向六年级学生开设了初级创业课程，学生在市场调查的基础上，通过学习企业管理知识，进行产品设计并制定生产和营销策略，分组开发自己的产品并销售。初级创业课程是一种跨学科课程，向学生介绍商业和经济概念，有效地将英语、数学和艺术与工艺课程相融合，重视培养学生的创业技能和素质[2]。此外，新加坡中小学与职业相关的劳动教育还体现在重视对特定职业的直接体验。例如南华小学开展的LLP中，学生可以体验消防员、教师、警察、服务员等职业的工作内容与职责[3]。通过职业体验与规划，新加坡

---

[1] Ahmad Ibrahim Primary School. distinctive-programmes[EB/OL].（2023-01-13）[2024-01-30]. https：//ahmadibrahimpri.moe.edu.sg/distinctive-programmes.

[2] Admiralty Primary School. Junior Entrepreneurship Programme[EB/OL].（2023-02-01）[2024-01-30]. https：//admiraltypri.moe.edu.sg/programmes/junior-entrepreneurship-programme-jep.

[3] nanhua Primary School. Learning for Life Programme[EB/OL].（2023-02-10）[2024-01-30]. https：//nanhuapri.moe.edu.sg/our-curriculum/key-programmes/learning-for-life-programme.

形成了"职业了解—职业观念培养—职业体验—职业实践—职业探索—从创业认知到实践"的职业劳动教育体系。这既有助于学生了解不同职业的特征，也为学生未来的职业规划做好准备。

（三）以社团和俱乐部为主要形式的课后活动

新加坡中小学主要通过成立各类社团和俱乐部为主要形式开展课后活动。许多学校成立了与劳动相关的社团，例如园艺、手工等实践性社团。这在一定程度上保障了劳动教育的有效落实。以新加坡美雅小学为例，学校成立了"环境科学俱乐部"与"视觉艺术俱乐部"。其中学生在"环境科学俱乐部"里可以认识不同的植物，体验并探索不同植物的种植、栽培、照料方法。新加坡作为一座"花园城市"，非常重视植物景观与环境保护。一些学校通过开设"环境科学俱乐部"，不断提升学生环保意识，增强学生的社会责任感。而"视觉艺术俱乐部"则侧重手工劳动，学生通过构思、设计、绘画、裁剪、拼接、组合等方式创造出属于自己的艺术作品。这既能激发学生的艺术创造力，也能锻炼学生在日常生活中的动手能力。

（四）服务性劳动教育

"服务性劳动教育"作为劳动教育的三大主题之一，也是新加坡开设劳动教育的主要内容之一。新加坡通过社会服务和志愿活动两种形式开展服务性劳动教育。教育部统一课程大纲中设置了"德育在于行动"必修课程，其目的在于引导学生为学校、家庭和社区作出贡献，尤其侧重于在社区中开展志愿服务。此外，不同学校基于学校优势开设了特色项目，为学生创造了参加社区服务的机会。例如伊布拉欣小学通过"代际指导工作坊"，即组织学生对老年人的生活现状展开调查，从中发现问题并寻找解决问题的办法，从而帮助老年人更好地生活；通过"应用学习项目"，整个活动以环保为中心主题，积极引导学生树立可持续发展理念，培养学生的保护环境的责任意识[1]。

总而言之，新加坡的服务性劳动教育可以分为两类：一是针对特定的社会群体开展志愿服务活动，比如照顾老年人、帮助残障人士等；二是选取特定主题走进社区开展宣传或科普活动，引导社会民众形成健康的生活理念与方式[2]。

---

[1] Ahmad Ibrahim Primary School. distinctive-programmes[EB/OL].（2023-01-13）[2024-01-30]. https : //ahmadibrahimpri.moe.edu.sg/distinctive-programmes.

[2] 柴雨涵.新加坡小学劳动教育：背景、做法与特征[J].基础教育参考，2023（3）：18-26.

尽管这两种社会实践形式在具体内容方面存在不同，但其育人价值都有助于提升学生的劳动服务意识和社会责任感。

此外，新加坡还注重在研学旅行中实现理论与知识的结合，在多学科综合项目中促进劳动教育与学科教育的融合。总之，新加坡重视学生劳动素养的培养，通过开展丰富的劳动实践活动，在日常生活、社区活动、校内外活动中全面提升学生的劳动素养。

三、新加坡开展劳动教育的总结与经验启示

（一）新加坡开展劳动教育的总结

尽管新加坡在教育课程设置方面没有开设与我国语境下"劳动教育"一致的教育课程，但这并不能表明新加坡不重视劳动教育。新加坡开展劳动教育的主要方式表现为：一是通过学校课程项目和家庭劳动教育开展集体生活与个人生活管理日常劳务训练。二是新加坡基础教育重视职业生涯教育，形成了"职业了解—职业观念培养—职业体验—职业实践—职业探索—从创业的认知到实践"的职业劳动教育体系。三是新加坡中小学利用课后活动，成立与劳动相关的社团和俱乐部开展劳动实践活动。四是新加坡通过社会服务和志愿活动的形式开展服务性劳动教育。此外，新加坡还注重通过研学旅行，在多学科综合项目中落实劳动教育。

（二）新加坡开展劳动教育对我国的经验启示

1. 重视职业体验与生涯规划教育

新加坡基础教育重视职业生涯教育，形成了"职业了解—职业观念培养—职业体验—职业实践—职业探索—从创业的认知到实践"的职业劳动教育体系。我国在劳动教育内容选择方面指出初中与高中阶段应增加生涯教育，开展职业体验活动，而对小学阶段开展职业教育关注较少。小学劳动教育应适当涉及职业了解内容，对学生进行职业启蒙教育。这不仅有助于拓宽学生视野，帮助学生发现自己的职业兴趣，还有助于实现中小学职业教育一体化。

2. 利用课后服务时间，成立劳动教育相关社团

新加坡中小学利用课后活动，成立与劳动相关的社团和俱乐部，开展丰富

多彩的劳动实践活动。我国2021年实行"双减"政策，鼓励教师利用课后服务时间成立兴趣社团。兴趣社团不仅有助于减轻学生负担，还有利于丰富学生的校园生活，培养学生的兴趣与爱好。教师可以利用课后服务时间开展中草药种植、手工制作、烹饪与营养等劳动实践活动。这对丰富学生学校生活，提升学生的生活能力与劳动素养具有重要意义。

3. 重视组织校外实践活动，丰富劳动教育形式

新加坡重视组织校外实践活动。一方面，通过社会服务和志愿活动的形式开展服务性劳动教育。例如走进社区对特定群体（老年人、残障人士等）展开志愿服务；学生通过开展宣传或科普活动，引导居民形成正确与健康的生活方式。另一方面，新加坡还注重在研学旅行中实现理论与知识的结合，例如参观博物馆、文化遗产、户外探险等，拓宽学生视野，提升学生的生活能力。我国在劳动教育实施方面，实践场域主要在学校与家庭，而校外劳动实践活动很少开展。学校应积极与社会企业、博物馆等场所建立合作关系，为学生走出校门进行校外研学、开展劳动实践活动创造条件，从而丰富劳动教育形式，促进学生的全面发展。

第七节 芬兰的劳动教育

一、芬兰中小学阶段开展劳动教育概述

芬兰作为教育质量处于世界领先水平的国家，十分重视学生综合能力的培养。芬兰是世界上最早以法案形式将劳动教育课程纳入必修课程体系的国家。早在1886年，芬兰已将"手工教育"写入国家法案，并将其设定为国家必修科目。国家法案规定全国民众学校都要开设手工课程，并强调其与数学、语言等学科具有相同地位。芬兰的工艺课程历经了150多年的发展和演变，既继承了传统手工业课程中的优秀理念和教学内容，同时又吸收了新时代的劳动元素，呈现出传统与现代相融合的特征。

进入21世纪的人工智能时代，芬兰教育更加注重发展学生终身学习、创新思维、问题解决等能力，以培养学生的横贯能力为目标，即贯穿不同学科和领域所需要的通用能力，类似于我国 2016 年提出的学生发展核心素养。在义务教育阶段，尽管芬兰没有与我国语境完全相同的"劳动课程"的提法，但在工艺课程（也称为劳动技术课程）、家政课程（也称为家庭经济学）以及一些综合类课程和跨学科课程中均涉及劳动教育内容。

二、芬兰中小学阶段开展劳动教育的方式

芬兰十分重视劳动教育，并形成了独特的劳动教育模式。芬兰的劳动教育从其实现形式上主要包含工艺课程、家政课程。

（一）以工艺课程为载体的劳动教育

早在 1886 年，芬兰将手工教育写入国家法案，规定全国民众学校都要开设手工课程[①]。起初，手工课内容因性别不同设置的学习内容而不同。男生主要学习木工、金工、农具制造等内容，女生主要学习针织、缝纫、布艺等内容。此时的手工课程育人目的主要是使学生获得日常生活的基本能力，培养学生担任家庭、社会角色时所需的实用技能。之后，为促进两性平等发展，1985 年的国家核心课程提出学校科目应该为男生和女生提供相同的学习机会。因此，在 2004 年，国家将技术工作和纺织品两门课程合为工艺课程。进入 21 世纪信息化时代，社会需要具备终身学习、创新性劳动能力的人才。工艺课程不仅关注制作，还包括构思、设计和评估等整个工艺过程，重视利用技术设计新产品。工艺课程的课时设置、教学目标与内容、教学模式如下：

1. 课时设置

2014 年芬兰颁布的《国家基础教育核心课程》更加关注学生未来的学习、生活与工作，更加注重学生综合能力的提升。芬兰的工艺课程是一门借助多种材料、设备与工具，包含材料辨别、视觉审美、技术运用及制作方法等多领域

---

① 杨艺. 芬兰手工课程的特点及其对我国劳动教育的启示 [J]. 教育观察，2021，10（27）：46-48.

内容，并与艺术、数学等多学科内容相融合的跨学科课程[①]。为提升学生的核心素养，进一步提高了工艺课程的地位和重要性，芬兰增加了工艺课程的课时量，规定1～2年级平均每周1节课，3～6年级平均每周1.25节课，7～9年级平均每周2～3节课。这为工艺课程的有效实施提供了必要的时间保障。

2. 教学目标与内容

芬兰新课程的目标是培养学生的核心素养，其内容包括：思考与学会学习（T1）、文化素养与互动表达（T2）、照顾自己与管理日常生活（T3）、多元读写能力（T4）、信息通信技术能力（T5）、职业能力与创业素养（T6）、参加构建可持续发展的未来（T7）七项内容。工艺课程作为芬兰的核心课程，在学科内容设计时也蕴含着七类核心素养。芬兰将工艺课程可分为三个阶段，即1～2年级是第一阶段，3～6年级是第二阶段，7～9年级是第三阶段。不同阶段的教学目标对应着相应的教学内容，具体情况见表6-7-1。

表6-7-1 芬兰工艺课程不同学段的教学目标和内容安排[②]

学段	教学目标	内容安排	核心素养
1～2年级	1. 鼓励学生对工艺产生兴趣，并对工艺的发明和实验产生好奇	产生想法、实验、设计、制作	T1、T2
	2. 引导学生实施完整的工艺流程，鼓励学生以视觉形式展示自己的想法，并描述工艺流程	产生想法、实验、设计	T1、T4、T5
	3. 引导学生充满信心地根据自己的审美和技术来设计并制作工艺品	产生想法、创建文档	T1、T7
	4. 引导学生熟悉不同的材料并使用它们，并引导学生安全、负责地行动	实验、制作	T4、T6
	5. 通过体验成功、灵感和发明，培养学生对手工艺的自信	产生想法、评价	T1、T3

[①] 徐建香，田依林.芬兰中小学手工劳动技能课的分析与启示[J].教学与管理，2021（36）：120-124.

[②] 詹森云，邓家钰，邓莉.芬兰基础教育工艺课程教学模式探析[J].上海教师，2022（2）：81-88，112.

（续表）

学段	教学目标	内容安排	核心素养
3～6年级	1. 增强学生对工艺的兴趣，鼓励学生在借鉴当地传统的同时尝试发明和试验	产生想法、设计、实验、制作、创建文档、评价、安全规范	T1、T2
	2. 引导学生理解和管理完整的工艺流程及其文件	产生想法、设计、实验、制作、创建文档、评价、安全规范	T1、T5
	3. 引导学生独立或与他人合作设计和生产工艺品，并对其美学和技术决策充满自信	产生想法、设计、实验、制作	T2、T4、T5
	4. 引导学生认识概念和不同的材料，并以适当的方式使用它们	实验、制作	T4、T6
	5. 鼓励学生培养坚持和负责任的工作态度，确保工作安全，选择和使用合适的工作工具和设备	产生想法、设计、实验、制作、安全规范	T3、T6
	6. 引导学生使用信息通信技术设计和生产工艺，并记录工艺过程	产生想法、设计、创建文档、评价	T5
	7. 引导学生交互式地评估、欣赏和检查自己和他人的工艺过程	创建文档、评价	T1、T4、T7
	8. 引导学生批判性地评估不同的消费习惯和生产方式	产生想法、设计、实验、安全规范	T1、T3、T7
7～9年级	1. 引导学生对自己的工作进行规划，并持之以恒地进行创作、探索和实验	设计、实验、创建文档、评价、制作	T2、T3
	2. 引导学生为自己的学习和工作设定目标，并根据目标来完成整体工艺流程，以及评估自己的学习	产生想法、设计、实验、创建文档、评价、制作	T1
	3. 引导学生熟悉不同的工具、材料和合适的工作实践，并多样化地使用这些工具、材料和实践，产生和发展新的想法	产生想法、设计、实验、创建文档、评价、制作	T4、T6
	4. 引导学生熟练地使用工艺的概念、标志和符号，并加强在视觉、材料和技术上的表达	产生想法、设计、实验、创建文档、评价、制作	T2、T4
	5. 引导学生感知和预测与工作环境相关的风险因素，并对其作出反应，以及在工艺过程中采取安全行动	安全规范	T3、T6
	6. 引导学生在设计、制作、记录工艺过程及共享信息时使用通信技术	产生想法、设计、实验、创建文档、评价、制作	T5
	7. 引导学生理解工艺、手工技能和技术发展在其自身生活、社会、创业和工作生活中的意义	创业学习	T6
	8. 引导学生从经济方面进行思考，并在工艺过程中作出选择，以促进可持续的生活方式	意识和参与	T1、T4、T7

在 21 世纪的人工智能时代，芬兰教育更加注重培养学生的横贯能力，重视发展学生终身学习、创新思维、问题解决等综合能力。芬兰在人工智能社会背景下，在工艺课程中纳入人工智能，让小学高年级阶段与初中阶段的学生通过利用机器人、自动化与编程进行作品设计。新时代，芬兰的手工课程不再是简单的设备工具使用课程。人工智能与工艺课程的有效结合，不仅有助于提升学生的信息技术素养，还是提高学生横贯能力的重要举措。

3. 工艺课程教学模式

在芬兰，工艺课程已经形成了比较成熟的教学模式，一般分为五种不同导向的教学模式，具体实施方法如下：（1）模型导向（model-oriented），也被称为产品制造导向（product making-oriented）。此类教学模式主要通过教师给学生介绍一个工艺品模型案例，并给出一些制作方法与技巧。学生可以对教师提供的模型进行小修改，比如修改颜色，增加或者删减作品中的小元素等，最终根据教师的指示来完成一件类似模型的工艺品。（2）技能导向（skill-oriented）。此模型是指以特定的工艺技能为出发点。学生首先通过教师教授学习特定的工艺技能，比如编织、针织、刺绣等，然后学生根据学习的新技能进行产品设计、创新与制作。（3）设计导向（design-oriented）。此模型基于真实设计问题，强调设计概念具体化，重视在整体工艺流程中培养学生的动手能力与创新能力。具体操作步骤包括：首先，确定设计任务或问题，可以由学生自己确定设计任务或者由教师统一分配；然后，学生经历着手为自己的设计搜索信息、设计内容、制作手工产品的过程。（4）艺术导向（art-oriented），又被称为表达导向（expression oriented）。此模型强调个体自我表达。学生可以从日常生活或者在参观博物馆、研学旅行等活动中，获得某种情感和启发，并将其融入工艺品制作中，从而通过手工制作成品来表达自己的创作理念。（5）传统导向（tradition oriented）。此模式强调学生通过对传统工艺进行修改、更新和创新，以满足当今时代人们生活需要的一种教学方式。传统导向教学模式重视传承传统工艺与文化。首先，教师在教学中应善于融入传统工艺和文化遗产知识，重视激发学生创新思维，引导学生设计出自己的工艺品。其次，鼓励学生根据自己的兴趣去主动了解某种传统工艺与文化，从中获得灵感启发，从而设计与制作出一件新的工艺品。需要说明的是，这五类教学模式并不是相互独立的，而是在实践中相互交叉、彼此融合。教师应根据手工课程的教学内容将两种或者多种模式有机融合展开教学。

（二）家政劳技课程中的劳动教育

家政劳技课程是芬兰开展劳动教育的重要形式之一。芬兰依据本国国情对劳动教育进行了探索和实践，对家政劳技课程的课程目标、课程内容、课程实施、课程评价等诸要素进行整体设计与系统规划，旨在以培养学生核心素养为导向，促进学生的全面发展。

1. 课程内容

芬兰的家政劳技课程内容主要关注学生日常生活，课程内容主要涵盖三大领域：C1 食品知识技能和饮食文化，引导学生从食品安全、经济情况等多个角度出发选择食品，在日常生活实践活动中发展学生的手工技能和烹饪技能等，此外，日常家庭活动还包括饮食文化和饮食习俗。C2 住房和生活，帮助学生发展与住房相关的知识与技能，形成生活所必需的环境意识与成本意识。C3 家庭消费和金融技能，在课程学习中使学生了解作为一名消费者的权利和责任，掌握与消费相关的必要知识与技能[①]。需要说明的是，芬兰的家政劳技课程在课程内容设置上注重必备理论知识内容与劳动实践的有效结合，有助于加深学生对劳动知识和技能的理解与应用。

2. 教学目标

在新一轮课程改革指导下，芬兰的家政劳技课程目标不仅关注培养学生掌握各项日常生活中的知识与技能，更加重视学生的全面发展以及综合素质的提升。家政劳技课程的任务确定为培养日常家庭管理、可持续发展和促进幸福的生活方式所需的知识、技能、态度与操作能力[②]。其课程目标以培养学生横贯能力为导向。在此基础上，家政劳技课程将课程目标划分成实际工作技能、合作和互动技能、信息管理技能三大部分，以此保障家政劳技课程的顺利实施。具体内容见表 6-7-2，其中 K 指的是课程目标，K1～K13 指的是具体课程目标内容。

---

① 朱艺，杨婕. 芬兰家政劳技课程设置经验及其启示 [J]. 教育参考，2023（1）：61-66，71.
② 王曼柳. 芬兰劳动教育的体系化开展与特点 [J]. 基础教育参考，2023（3）：36-42.

表 6-7-2　芬兰家政劳技课的课程目标[①]

课程目标类别（K）	具体课程目标（K1～K13）	与目标相关的内容领域
实际工作技能	K1 指导学生计划、组织和评估自身的工作和行动	C1、C2、C3
	K2 指导学生练习管理家务所需的手工技能，发挥创造力、注重美学	C1、C2
	K3 指导学生以可持续消费的方式选择和使用材料等	C1、C2、C3
	K4 指导学生计划时间的使用和工作的不同阶段，并能在完成学习任务时保持秩序	C1、C2
	K5 指导学生以卫生、安全和符合人体工程学的方式工作，了解可用的资源	C1、C2、C3
合作和互动技能	K6 指导学生在计划和实施学习任务时开展讨论和论证	C1、C2、C3
	K7 指导学生理解日常生活的结构、文化多样的工作环境和不同的家庭传统	C1、C2、C3
	K8 指导学生独立行动和集体行动，在工作分配和时间使用上能够达成一致	C1、C2
	K9 鼓励学生在互动情境中遵循良好的礼仪，并思考其行为对团队或社区运作的意义	C1、C2、C3
信息管理技能	K10 鼓励学生获取和评估与家政学相关的信息，并指导学生根据可靠的信息作出选择	C1、C2、C3
	K11 发展学生对家庭及其周围环境中的标志和符号阅读、解释和评价的能力	C1、C2、C3
	K12 指导学生在不同的情况和环境下解决问题	C1、C2、C3
	K13 引导学生采取可持续的生活方式，注重在日常生活中对环保和节约成本的选择	C1、C2、C3

3. 课程实施

首先，芬兰开设家政劳技课程。2014 年，芬兰发布的《国家基础教育核心课程》中明确规定，家政劳技课程是 7～9 年级的必修课程，平均每周 3 课时，每周课时总长至少保证 2 小时，为家政劳技课程有效实施提供了时间保障[②]。其次，学校为家政劳技课程建立配有厨房的专门教室，并配备锅灶、厨具等必要烹饪工具，蔬菜、调料等烹饪材料等，方便学生真实参与、体验烹饪过程。最后，学校积极利用校外环境，通过与农场、锻冶工坊、科学中心、体育场、博物馆等公共或私人场所建立合作关系，并开展校外活动，极大地拓宽了实践场

[①] 朱艺，杨婕. 芬兰家政劳技课程设置经验及其启示 [J]. 教育参考，2023（1）：61-66，71.

[②] 黎诗敏，施雨丹. 从历史中走来：芬兰劳动技术课程改革及现实挑战 [J]. 外国教育研究，2021，48（7）：43-57.

域，丰富了学生劳动实践的资源与内容。

4.课程评价

评价作为教学活动的"指挥棒"，具有导向、诊断、激发、调控等多项功能。芬兰相关劳动课程评价分为过程性评价和总结性评价。在评价过程中，芬兰学校尤为注重学生的自我评价。芬兰大力发展电子档案袋，让学生随时记录自己的制作作品和个人成长过程[①]，目的是促进学生自身思维的发展，加深学生对手工课程与家政劳技课程内容的理解与应用。总结性评价是学生在完成家政劳技课程与手工课程学习后进行的，通过对学生学习结束时是否达到教学大纲所规定的教学目标来拟定最终的课程成绩。总结性评价结果通常以报告、证书、分数等形式展示。在评价标准方面，芬兰已经构建了课程评价标准体系，具体详情见表6-7-3。

表6-7-3　芬兰家政劳技课的课程评价指标和标准[②]

课程目标	评价指标	具体评价标准（8分）
K1	设定和实施目标	为自己的行为设定目标，并努力实现这些目标，并根据自我评估、教师提供的反馈和同学的反馈来认识自己的能力
K2	手工技能和美学	能够运用最常见的烘焙和烹饪方法等，做一些基本的家务，并考虑到美学
K3	消费者技能	在选择、使用材料和技术时，能够表现出节约意识，还能从健康和可持续性方面考虑选择
K4	时间管理和维持秩序	能够根据提供的指令分阶段学习，同时保持秩序，并相应地计划自身的使用时间
K5	安全原则和资源可持续利用意识	遵循安全工作的原则，并在时间、成本和能源消耗方面采取适当的行动
K6	倾听、讨论和论证	努力倾听不同的观点，并在共同工作的情况下建设性地表达自己的观点
K7	感知日常生活的结构和家庭的多样性	能够描述家里的日常事务，能举例说明不同的家庭结构和家庭传统，并考虑它们对日常生活的影响
K8	合作和决策技能	能够独立工作，能在团队工作时努力采取建设性的行动；能够参与决策，在时间使用和工作任务分配上达成一致
K9	……	这一部分不作为科目成绩拟定的依据作为自我评估的一部分，引导学生反思自己的经历
K10	获取和使用信息	能够从不同来源搜索与家政学内容领域相关的信息，思考不同信息的可靠性并合理使用

---

① 滕珺，王岩.创新性与传统相结合的芬兰劳动教育[N].光明日报，2019-01-10（14）.
② 朱艺，杨婕.芬兰家政劳技课程设置经验及其启示[J].教育参考，2023（1）：61-66，71.

（续表）

课程目标	评价指标	具体评价标准（8 分）
K11	使用说明、标志和符号	能够使用家政学的说明，识别家政学的典型标志和符号，并结合日常生活现象解释它们
K12	应用家政学概念和相关知识技能，并描述家庭服务	能够在不同环境中应用家政学的概念以及相关的知识和技能，能够描述不同的家庭服务，并思考它们在日常生活中的重要性和可能性
K13	在工作和决策中应用测量和计算	能够在家中管理基本的垃圾分类，并解释日常生活中测量、计算和自然保护之间的联系

三、通过立法与政策保障劳动教育实施

芬兰重视劳动教育课程，并通过法律形式给予政策保障。为确保劳动教育的有效落实，1886 年，芬兰以法律形式规定全国民众学校都要开设手工课程。1988 颁布的《高中法》第 11 条指出，将技术课程作为高中生的选修课程。1998 年，芬兰颁布的《基础教育法》第 11 条，明确将手工艺课和家政课列入基础教育课程；2004 年，芬兰针对以往十年的实施弊端，以《基础教育法》为基础研制出台了《基础教育核心课程标准》。这次国家课程改革明确将"轻手工"和"重手工"融合为一门统一的必修课程，也就是现在依旧沿用的"工艺课程"，并提出了培养学生的横贯能力，类似于我国 2016 年提出的学生发展核心素养。芬兰颁布的有关劳动教育的立法与政策是确保劳动教育实施的重要保障。

四、重视劳动教师的专业培养

芬兰对教师的要求很高，十分重视教育人才的专业化培养。从事劳动教育教学相关的教育工作者也不例外。芬兰劳动教育师资条件十分优越。2017 年，国家颁布的教育法令规定赫尔辛基大学、图尔库大学等大学要通过开设教师教育项目来培养工艺课程教师，为中小学培养专业的劳动教师提供了人才保障。芬兰教育从事者门槛很高。当前，芬兰所有工艺课程的教师都具有硕士学位，甚至具有博士学位，高水平的师资使得工艺课程的教学质量得到了进一步提升[①]。此外，芬兰大学还开设了家政学，赫尔辛基大学和东芬兰大学不仅开设

---

① 詹森云，邓家钰，邓莉. 芬兰基础教育工艺课程教学模式探析[J]. 上海教师，2022（2）：81-88，112.

了全职家政学,还开设了家政学硕士课程①。由于劳动教育课程具有综合性,因此,高校在培养劳动相关专业教师的过程中更强调全科学习和综合素质的提升,例如在家政学课程中,学生不仅要学习家政知识,还需要学习生物学知识和科学知识等。

五、芬兰开展劳动教育的总结与经验启示

(一)芬兰开展劳动教育的总结

芬兰作为教育质量处于世界领先水平的国家,随着社会环境与需求的变化,劳动教育内容与时俱进,劳动课程不断发展与优化。一是多途径扩展劳动教育实现形式。芬兰中小学劳动教育通过依托工艺课程、家政课程等实现落实劳动教育。二是重视劳动教育专业人才培养。芬兰许多高校开设了工艺课程与家政学等专业,为劳动教育提供专业教师提供了人才保障。三是芬兰劳动教育既重视传统劳动教育,又重视新时代新型劳动内容。芬兰教育顺应时代发展潮流,积极利用创新科技,将 3D 打印、编程等现代信息要素引进劳动课程,从而提高学生对新科技的掌握和使用能力。四是深度的教学理念引领。芬兰教育以培养学生的"横贯"能力为教育理念,重视学科深度融合,注重培养"完整的人"。

(二)芬兰开展劳动教育对我国的经验启示

1. 重视劳动课程系统化建设

芬兰通过多途径扩展劳动教育实现形式。中小学劳动教育不仅依托工艺课程、家政课程等实现落实劳动教育,还重视在跨学科课程中融入劳动教育。在我国,新时代劳动教育课程作为必修课的时间处于起始阶段,在课程内容、课程实施等方面经验较少。这导致中小学劳动教育落实情况有待优化。从宏观方面,国家一方面应加强劳动教师培训,提升教师对劳动教育认识、实施、评价等能力;另一方面应编制系统化的劳动教育参考教材,为劳动教育者提供必要的经验借鉴。从微观方面,教育部门应分享劳动教育课程设计成果,提升一线

---

① Eija Kimonen,Raimo Nevalainen. Reforming teaching and teacher education[M]. Rotterdam:Sense Publishers,2017:145-146.

教师针对具体劳动内容的教学设计能力。

2. 重视劳动教育资源的开发

芬兰注重为学生创建多元化劳动教育环境。在芬兰,大多数综合学校创建了操作实践活动教室。一是轻手工教室,学生可以学习缝纫、编织、裁剪等;二是重手工教室,学生可以学习木工、电焊等。同时,学校还与社会实践基地建立了合作关系,根据手工课程内容决定在学校操作实践活动教室,或在社会实践基地展开教学。我国应积极开发劳动教育资源,一方面应善于挖掘校内资源,例如开辟种植园供学生种植蔬菜、瓜果、中药,学习种植技能;创建校内劳动活动室供学生学习缝纫、编织等手工制作。另一方面学校还应积极与校外实践基地建立合作关系,让学生走进社区、企业等场所,进行职业体验,从而增长学生见识,增强学生的社会责任感。

3. 重视劳动教育专业师资建设

芬兰对教师的要求很高,十分重视教育人才的专业化培养。许多高校开设了工艺课程与家政学等专业,为中小学培养专业的劳动教师提供了人才保障。我国职前师范教育可参考芬兰课程设置经验,开设相关的职前劳动教育师范专业,培养劳动教育专业师范生,从而为我国中小学劳动教育提供源源不断的人才支持。

小　　结

本章主要包括七节内容,围绕"国外劳动教育的实践、探索及研究启示"展开陈述。本章对美国、德国、英国、俄罗斯、日本、新加坡与芬兰等国家开展劳动教育的现状展开分析,提炼与总结不同国家开展劳动教育的特点与经验,从而提出对我国中小学开展劳动教育的经验启示。

通过对不同国家开展劳动教育的情况进行梳理与总结发现,世界各国十分重视劳动教育,其实施的形式主要包括两种形式:一方面通过独立开设劳动教育必修课程,比如德国劳动教育课程内容包含家政、技术、经济、职业四个重要领域,课程设置凸显综合性、模块性以及跨学科性,并构建起"课堂—工作坊—基地"三级劳动教育体系①。芬兰以手工艺、家政两门必修课程为主，选修课程主要分为艺术和实用性选修课程、公共选修课程两大类。另一方面将劳动教育融入其他课程教学，比如日本将劳动教育内容有机地整合进道德课、社会公民课、家政课、综合学习实践、特别活动等学习领域中②。美国分散在家庭日常生活和学校的活动中，在设计教育中进行职业教育，培养学生的劳动能力。需要注意的是，并不是说独立开设劳动教育课程的国家，就不重视在其他课程教学中融入劳动教育。

结合国外开展劳动教育的实践经验，可以为我国全面落实新时代中小学劳动教育提供如下启示：把握新时代劳动教育的育人本质，立足学生的生活经验，传统劳动与时代劳动并重，丰富劳动实施方法、重视劳动实践性，重视学科与劳动教育的融合，构建与完善劳动教育课程体系，挖掘与开发劳动教育资源，建设高素质的劳动教师队伍，形成"家-校-社"协同育人体系等。通过对国外开展劳动教育的实践经验展开梳理与总结，希望劳动教育者可以从中得到启发，不断优化我国劳动教育实施形式与内容，为我国开展新时代劳动教育保驾护航。

---

① 任平，赵腾飞，蓝曦."工业4.0"背景下德国学校劳动教育课程设置的特点和启示[J].湖南教育（C版），2021（6）：52-54.

② 黄宇，谢毅.日本中小学劳动教育的课程模式[J].福建教育，2023（45）：24-26.

第七章　新时代中小学生劳动教育保障体系构建

第一节　完善劳动师资保障机制

教育家陶行知先生曾说，在教师手里，操纵着幼年人的命运，如此便操纵着民族与人类的命运。教师是一种神圣的职业，其重要性表现在教师的工作是塑造灵魂、塑造生命、塑造人的工作，关乎未来社会建设者的综合水平。教师作为劳动课程的实施与践行者，决定着劳动教育教学水平，是落实劳动教育的重要因素之一，在中小学劳动教育中起着至关重要的作用。由于劳动教育具有较强的实践性、综合性与专业性，只有拥有丰富劳动实践经验的教师才能确保教学的有效性，才能实现学生在劳动过程中"劳力劳心""手脑并用"，全面提升学生的劳动素养。因此，全面提升劳动教师的劳动素养，建立一支综合实践能力强的专业化劳动教师队伍，对开展劳动教育课程具有重要意义。

一、目前我国劳动教育师资队伍建设现状

在我国，劳动教育作为必修课时间尚短，劳动师资队伍建设面临着诸多问题，主要表现在劳动教师数量相对不足、专业化水平有限等影响因素。这些因素在一定程度上制约着新时代中小学劳动教育课程的有效实施。

（一）劳动教师数量不足

尽管《关于全面加强新时代大中小学劳动教育的意见》《大中小学劳动教育指导纲要（试行）》等政策中明确指出"大中小学要开设劳动必修课，学校应配备必要的劳动专任教师"。但是在应试教育的驱动下，劳动教育并未被重

视起来，仍是课表中的课程。这导致一些学校没有开设劳动课程和配备专业的劳动教师。一般情况，学校的劳动教师由班主任兼职代理，劳动内容主要是安排班级、学校、宿舍的卫生清洁。

（二）劳动教师专业素养有待提升

受传统教育理念的影响，许多学校并不重视劳动课程，甚至仅成为课表中的课程。同时，由于劳动教育课程具有较强的实践性与专业性，而从事劳动教育的一些教师比较缺乏系统化与专业化的培养。经调查，许多学校并没有开设劳动课程，只是组织一些班级、学校以及宿舍卫生清洁等劳动活动。劳动教师一般由班主任或者其他学科教师兼职。此外，教育培训中缺少劳动教育相关内容的培训。这导致劳动教师专业知识缺乏，对劳动课程理念、内容与实施等认识不够深刻。尽管在2022年5月，教育部首次批准在高等教育院校开设劳动教育本科专业，但目前我国并没有"劳动教育相关专业"的本科毕业生。同时在教师招聘中，很少设置劳动科目教师招聘。这在一定程度上导致相关劳动教师资源的缺失。

（三）劳动教师的评价机制有待完善

由于劳动教育并未纳入学生升学考试，受应试教育的影响，劳动教育课程地位并不高。目前劳动教师队伍建设还缺乏科学化的考核评价机制，导致劳动教师在绩效考核、评优评先、职称评聘方面存在不公平现象。这在一定程度上削弱了劳动教师在进行课程开发、组织劳动活动等方面的积极性，势必也影响着劳动课程的有效实施。

二、新时代中小学劳动教师需具备六大核心能力

教师作为课程的设计者与实施者，是影响课程实施效果的核心要素。新时代劳动教育对教师队伍建设提出了更高的要求。为了有效推进中小学劳动教育顺利实施，本研究基于相关文献与课程实施需要，认为新时代中小学劳动教师需要具备以下六大核心能力：

（一）劳动课程活动策划能力

劳动教育的实践性、参与性等特征，决定了劳动课程不能仅限于课堂劳动知识的讲授，还应积极开展劳动课程实践活动。劳动课程实践活动是劳动教育

的重要育人形式之一。劳动教师要依据劳动内容设计具有教育性质的活动，带领学生参与、体验劳动的全过程。这就要求劳动教师应具备选取合适的劳动任务、设计劳动教育活动方案、选择适当劳动方式的能力。

首先，劳动任务应基于学生的真实生活、遵循学生的年龄特征和身心发展规律，从学生的现实生活和实际需求出发，来确定适合学生的劳动任务。例如教师可利用植树节、劳动节、端午节、丰收节等学生熟悉的传统节日，开展丰富多彩的劳动实践活动。

其次，教师要做好方案设计，应将活动内容、过程、预判中各种可能出现的问题等纳入方案设计。比如劳动活动策划要考虑劳动条件与安全要求等，对危险的工具、操作过程应提前说明，重视培养学生的劳动安全意识，从而确保学生能够安全、高效地完成劳动教育实践活动。

（二）劳动教育课程实施能力

教师作为课程的实施者，其实施能力决定着课程效果。教师课程实施能力主要包括教学组织管理能力、动手操作能力与学生指导能力等。

1. 教学组织管理能力

教学组织管理能力是指在教学过程中，教师能有效地安排教学活动、合理利用教学资源、统筹各方关系，确保教学目标顺利实现的能力。劳动教育课程的教学过程是一个多因素交互作用的动态过程。教学活动应重视实践性、合作性。劳动教师应具有统筹劳动资源的能力，合理组织教学环节，安排小组探究性合作，从而激发学生的学习兴趣，实现劳动教育目标。

2. 动手操作能力

劳动教育作为实践性课程，其内容包含许多动手操作劳动，例如劳动工具的利用、传统工艺的制作等都需要教师进行示范演示。因此，教师要设计丰富多样的体验操作劳动活动。劳动教学示范对教师的动手操作能力有着严格的要求，具体标准：意义明确、动作规范、分析清晰、协调连贯、正确示范。

3. 教学指导能力

劳动教育主张让学生在"做中学""学中做"。在中小学，由于学生的劳动经验是有限的，教师在学生劳动实践过程中进行劳动指导十分必要。教师应充分发挥自身在教学活动中的主导作用，在学生劳动过程中，对关键操作进行及时的指导、点拨，详细讲解劳动具体步骤，同时重视培养学生的安全与规则意识。同时，当学生遇到困难时，应鼓励学生克服困难，坚持下去，做到善始善终。总之，教师在学生劳动实践过程中，应进行必要的专业指导，在确保劳动活动安全、顺利完成的同时，重视培养学生正确的劳动观念、良好的劳动习惯与品质。

（三）劳动课程开发能力

学校作为劳动教育课程的实施主体，应根据《义务教育劳动课程标准（2022年版）》，结合区域特色与学校实际需求，对劳动教育课程进行整体设计、系统规划，形成适合本地区、本学校学生发展需求的劳动教育课程实施总方案。这就要求教师必须具备课程开发能力。目前，中小学劳动课程并没有国家统一编写的教材。国家鼓励学校坚持因地制宜原则，从时令特点与区域产业出发，开发适合学校发展的特色劳动课程。教师应依据新时代劳动教育的要求，结合学校的办学理念、学校文化、校内外已有的劳动资源和基础，通过对劳动教育课程目标确立、内容选择与组织、课程实施、课程评价等各个环节，开发出满足学生个性发展的特色劳动课程，为劳动教育在学校的有效实施提供重要课程保障。

另外，劳动教师还应在每学期初做好劳动教育工作计划、劳动教育清单，学期末做好年终总结与反思，对劳动教育实施状况进行及时分析、总结和反思，确保劳动教育实施有章可循，从而不断提升劳动课程实施的有效性。

（四）劳动教育评价能力

教师的评价理念决定着教师在教学评价时的关注内容，也间接地反映着教师在课程实施时采用的教学方式。《义务教育劳动课程标准（2022年版）》指出，要通过评价的积极引导作用，实现劳动的育人价值。

1. 教师应树立正确的课程评价理念

一方面，教师应明确劳动教育评价的目的在于激励与引导学生更好地参加劳动，从而提高与发展学生的劳动素养，而不是将学生进行分类。另一方面，教师通过学生反馈，反思自己的教学问题，及时优化自己的课程实施，从而改善自己的劳动教学活动。

2. 教师应重视综合评价

首先，评价内容要具有多维性。劳动素养中蕴含着劳动观念、劳动能力、劳动习惯与品质、劳动精神四个维度。不同的劳动内容在进行教学评价时所关注的劳动素养内涵各有侧重。日常生活劳动应侧重于学生卫生习惯、劳动品质、生活能力和自理、自立、自强意识等内容的评价；生产劳动侧重于学生劳动工具使用、劳动技能的掌握、劳动价值观、劳动品质以及劳动精神等内容的评价。服务性劳动侧重于学生服务意识、服务能力以及社会责任感等内容的评价。其次，评价方法应多样化。教师应重视平时表现评价，可采用劳动任务单、劳动档案袋等作为劳动评价的重要参考，从中观察学生在劳动中的态度、观念，依据学生的进步和闪光点，进行增值评价与基于证据的评价。最后，评价主体应多样化。因为劳动教育内容涉及家庭、学校与社会，所以在对学生进行评价时，不能仅仅依靠教师评价，还要根据劳动活动内容有选择性地将"家长""课程专家""校外指导教师"等评价主体纳入其中。此外，由于我国重视"以人为本"的教育理念，在对学生进行教育评价时也应将"学生""同学"纳入其中。

（五）劳动教育资源开发能力

劳动教育资源是开展劳动课程的有效载体。目前，中小学劳动课程并没有国家统一编写的教材，因此，教师应依据劳动教育内容进行选择、开发与利用适合开展劳动教育的资源去服务劳动课程教学，那么，如何辨别、选择、开发和利用劳动教育资源就变得尤为重要。提升劳动教育资源开发能力是有效开展劳动教育的有效途径之一，其主要路径包括：

一是教师应深度挖掘与开发学校劳动教育资源，为学生创造劳动实践的机会，例如利用校园空闲区域，开辟蔬菜园、中药园、果园等种植场所，利用教室、宿舍、院落等开展清洁活动，利用学校食堂、图书馆等为学生提供校内服务劳动岗位等，将劳动教育根植于学生日常校园活动。

二是教师要积极挖掘与开发家庭劳动资源。家庭是学生活动的重要场域之一，也是参与日常生活劳动的重要场所。教师应根据学生年龄特征设计家庭劳动清单，有计划地安排学生参与烹饪与营养、整理与收纳等家务劳动，比如开辟阳台、露台等"种植角"。

三是教师要积极扩展社会资源。一方面，教师应充分利用学校附近的社区、农田、企业、各种场馆等场所，为学生提供劳动实践场所，组织学生"走出去"，进行农业种植、职业体验、志愿服务等活动。另一方面，教师还应积极实施"引进来"策略，邀请劳动模范、非遗传人、技术专家进校园、进课堂，指导学生学习专业技术，聆听劳动故事，从而充分领悟精益求精、敬业奉献、砥砺奋进的劳动精神。

四是教师还应充分利用信息技术，挖掘网络、影视作品中蕴含的劳动资源，将传承传统劳动工艺、歌颂普通劳动者、弘扬劳动精神等视频资源开发为劳动教育资源，进一步拓宽学生视野，丰富学生的劳动实践活动。

（六）"家校社"协同能力

劳动教育包含日常生活劳动、生产劳动和服务性劳动三大主题。劳动场所涵盖家庭、学校与社会等不同场域。这表明劳动教育实施者不能仅仅依靠学校。2023年，教育部等13部门印发的《关于健全学校家庭社会协同育人机制的意见》明确指出，学校要充分发挥协同育人主导作用，主要要求：一是及时与家长沟通学生情况；二是加强教师家庭教育指导能力建设；三是用好社会育人资源[①]。学校应把统筹用好各类社会资源作为强化实践育人的重要途径，主动与社会有关单位建立合作关系，积极拓展校外教育空间，建立相对稳定的社会实践教育基地和资源目录清单，依据不同基地资源情况联合开发社会实践课程，有针对性地常态化开展劳动教育、实践教学、志愿服务、研学活动等，着力培养学生的社会责任感、创新精神和实践能力。

教师作为课程活动的组织者与实施者，在统筹社会各类资源开展中小学劳动教育过程中发挥着举足轻重的作用。因此，劳动课程教师首先应通过家长会、微信群等形式与家长加强沟通，让家长了解学校的劳动教育计划、家庭劳动任务清单等，鼓励家长监督孩子劳动过程，确保劳动安全，并对孩子劳动过程中出现的问题及时进行指导。家长应监督孩子坚持不懈地完成劳动清单任务，培养孩子良好的劳动品质与习惯。其次，学校劳动活动也要丰富多彩，单一地在教室里进行理论讲授，是远远不够的。教师可依据重要节日组织劳动活

---

① 教育部等十三部门关于健全学校家庭社会协同育人机制的意见 [EB/OL]．（2023-01-17）[2024-10-27].http：//www.moe.gov.cn/srcsite/A06/s3325/202301/t20230119_1039746.html.

动,比如植树节开展植树活动,劳动节组织宿舍卫生大比赛等活动。最后,教师还应具备组织校外实践劳动活动的能力。社区服务、职业体验、研学旅行等是学生参与校外实践活动的重要形式。教师应积极与校外实践机构建立联系,做好线路规划、安全保障等工作,确保活动能够顺利、安全地完成。由此可知,劳动教育从来都不只是学校内部的事情,而是"家-校-社"的共同责任,缺一不可。教师"家-校-社"协同能力是劳动教育有效实施的关键能力之一。

综上所述,教师作为劳动课程的实施者与践行者,其劳动素养决定着劳动教育教学水平。以上六大能力组成了劳动教师劳动素养的核心内容,是劳动教师有效开展劳动教育、推动劳动教育落地生根的基本保障。因此,应全面提升劳动教师自身的劳动素养,从而建立一支高素质的劳动课程专业化的教师队伍,共同助力劳动教育课程的有效落实。

三、劳动教育教师队伍建设

劳动教育是我国素质教育的重要组成内容。新时代赋予了劳动教育新的内涵。构建一支高素质的劳动教育师资队伍,是劳动课程有效落实的重要保障。由于劳动教育涵盖"日常生活劳动""生产劳动""服务性劳动"三大主题,涉及学校、家庭、社会三大场域。因此,劳动教育实施仅仅依托学校老师是远远不够的,还应纳入学生家长、社区或教育基地专家等。通过构建"家-校-社"三位一体的劳动课程师资队伍体系,形成专兼职结合的教师队伍,有助于共同助力新时代劳动教育的有效实施。具体详见图7-1-1。

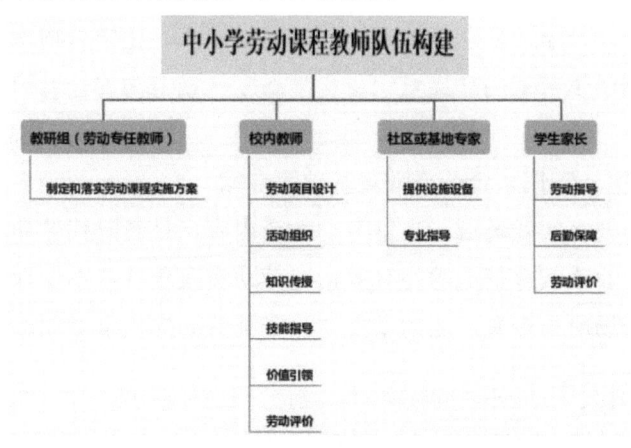

图 7-1-1 中小学劳动课程教师队伍的构建

（一）教研组（劳动教育专任教师）

劳动教育专任教师作为劳动课程实施的专职教师，更加关注对劳动教育内容设计、实施与评价等教学环节的研究。教育部关于印发《大中小学劳动教育指导纲要（试行）》指出中小学劳动教育课程平均每周不少于1课时，用于活动策划、技能指导、练习实践、总结交流等，与通用技术和地方课程、校本课程等有关内容进行必要统筹[①]。因此，一方面学校应根据课程建设配备劳动教育专任教师，在工资待遇、绩效考核、评优评先、职称评聘等方面给予与其他学科教师同等待遇，保证劳动课程教师队伍的积极性、稳定性。另一方面，学校应成立劳动教研组。由于学校劳动专任教师较少，可由德育校长或者德育主任与劳动教师组成劳动教研组。基于《义务教育劳动课程标准（2022年版）》，结合地区特征、学校特色、学生需求等，设计劳动项目和制订适合本校的劳动课程实施方案。

（二）校内其他学科教师

各中小学除了开设劳动教育必修课，其他学科教师也应挖掘学科教学中蕴含的劳动元素，在教学中积极渗透劳动教育。通过不同学科独特的劳动育人能力，各学科形成育人合力，共同助力学生劳动素养的提升。比如语文、历史、艺术、思政等学科应有重点地纳入劳动创造人本身、劳动促进人的全面发展、劳动创造历史、劳动创造世界、劳动无贵贱等马克思主义劳动观，纳入歌颂劳模、普通劳动者的教学素材，纳入弘扬勤俭节约、艰苦奋斗、精益求精等中华民族优良传统的内容，加强对学生辛勤劳动、诚实劳动、合法劳动等劳动品质与习惯的教育。数学、科学、地理、信息科学技术、化学、物理等学科应注重在教学中培养学生劳动的严谨意识与科学态度、规范与安全意识、效率观念和创新精神等。

（三）社区、工厂、企业或教育基地等专家

拓宽劳动教育实践场域，丰富劳动教育内容，是新时代劳动教育的必然要求。社区、企业或教育基地等将有效拓宽劳动实践场域，不仅为学生提供了从事劳动教育的场所与资源，还为学生体验多种劳动提供了专业教师指导。一方

[①] 教育部关于印发《大中小学劳动教育指导纲要（试行）》的通知[EB/OL].（2020-07-15）[2024-10-27]. http：//www.moe.gov.cn/srcsite/A26/jcj_kcjcgh/202007/t20200715_472808.html.

面，学校应敢于带领学生"走出去"。从事劳动教育不仅需要校内开设专门的劳动课程，还应走出学校，深入社区、企业或教育基地等亲身体验劳动过程，接受专业工作人员的指导。比如学校应定期组织学生走进高新企业，在专业人员的指导下体验现代科技条件下劳动实践的新形态、新方式；走进种植基地，在基地教师的带领下认识农具，体验种植过程等。另一方面，学校还应积极采取"引进来"策略。学校可以聘请学校附近的劳动模范、非遗传承者、传统工艺者等人员作为学校的兼职劳动教师，并根据需要邀请他们走进校园、走进课堂，近距离地对学生进行劳动指导。

（四）学生家长

习近平总书记指出："广大家庭都要重言传、重身教，教知识、育品德，帮助孩子扣好人生的第一粒扣子，迈好人生的第一个台阶。"[①]家庭作为社会基本单元细胞，是学生的第一社会生活环境。家长作为学生的第一任教师，其一言一行都在时时刻刻地影响着学生的行为与价值取向。因此，开展劳动教育一定要把学生家长纳入劳动教师队伍。一方面，学校可邀请家长中的劳动能手走进劳动课堂。学生家长从事着不同的职业，其中不乏一些能工巧匠、劳动模范。学校应根据劳动课程内容，积极邀请他们走进劳动课堂，传授劳动知识与工艺技能。另一方面，学校应加强与学生家长沟通，充分发挥家长作为"活教材"的作用，引导学生从事家庭劳动。比如打扫房间、整理书桌、学习简单烹饪等。此外，家长还应重视学生劳动习惯与品质的培养，用自己的实际行动给孩子作出良好的榜样示范，比如做事要有始有终、认真负责、脚踏实地等良好的劳动品质与习惯。

四、促进新时代中小学劳动教育教师发展的举措

教师作为课程的设计与实施者，是影响劳动课程有效落实的关键要素。新时代，劳动教育的内容与形式日益丰富。劳动教育对教师队伍建设提出了更高的要求。构建一支业务素质良好的劳动教育师资队伍，是劳动课程有效落实的重要保障。如何构建一支高素质的劳动教育师资队伍，是新时代劳动教育十分

---

① 中共中央党史和文献研究院. 习近平关于注重家庭家教家风建设论述摘编[M]. 北京：中央文献出版社，2021：23.

关心的问题。通过文献梳理，本研究认为促进新时代中小学劳动教育教师发展的重要举措如下：

（一）职前教育开展劳动专业，保障教师供给

2020年7月教育部印发的《大中小学劳动教育指导纲要（试行）》指出要将劳动教育纳入人才培养全过程，在大中小学设立劳动教育必修课程[①]。这一要求致使各地区中小学对劳动专业教师的需求量与日俱增。从事劳动教育的教师缺乏系统化与专业化培养是影响劳动课程实施的重要原因之一。职前教育开设劳动教育专业是提升劳动教师劳动素养、缓解劳动教师短缺的重要路径。我国高等院校在2022年才开设劳动教育专业。目前仅有天津职业技术师范大学与中国劳动关系学院两所高校开设了劳动教育相关专业。我国具备劳动教育专业素养的教师远远不能满足现实需要。在劳动教师培养方面，可以借鉴德国经验。德国的劳动教育重视专业化建设，并拥有一整套完善的劳动教育师资培训体系。我国应合理设计高校师范教育专业，主动将劳动教育专业纳入高校师范职前教育课程设计计划，加强劳动教师职前培训，实现从源头上保障劳动教师的数量与质量。

（二）加强职后劳动教师培训，提升教师的课程实施能力

针对各地区中小学面临劳动专业教师难以满足需求、劳动教师劳动素养不高的现状，我国应积极采取在职后培训中促进劳动教师快速成长。劳动教育具有开放性、阶段性、实践性与整体性等特点，这就要求教师应具备较高的劳动素养。因此，建设劳动专业化教师队伍，单靠学校个体力量十分有限，难以实现，需要综合协同、内外联动，共同提高教师的劳动素养。

首先，落实劳动教育教师培训机制。一是依托普通高校、综合实践学校、教师进修学校等对劳动教育有所研究的机构，与当地教育部门相配合，共同研发劳动教育技能培训课程内容，并有针对性、有计划性地对教师展开培训。二是坚持"走出去"策略，去参观学习在劳动教育方面取得成功经验的学校，主要学习其在劳动课程设置、劳动活动组织、校园劳动文化创设等方面的经验。三是坚持"引进来"策略，定期邀请劳动专家、各行各业的能工巧匠走进校

---

① 教育部关于印发《大中小学劳动教育指导纲要（试行）》的通知 [EB/OL]．（2020-07-15）[2024-10-27]．http：//www.moe.gov.cn/srcsite/A26/jcj_kcjcgh/202007/t20200715_472808.html．

园，开展有针对性的劳动教育活动指导、劳动教育主题讲座等，学习劳动教育实施的具体方法与策略。

其次，搭建交流学习平台，创建劳动教师共同体。一方面借助教研机构，搭建学术交流互助平台，定期开展劳动观摩课，劳动教育经验交流活动，学习与分享劳动教育成果经验。另一方面，应利用好现代教育信息技术，通过组织网络培训、线上线下相结合的混合式教研活动以及观看国家中小学教育平台上的劳动精品课等形式，不断提升教师的劳动素养。

最后，探索学科的融合教研模式。以学校或者县市成立教研组，积极探索劳动教育与通用技术、综合实践活动学科的融合育人模式。同时，鼓励跨学科的学习教研，积极探索在学科教学中融入劳动教育的方法与策略。

（三）增强教师劳动教育信念，提升职业认同感

教师即课程。在劳动教育课程实施过程中，教师自身的经验、情感、态度与价值观无不渗透在教学实践之中。在课程实施过程中，教师的教育理念十分重要。劳动教育理念是教育者在劳动教育中强化劳动观念、弘扬劳动精神，注重让学生在学习与掌握基本劳动知识技能的过程中，领悟劳动的意义与价值，形成勤俭、奋斗、创新、奉献的劳动精神与品质。教师应深入了解新时代劳动教育的内涵和重要价值所在，不断提升自身职业认同感，才能在教学活动中积极践行劳动育人理念。教师只有树立了劳动教育信念，才能真正热爱劳动教育活动，增强职业认同感。另外，学校还应调整考评内容，将劳动教育纳入绩效考核中，给予劳动教师参评职称、参评优秀教师等同等机会，并对劳动教育中表现优秀的个人给予表彰，进而提高劳动教育教师的职业吸引力，以此吸纳优秀人才积极投身到劳动教育工作之中。

（四）建立专职与兼职相结合的劳动教师队伍

《关于全面加强新时代大中小学劳动教育的意见》中明确指出："多举措加强人才队伍建设，采取多种措施，建立专兼职结合的劳动教育师资队伍。"[①] 由于我国高校缺乏劳动教育相关专业设置，所以劳动教育专任教师问题的解决并非易事。因此，学校应从多渠道挖掘劳动教师资源，构建专职与兼职相结合的

---

① 中共中央 国务院关于全面加强新时代大中小学劳动教育的意见 [EB/OL].（2020-03-26）[2024-10-27].https：//www.gov.cn/zhengce/2020-03/26/content_5495977.htm.

劳动教师队伍体系，从而缓解劳动教师资源短缺的现状。

首先，综合实践活动课程教师应成为劳动教育兼任教师的主要来源之一。2001年我国基础教育课程改革后，劳动教育被纳入到综合实践活动。在课程性质方面，劳动教育与综合实践活动具有许多相似性。这使得综合实践活动教师能更好地适应劳动教育教学，更容易兼任劳动教育教师。

其次，多渠道发展劳动教育兼职教师。劳动教育涉及学校、家庭、社会三大场域，涵盖"日常生活劳动""生产劳动""服务性劳动"三大主题，决定着劳动教师需要多元化。一是应充分利用家长及当地人力资源，例如聘请劳动模范、非遗传人、能工巧匠等相关专业人士"入学校""入课堂"，担任学校劳动实践指导教师。二是发挥学科教师劳动育人作用。不同学科蕴含着其学科独特的劳动元素。学科教师在教学中有效地渗透劳动教育，实现劳动教育与学科教学有机融合育人。

第二节　健全劳动安全保障机制

安全是课程实施的基础，中小学劳动教育安全问题不容忽视。《大中小学劳动教育指导纲要（试行）》中明确指出："学校要把劳动安全教育与管理作为组织实施的必要内容，强化劳动安全意识，建立健全安全教育与管理并重的劳动安全保障体系。"[①] 劳动安全保障体系作为劳动教育课程的重要组成部分，不仅是开展劳动教育的前提基础、重要支撑与有力保障，还对学生树立科学的劳动观念，形成"生命至上，安全第一"的理念，培养初步的职业安全素质具有重要意义。因此，劳动安全理应贯穿劳动教育实施的全过程。

一、劳动安全保障机制的内涵

劳动安全是中小学开展劳动教育的重要影响因素。作为劳动教育的实施者，必须拥有劳动安全管理能力，做好劳动安全保障机制。这不仅是劳动教育顺利实施的保障，也是确保学生生命安全的关键。

[①] 教育部关于印发《大中小学劳动教育指导纲要（试行）》的通知 [EB/OL]．(2020-07-15) [2024-10-27]．http：//www.moe.gov.cn/srcsite/A26/jcj_kcjcgh/202007/t20200715_472808.html．

为实现劳动安全，管理者或教育者必须对劳动前、劳动中与劳动后不同劳动环节可能存在的安全问题进行预判、控制与管理，从而建立劳动安全保障机制。劳动安全保障机制是指为了实现安全劳动而组织和使用人力、工具与财力等资源的过程，通过利用计划、组织、协调、预防、控制等管理机能，控制来自环境、工具、物质、人员等不安全影响因素，避免发生伤亡事故，保障学生的劳动安全与劳动过程的顺利实行的一系列措施。

二、劳动安全保障机制的重要性

劳动安全在劳动过程中至关重要。在生产劳动中，一旦发生安全事故，轻则影响劳动的正常进行，重则导致人员伤亡，造成无法弥补的损失。因此，作为管理者或教育者应将劳动安全始终放在第一位。在中小学劳动教育中，劳动安全的重要性主要表现在如下几个方面：

（一）降低劳动中的危险因素

在劳动过程中，安全与危险是相互对立的，但又相互依赖。学校与教师通过建立劳动安全保障机制，对劳动过程中存在的安全问题进行预判、控制与管理，将大大减少劳动中的危险因素，从而保障劳动教育活动的顺利实施。

（二）提升学生的自我保护意识

学校与教师通过建立劳动安全保障机制，对学生进行劳动安全教育，不仅可以避免不必要的劳动安全事故的发生，还有助于强化学生的劳动安全意识，增强学生的自我保护能力，从而降低意外事故发生的可能性。

（三）顺利进行劳动教育的保障

劳动安全是影响劳动教育实施效果的重要因素之一。一些劳动教育者害怕在劳动过程中发生安全问题，不是把劳动课上成理论讲授课，就是走过场的观赏课。在一定程度上，影响了学生动手实践、亲身体验的机会。这严重违背了劳动课程的实践性特征。通过建立劳动安全保障机制，劳动教育有了安全保障，劳动教育者才可放开手脚实施劳动教育，劳动教育的育人实效自然可以发挥。

三、中小学生劳动教育中的劳动安全影响因素

劳动教育中的安全问题不容忽视。劳动教育活动作为一种需要动手参与、亲身体验的课程，在其实施过程中存在一定程度的劳动安全风险。中小学生劳动教育中的劳动安全影响因素如下：

（一）组织管理风险

组织管理风险主要表现在：一是规章制度。劳动教育者或者学校没有针对劳动教育活动内容制定详细、完善的安全管理规章制度，导致教育者在开展劳动活动及遇到突发问题时无章可循、无规可守。二是应急预案。一些学校缺失应急预案或照搬照抄、流于形式，缺乏针对性与可操作性。尽管一些学校准备了应急预案，但仅限于以文字形式展现出来，并没有开展专项安全教育和应急演练。当劳动教育活动过程中出现突发事件时，缺乏救援经验，造成事故救援不及时。

（二）人员劳动安全素质不足

人员劳动安全素质不足主要包括学生和教师。一是中小学生因其年龄小，对许多事物充满好奇心，但安全意识较弱，注意力不集中，容易发生擅自行动、实践过程中违规操作等不安全行为。二是一些劳动教育者安全意识不强，对学生疏于管理，缺少对学生进行劳动安全方面的相关教育，没有尽到管理责任。此外，一些劳动教育者应急能力差，主要表现为对劳动教育活动内容不够熟悉，没有较好地对活动进行风险评估、预案及演练，造成在面对突发事件时束手无策。

（三）环境条件风险

环境条件风险主要包括：一是生活环境。学生参加的劳动教育实践基地用餐、住宿等环境达不到卫生条件，比如用餐环境不卫生、食材不新鲜，住宿环境不干净、被褥床单等清洗不干净。二是人文环境。劳动教育举办场所人群密集，容易发生拥挤与踩踏事件；地方风俗习惯差异，导致文化冲突等。

此外，中小学生劳动教育中的劳动安全影响因素还包括交通等其他因素，比如，路线选择不当，对路线不熟悉，会增加交通安全风险；部分学生在劳动过程中操作不规范，容易引发机械故障或造成意外伤害；疲劳作业，长时间的劳动可能导致学生注意力分散，身体疲劳，从而增加事故发生的概率等。

四、构建劳动教育安全保障机制的重要路径

劳动教育包含日常生活劳动、生产劳动与服务性劳动三大主题，涉及家

庭、学校与社会不同场域。这就要求在构建劳动教育安全保障机制时，不能单纯依靠某一育人主体，而需要不同育人主体共同协作，形成育人合力，协同铸牢劳动教育安全保障的基石。具体方式如下：

（一）重视培养师生的劳动安全意识与技能

教师与学生是劳动教育课程实施的主体。增强师生安全意识、提升劳动安全能力可以有效地帮助师生在劳动中预先进行分析与预判，对有效关注劳动风险点、避免劳动安全事故发生具有重要意义。

1. 强化师生劳动安全意识

世界上没有一个地方是绝对安全的，任何一个场所的安全与危险程度更多取决于人的安全意识。许多劳动事故的发生与人的忽略和大意密不可分。因此，师生在劳动过程中，必须将"安全第一、预防为主"的意识放在第一位，自觉抵制因侥幸心理、逞能心理而带来的不安全行为。学校应重视对师生安全教育培训，将其纳入学校教学的重要组成部分。教师应关注劳动的各个环节，科学评估劳动活动的不安全风险因素，尽可能防范安全隐患与事故的发生。

2. 提升师生劳动安全技能

（1）认识安全标志与危险状态

为了有效防止事故发生，一般在劳动场所或者事故频发的地方，应设置各种安全警示标识。这要求劳动教育者不仅自己要了解常见的安全标识，还要在劳动教育过程中重视对学生进行劳动知识的教育。比如在存放易燃易爆的生产物资的场所，会贴有"严禁烟火""禁止吸烟""当心火灾"等安全警示标识。教师应教育学生认识与了解不同安全警示标识，提升学生的安全意识。

（2）掌握安全操作技能

劳动作为实践活动，包含许多动手活动，比如烹饪、家电维修、生产种植等，这些都需要劳动教育者掌握工具的正确操作方法。教师在开展类似劳动教育活动时，可以将操作顺序、方法浓缩为顺口溜，帮助学生记忆，确保劳动的规范性与顺序性。

（3）掌握应急救援知识与技能

在劳动教育中，劳动者如果具有一定的应急救援知识与技能，一旦发生事故，就有可能及时化解危机或将伤害降到最低。因此，为有效解决劳动过程中的突发事件，劳动教育管理者应提前学习灼伤、食物中毒、工具伤害等应急援救知识与技能，以便发生突发事故时，教师可以通过正确的方式进行问题解决。

（二）学校应建立劳动安全保障体系

学校作为劳动教育的实施主体，应从多维度出发，建立健全的劳动安全保障体系，具体方式如下：

一是学校应加强师生的劳动安全教育，引导学生合理使用劳动工具，增强劳动风险意识，掌握劳动安全的知识与技能。

二是学校要对开展的劳动实践活动进行科学的安全风险评估，认真排查、清除学生在劳动实践活动中的各种隐患。在活动场所选择、劳动材料选用、劳动工具和防护用品使用以及活动流程等方面制定安全、科学的操作规范，明确劳动过程中每个岗位的职责，防患于未然。

三是学校应健全与完善劳动教育应急以及事故处理机制。劳动应急预案是劳动风险控制中的重要组成部分。编制劳动教育应急预案，能有效地与各支援部门建立联系，一旦发生事故，可以及时找到寻求帮助的主体，从而减少事故带来的人员伤害。健全的劳动教育应急与事故处理机制主要包括：（1）拟订翔实的活动方案。劳动教育活动要严格按照课程设计原则，学校应根据校情、生情以及劳动内容，按照课程设计原则，合理安排教学计划，预判安全隐患。（2）规范编制应急预案。劳动教育活动开始之前，学校应组织负责教师讨论可能存在的不安全因素，有必要时还需安排专人提前到目的地进行现场调查，并针对安全问题，逐步完善相关应急预案。（3）强化安全应急演练。学校应针对活动内容组织师生进行相应的安全知识教育及演练培训，在演练中发现问题并及时优化活动方案。（4）规范处置突发情况。负责劳动教育的教师一定要熟悉劳动安全应急预案。一旦在实践活动中发生了突发情况，必须及时启动预案，将事故产生的危害降到最低。

此外，有条件的学校要购买校方责任险，还应购买一些学生药物，比如风油精、碘伏、创可贴等。

（三）鼓励家长或监护人自愿投保学生意外伤害险

中小学生劳动安全意识薄弱，尤其是小学生，在日常玩耍中，意外事故经常发生。家庭是劳动安全教育的第一课堂。父母是学生的第一位老师。父母或监护人要在日常生活中，通过言传身教潜移默化地引导孩子从小养成爱劳动、会劳动、安全劳动的良好习惯，掌握必要的安全劳动知识与技能，从而减少甚至消除孩子在各类劳动中的意外受伤风险。同时，鼓励家长或监护人自愿投保学生意外伤害险，使经济损失降到最低。

（四）政府和教育等机构应加快建立并完善劳动教育安全保障制度

首先，政府方面应根据劳动教育特点，制订劳动教育突发事件预案制度。通过厘清劳动教育中有关安全责任落实、安全事故处理、安全责任界定以及安全纠纷处理的机制，保证劳动教育安全管理"有法可依，有据可行"。其次，教育部门应重视劳动教育安全，成立专门组织机构。一方面加强对学校劳动教育实施的监督，不断提升师生的劳动安全意识。另一方面应建立劳动教育安全管理体系，结合各地区的实际情况，对劳动实践活动中可能存在的安全问题进行预判与评估，指导各级各类学校制订便于操作的科学实施方案，并督促学校建立劳动教育突发事件应急预案。

第三节 完善课程结构保障机制

课程是实施劳动教育的重要载体，完善劳动教育课程结构是有效落实劳动教育的重要举措。基于我国实情、客观规律以及劳动教育特征，应从劳动教育课程管理结构、劳动教育课程模块结构以及劳动教育形态结构三个方面，构建新时代劳动教育课程结构体系，详见图7-3-1。

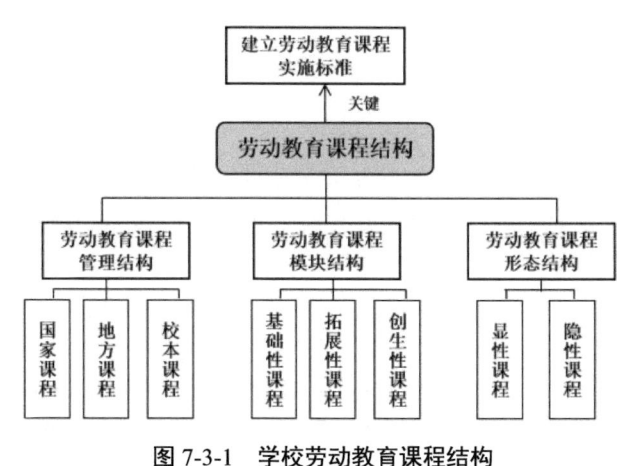

图 7-3-1 学校劳动教育课程结构

一、劳动教育课程管理结构：我国实行三级课程管理制度

落实劳动教育需要依托课程，必须给予一定的时间作保障。2020年，中共中央、国务院发布《关于全面加强新时代大中小学劳动教育的意见》明确指出应根据学段特点，在大中小学设置劳动教育必修课，其中规定中小学劳动教育课每周不少于1课时[①]。这为劳动教育实施提供了时间保障。

我国幅员辽阔，各地区自然环境、人文风俗存在着较大差距。为了改变基础教育课程管理过于集中的现状，我国实行国家课程、地方课程和校本课程三级管理制度。2023年5月，教育部印发的《关于加强中小学地方课程和校本课程建设与管理的意见》明确提出"构建以国家课程为主体，地方课程和校本课程为重要拓展和有益补充的基础教育课程体系"[②]。地方课程是指地方政府根据当地实际情况对国家课程进行的适当调整和补充，以满足地方发展的需要，促进教育的地方特色性和多样性。因此，地方政府应挖掘地方劳动特色资源，积极开发地方劳动课程，引导学生更好地了解本地区的劳动文化，传承劳动传统工艺，增强地方责任感和认同感。

校本课程对于促进学生的个性发展以及学校的特色发展具有重要意义。《义务教育劳动课程标准（2022年版）》指出劳动课程是实施劳动教育的有效途径，鼓励学校因地制宜，结合实际情况，从时令特点和区域特色出发，根据任务群安排合理地开发劳动项目，从而形成校本化劳动清单，构建校本化劳动课程，从而满足学生多元化发展需求[③]。不同学校结合学生需求、区域特色，开发劳动教育校本课程。我国实行课程三级管理制度，既保证了国家课程的统一性，又在一定程度上照顾了不同学校因区域环境、地方人文等条件而导致的地区差异性，对满足我国劳动教育目标的整体性要求和区域教育目标的特殊需求具有重要意义。这对构建与完善新时代劳动教育课程体系同样具有重要意义。

---

① 中共中央 国务院关于全面加强新时代大中小学劳动教育的意见 [EB/OL].（2020-03-26）[2024-10-27].https：//www.gov.cn/zhengce/2020-03/26/content_5495977.htm.

② 教育部关于加强中小学地方课程和校本课程建设与管理的意见 [EB/OL].（2023-06-10）[2024-10-27].https：//www.gov.cn/zhengce/zhengceku/202306/content_6885737.htm.

③ 中华人民共和国教育部. 义务教育劳动课程标准（2022年版）[M]. 北京：北京师范大学出版社，2022：4.

二、课程横向结构设置：基础性课程、拓展性课程与创造性课程

学校在劳动课程模块内容设置方面，可通过基础性劳动课程、拓展性劳动课程与创造性劳动课程来构建课程内容。一是基础性劳动课程。基础性劳动课程是指学校普遍开展的基础性劳动教育课程。其内容主要包括洗衣服、刷碗、整理家务等家务劳动，打扫教室、整理宿舍、绿化校园等学校劳动。基础性劳动教育课程，具有贴近生活、操作方便等优点，但也存在形式与内容老套、难以激发学生参与等不足。二是拓展性劳动课程。拓展性劳动课程一般是学校结合地区传统文化、风俗和学校特色开设的劳动教育课程。其内容突出地方特色，比如南方一带的竹编活动，江浙一带的油纸伞制作活动，还有陶艺、剪纸、雕刻等活动。拓展性劳动课程都是结合当地风俗习惯、风土人情开设的特色劳动育人课程。这对传承区域文化、增强学生区域认同感具有重要意义。三是创造性劳动课程。创造性劳动课程是以培养学生创新意识、提升学生创新能力为目标的劳动课程。在人工智能时代，劳动形态发生了根本变化。开设创造性劳动课程是发展学生创新思维的重要举措。其内容往往与其他学科相融合，比如电脑绘画、机器人研究、创客等。

近年来，许多学校通过构建基础性劳动课程、拓展性劳动课程和创生性劳动课程来全面提升学生的劳动素养，并取得了良好的实践效果。例如成都市天涯石小学构建了包括三级课程群与六大劳动模块的劳动课程体系，详见图7-3-2。

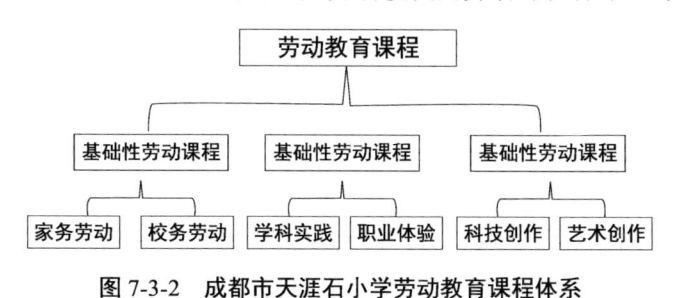

图 7-3-2 成都市天涯石小学劳动教育课程体系

三、统筹课程表现形式："显性课程"与"隐性课程"的合理结合

依据课程的表现形式，可以将其划分为"显性课程"与"隐性课程"。两者都是学校劳动教育不可或缺的部分，共同构成了学校的劳动课程。其中劳动教育显性课程是指"正式课程"，主要以专门开设的劳动课、综合实践活动课、

劳动校本课程、劳动选修课程、其他劳动主题活动形式呈现。隐性劳动教育课程则是潜在于校园布置（如物质环境、制度环境、文化环境等）、学校特色文化、师生关系、学生互动等非教学材料中对学生有影响作用的知识、情感、意志和行为规范，是学校劳动教育中不可或缺的重要课程形式。隐性课程在无形之中，潜移默化地影响着学生。学校应根据劳动教育的特点与要求对学校隐性课程进行精心设计。比如校园或教室张贴劳动模范伟大事迹，挖掘校史、校训中蕴含的劳动元素等，引导学生积极参加劳动活动，帮助学生掌握基本的劳动知识与技能，从而树立正确的劳动观念。课程形式具体内涵详见图 7-3-3。

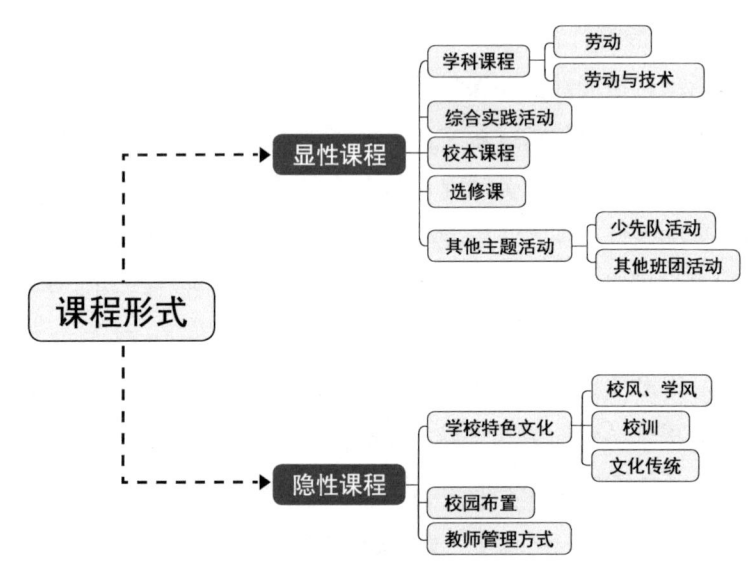

图 7-3-3　课程形式具体内涵

第四节　构建协同育人保障机制

我国新时代中小学劳动教育内容涉及学校、家庭、社会三大场域，涵盖"日常生活劳动""生产劳动""服务性劳动"三大劳动主题。这决定了开展劳动教育不能单靠学校，而是需要家长、社会、学校、教师、政府等多个育人主体，发挥共同力量，助力劳动教育的有效落实。因此，构建协同育人机制十分重要、迫在眉睫。

一、政府与教育部门：健全制度支持，提供课程建设制度保障

夸美纽斯曾说过，"以制度为保障是学校一切工作的'灵魂'，哪里制度稳定，哪里便一切稳定；哪里制度动摇，哪里便一切动摇；哪里制度松垮，哪里便一切松垮和混乱"[①]。基于劳动教育的发展需求，应将顶层设计、过程协调和监督指导方针贯穿于劳动教育课程建设的全过程，建立自上而下的制度保障逻辑生态链，从而为促进劳动教育课程的顺利建设提供前提保障。

（一）政府与教育部门应建立完善劳动教育课程建设的顶层设计制度

政府应对中小学劳动教育课程培育"什么样的人"和"如何培育人"等问题作出明确指导。首先，政府与教育部门应建立专门的劳动课程教研室，积极邀请劳动课程专家对劳动教师进行理论与实践指导，提升教师课程开发的能力。基于劳动教育课程标准、学校特色、区域优势，共同完善学校劳动教育课程体系，确保每周至少一节劳动课，同时应鼓励学校开发特色劳动校本课程。其次，政府与教育部门应调动多方育人主体全方位育人力量，形成"家—校—社"互动协同育人机制。政府与教育部门需发挥其统率作用，协调学校、家庭和社会力量共同参与劳动课程建设，并调动其积极性，从而丰富中小学劳动课程建设的可利用资源。最后，政府与教育部门要组织健全劳动课程建设的督导制度，应对中小学劳动教育课程教师编制、实施情况、经费投入等内容进行定时检查，从而确保劳动课程建设高质量落实。

（二）政府与教育部门应加大基础劳动教育设施与经费投入

劳动教育的有效实施，离不开劳动工具、劳动材料等劳动资源的开发与利用。许多从事劳动教育的学校负责人指出，学校的劳动教育经费不足，在一定程度上制约了劳动课程的优化与教学活动的有效开展。课程是拓展和深化劳动教育的重要保障。劳动课程体系的构建需要一定的资金支持。教师是实施劳动课程的核心要素，劳动教师的聘用和培训需要一定的财政支持。劳动是"干出来"的，劳动活动的有效实施同样需要一定的财政支持。因此，政府与教育部门应在一定程度上向劳动教育进行政策倾斜，增加基础劳动教育设施与经费投入，为学校顺利开展劳动教育做好硬件基础保障。

---

① 谢晓霖. 乡村小学劳动教育课程建设的调查研究 [D]. 济南：山东师范大学，2023.

（三）政府和教育部门应建立并完善劳动教育安全保障制度

首先，政府方面应根据劳动教育特点，制定劳动教育突发事件预案制度。政府应厘清劳动教育中有关安全责任落实、安全事故处理、安全责任界定以及安全纠纷处理等问题，保证劳动教育安全管理"有法可依，有据可行"。其次，教育部门应重视劳动教育安全管理，成立专门组织机构。一方面加强对学校劳动教育实施进行监督，提升学校劳动安全意识。另一方面建立劳动教育安全管理体系，结合各地区的实际情况，对劳动实践活动中可能存在的安全问题进行预判与评估，指导各级各类学校制订操作性强的科学实施方案，并督促建立劳动教育突发事件应急预案。

二、协同育人机制："家校社"合力促进劳动教育发展

（一）家庭：发挥其在劳动教育中的基础作用

家庭是人类多方面关系的基本社会单元，是劳动教育的重要场域。家长作为学生的首位教师，直接影响着孩子的成长与发展。

1. 家长要注重建设良好的劳动家风

家风是家庭成员道德水平的真实写照，展现了其行为规范和生活方式，同时也是传承、弘扬传统美德的重要载体。习近平总书记尤为重视家庭劳动教育建设，强调家风、家教等家庭文化对培养孩子优秀道德修养具有重要意义。首先，实施家风熏陶教育。家风具有良好的熏陶、滋养作用，包含着诸多教育意蕴。"俭，德之共也；侈，恶之大也。"借助蕴含"勤俭节约、吃苦耐劳"的良好劳动品质家风，引导孩子学会珍惜劳动成果，避免铺张浪费，杜绝盲目攀比，帮助学生形成正确的消费观，激励孩子养成自理自立、勤劳实干的劳动习惯。其次，实施家风认同教育。良好的家风可以让孩子对劳动文化产生强烈的认同感。家长在弘扬良好家风的过程也是实施劳动教育的过程。家长在家庭与工作中要积极主动参与劳动、尊重劳动、尊重普通劳动者。孩子在潜移默化影响下，在家将会自觉参与家务劳动，在学校将会积极参与集体劳动。学生以实际行动弘扬家风，将极大地增强对劳动的认同感。

2. 家长要注重发挥榜样示范作用

人类行为的发展，在某种程度上可以概括为模仿，而家长与孩子则可以

理解为彼此映衬的镜像两面。家长的观念与行为在无形之中影响着孩子，孩子会下意识地模仿家长的行为举止，产生与家长相似的人格。因此，家长应具备正确的劳动观念、劳动态度，充分发挥榜样示范作用，加强情感引领。榜样示范是孩子学习良好品质的重要形式。学校教育和社会教育无法替代家长在孩子启蒙阶段的言传身教作用。家长应以身作则、以身垂范，在工作岗位上尽职尽责，在家庭生活中勤劳节约，在生活中平等对待劳动者，以积极的劳动态度促使孩子热爱劳动，以自身的劳动热情向孩子传递劳动光荣的观念。家长应通过自身实际行动成为孩子的表率，从而激发孩子参与劳动的内生动力。

3. 家长要注重开展劳动教育引导

家长作为孩子成长过程中的好老师与好朋友，在培养道德和育人方面具有独特优势。家长应重视在孩子日常生活中培养其劳动知识与技能，帮助学生养成良好的劳动习惯与品质。一方面，家长应树立正确的劳动观念，对孩子参与劳动持积极态度，鼓励其在家参与适当的、力所能及的劳动。比如小学低学段学生要养成自己整理书包与文具的习惯；小学中高学段应学会整理房间等。家长对于学生力所能及的家务劳动，应摒弃"替代包办"的思想，敢于让孩子动手练一练，拒绝以劳动作为惩罚的错误行为。另一方面，家长要重视开发与利用家庭劳动资源，并给予孩子足够的劳动时间。比如家长要有意识地让学生学会个人物品分类，参与家庭清洁、简单食物烹饪等家务劳动，培养孩子的动手能力，提升学生的生活技能。此外，家长和孩子共同商讨、制定与实施"家庭劳动清单"和"日常劳动记录表"等，并开展形式多样的劳动活动。家长通过亲子互动，每天为孩子分配一定的劳动任务，在日积月累的劳动中，增长孩子的劳动经验，增强孩子的劳动成就感和幸福感。

（二）学校：发挥其在劳动教育中的主阵地作用

学校作为学生学习活动的重要场所，是开展劳动教育的重要场域。学校应开发与利用学校丰富的劳动教育资源，统筹好家庭、学校与社会之间的关系，确保劳动教育的有效实施。

1. 学校应构建与完善劳动教育课程体系

课程是实施劳动教育的重要载体，构建完善的劳动教育课程体系是有效落实劳动教育的重要举措。学校应基于劳动课程标准、不同阶段学生的心理发展特征、不同学科特征以及学校特色与区域优势构建完善的劳动教育课程体系。首先，通过劳动教育国家必修课程、劳动地方课程与校本课程，在确保劳动国家课程统一的基础上，实现学校劳动课程的特色发展，满足学生的劳动个性发展。其次，在学科教学中渗透劳动教育。不同学科积极挖掘教材中的劳动元素，实现学科教育与劳动教育融合发展。最后，"显性课程"与"隐性课程"的合理结合。学校应根据劳动教育的特点与要求对学校隐性课程进行精心设计。比如，校园或教室张贴劳动模范伟大事迹，挖掘校史、校训中蕴含的劳动元素等，让学生在校园文化的潜移默化的熏陶下，积极主动地参与劳动活动，从而树立正确的劳动观念，提升自身的劳动素养。

2. 学校应积极开发与利用校内外劳动资源

劳动教育资源是劳动课程顺利实施的重要保障。学校应积极开发与利用校内外劳动资源。学校开发与利用的劳动资源主要包括：一是学校应成立劳动教育专用教室，为劳动教育开展提供专门的劳动场所与工具。二是学校要根据学校的具体情况积极开辟劳动教育实践基地。例如开辟种植园，让学生进行蔬菜、花草树木种植；建立养殖区，饲养动物等。三是学校应积极利用学校附近或者家长中的劳动人力资源，邀请各行各业的能工巧匠，走进学校传授劳动技能。四是学校应善于利用家庭资源，加强与家长沟通与交流，帮助家长设置符合学生年龄阶段的家庭劳动清单，积极引导学生在家开展花草种植、动物饲养、个人清洁、营养与烹饪等日常家务劳动。五是学校应积极与校外实践基地建立合作关系，比如工厂、农场、博物馆、研学基地等，从而丰富学生的校外劳动实践活动内容与形式。

3. 学校应组织丰富的校内外劳动活动

校内外劳动实践活动是落实劳动教育的有效形式。学校要有针对性地组织校内外与劳动相关的文体赛事、综合实践、集体劳动等活动。一是利用植树节、劳动节、端午节、元旦等重要节日，开展劳动教育主题活动。比如，利用植树节，学校可以组织学生开展植树活动。学生通过经历植树过程，相互合作，共同完成植树任务。二是学校应定期开展有关劳动主题的比赛活动。比如，开展以"劳动"为主题的演讲比赛，宿舍内务整理大比拼等。让学生参与其中，感受劳动带来的快乐，同时掌握必备的劳动知识与技能。三是学校应根据教学内容,积极与家长建立有效合作,开展有助于提升学生日常生活能力的家庭劳动实践活动。比如,开展卧室整理大比拼活动、水果拼盘创意设计活动等。四是学校应举办劳模、非遗传人进校园讲座等活动。学校应邀请各行各业的劳模、能工巧匠走进学校传播劳模故事,指导劳动实践,弘扬劳动精神。五是学校应积极组织学生参加社会实践、调查研究和志愿服务等活动。一方面学校应积极开发校外劳动教育资源,通过与学校附近的工厂、农场、博物馆、教育基地等建立合作关系,有计划地组织学生进行职业体验。另一方面,学校应积极组织学生参与公益劳动与志愿服务,比如参与社区环境维护、健康知识宣传、走进养老院为老人打扫卫生、制作食物,走进公共图书馆、科技馆等机构提供服务性劳动。

(三)社会:发挥其在劳动教育中的支持作用

教育部原部长陈宝生明确指出:"劳动教育单靠学校关起门来抓是不行的。"目前,学校开展的劳动教育实践活动形式较为单一,存在理论知识教授形式化倾向、理论与实践相脱离的问题。教育家陶行知先生强调"社会即学校",指出学生的学习场域应延伸到社会领域,打破学校与社会的藩篱,拓展学生参与实践的空间。社会拥有丰富的劳动资源,对劳动教育的实施起着至关重要的作用,是开展劳动教育的支撑性协同地点。当前,我国大多数中小学开展的劳动教育基本集中在农业生产上,缺乏生产劳动与社会劳动。究其原因是由于学校缺乏必要的生产条件和活动场所,学校无法为学生提供相应的生产工具、生产车间、社会服务的机会等。由此可见,学校仅仅依靠自身条件和力量来开展劳动教育,难以达到课程标准的要求。因此,这就需要社会配备丰富的劳动实践资源,以满足不同的劳动实践内容的需要。

1.配备服务性劳动实践基地

学生积极参与社会服务性劳动,比如公益劳动、志愿服务活动等,有助于提升其服务意识与社会责任感。因此,当地政府和教育部门应与社区、医院、敬老院、福利院等机构建立合作,建立一批服务性劳动教育实践基地,为学生参与社会服务活动提供实践场所。比如学校可以组织学生走进敬老院,看望孤寡老人,为老人们打扫房间、按摩等;开展社区志愿活动,组织学生开展"街道清洁"活动等,培养学生的社会责任感和社会服务意识。

2.配备农学劳动实践基地

农业生产劳动是劳动教育的重要内容之一。当地政府和教育部门通过与学校周围附近的农场、养殖场等建立合作，开辟果园、蔬菜、中草药、花卉等劳动实践基地。学校通过定期组织学生走出校门，参与农业生产过程，感受现代农业生产技术，让学生在出力流汗、知行合一的劳动情境中，深刻体会劳动人民的勤劳与艰辛，以及感受现代农业技术带来的便利，从而帮助学生树立正确的劳动观念。

3.配备学工劳动实践基地

社会应积极为学生建立学工劳动实践基地，并与学校建立长期合作。学校通过定时组织学生深入工厂进行职业体验，拓宽学生视野，使学生深刻感受现代科学技术给人类生产与生活带来的便利，从而激发学生努力学习与掌握现代科学知识的动力。此外，随着数字化、人工智能时代的到来，教育更应注重培养学生的信息素养。面对新时代的要求，地方教育行政部门应与时俱进，开辟一些专门以3D打印、编程、5G网络技术、智能机器人为主的劳动教育实践基地，以供学生体验与使用，从而不断提升学生的现代信息素养。

4.配备研学旅行劳动实践基地

中小学生研学旅行是以旅行为载体，将教育与旅游相结合的校外实践活动，旨在培养学生的社会责任感、创新精神和实践能力。当地政府与教育部门可以通过挖掘本地区的文化教育资源，打造研学旅行劳动实践基地，让学生在外出研学过程中进行劳动教育。例如在野外生存体验性研学旅行中，让学生学会自己动手整理床铺、清洗衣物、烹饪食物等生活技能。这对提升学生的生活能力具有重要的意义。

同时，需要指出的是社会需要配备的这些校外劳动实践教育基地，它们之间具有交叉性，并没有严格的划分界限。开辟的校外劳动实践教育基地的目的都是为满足学生劳动实践需求、丰富劳动教育形式而准备的。家庭、学校与社会不同育人场域和育人主体，应基于自身的优势积极开发育人资源，丰富劳动教育育人形式与内容，通过协同合作，共同助力提升学生的劳动素养。

小　　结

本章内容主要围绕"新时代中小学生劳动教育保障体系构建"展开论述。本章主要包括四节内容。第一节为"完善劳动师资保障机制",主要分析了"我国劳动教育师资队伍建设现状",总结了"新时代中小学劳动教师需要具备的六大核心能力",陈述了"劳动教育教师队伍的构成",并提出了"促进新时代中小学劳动教育教师发展的举措"。第二节为"劳动教育安全保障机制",主要分析了"劳动安全保障机制的内涵",探讨了"劳动安全保障机制的重要性",梳理了"中小学生劳动教育中的劳动安全影响因素",并提出了"构建劳动教育安全保障机制的重要路径"。第三节为"完善课程结构保障机制",指出劳动教育课程管理结构主要包括"劳动教育课程管理结构""课程横向结构设置""统筹课程表现形式"。第四节为"构建协同育人保障机制",强调通过家长、社会、学校、教师、政府等多个育人主体,发挥共同力量,助力劳动教育的有效落实。

总之,新时代中小学生劳动教育保障体系构建,需要统筹教师、制度、课程与家校社等多方面影响因素。家庭、政府、学校、教师以及社会等育人主体应以学生为中心,既要各司其职,又要共同协作,形成育人合力,共同探索劳动教育育人新模式,共同助力学生劳动核心素养的全面提升。

第八章　新时代乡村振兴视域下乡村学校开展劳动教育的实践研究

我国是一个农业大国。"农,天下之大业也。"农村发展情况决定着我国经济发展水平。我国十分重视乡村发展。党的十九大提出实施乡村振兴战略,全面实现"产业兴旺、生态宜居、乡风文明、治理有效、生活富裕"的总要求。实现乡村振兴,人才是关键,教育是方法。劳动教育作为中国特色社会主义教育制度的重要内容,直接决定着社会主义建设者和接班人的劳动精神面貌、劳动价值取向和劳动技能水平。习近平总书记指出,乡村拥有大有可为的广阔天地。乡村学生作为未来乡村振兴建设的后备主体力量,对其开展劳动教育,提升学生劳动素养,对于增强学生"爱农"思想、"亲农"情感,加强农村专业人才队伍建设,储蓄农村后备人才力量,造就更多乡土人才具有重要意义。因此,本章特以新时代乡村振兴视域下乡村学校开展劳动教育为出发点,对乡村学校开展劳动教育的背景、乡村资源的开发、乡村学校开展劳动教育路径进行了探索性分析,旨在促进新时代乡村学校的长远发展,为乡村振兴与繁荣"助力""蓄能"。

第一节　新时代乡村学校开展劳动教育的背景

新时代社会背景下,机械化的劳动形式已经代替了许多手工劳动。尽管乡村学生生活在农村,但他们参与劳动实践活动的机会也在日益减少。许多学生很少参与农事、家庭劳动,出现了不懂、不愿、不会劳动的现象。劳动教育作为新时代教育体系的重要组成部分,是促进学生全面发展与促进乡村振兴的重要方式。尽管乡村学校开展劳动教育课程存在师资水平不高、硬件保障缺位等困境，但广袤的乡村田园、自然条件、民风民俗、班级规模较小等现实是乡村学校开展劳动教育课程的优势和灵感之源。

一、新时代乡村学校开展劳动教育是促进学生全面发展的重要方式

新时代社会背景下，随着科学技术、人工智能的迅速发展，以及受工业化、机械化和城镇化等因素的影响，出力流汗、繁重复杂的体力劳动逐渐被精细、智能、便捷的脑力劳动所替代。越来越多的人从体力劳动中解放出来，人们对劳动的态度也随之发生变化。部分农村学生缺乏劳动体验，无法体验劳动的价值与意义，从而滋生了不劳而获、贪图享乐、拜金主义等思想，甚至出现了不珍惜劳动成果，不懂、不愿、不会劳动等现象。这从某种程度上削弱了劳动特有的育人价值，违背了"全面育人"的教育理念。

二、新时代乡村学校开展劳动教育是促进乡村振兴的重要手段

劳动作为人类生存和社会发展的基础，是实现人生价值、创造美好生活的根本动力[①]，也是推动社会持续发展的力量源泉。为破解劳动教育被淡化、弱化、边缘化的问题，2020年，中共中央、国务院印发的《关于全面加强新时代大中小学劳动教育的意见》指出学校应重视培养学生劳动素养，将劳动教育纳入中小学必修课程[②]。2022年，劳动课正式成为中小学一门独立国家课程，劳动教育以"主角"的身份登上了学校课程的大舞台。

我国是农业大国，乡村教育是国家教育体系中的重要部分。乡村学生作为未来乡村振兴建设的主体力量，对其进行劳动教育，帮助学生树立正确的劳动观，对于增强学生"爱农"思想与"亲农"情感，增强其对农村发展的认同感，为促进乡村文明振兴与发展"蓄能"具有重要意义。乡村学校开展劳动教育具有天然的优势。比如广袤的乡村大地为学生拓展了劳动教育实践活动场

---

① 李晓霞，何云峰. 劳动幸福与共同富裕的辩证关系探析[J]. 湖北社会科学，2023（6）：13-19.

② 中共中央 国务院印发《关于全面加强新时代大中小学劳动教育的意见》[EB/OL].（2020-03-26）[2024-06-20].https：//www.gov.cn/zhengce/2020-03/26/content_5495977.htm.

域；乡土资源是乡村学校劳动教育最丰富、最有效的教科书。

三、新时代乡村学校开展劳动教育的劣势分析

（一）学校师资水平普遍不高

乡村学校位于农村，一些学校位置比较偏僻，距离县城或城市普遍较远。在一定程度上，影响着教师的稳定性和优质教师资源的到来，造成学校师资水平普遍较低。许多学校并没有开设劳动课程，也没有配备专职或者兼职劳动教师。一些教师只是完成学科教学任务，对劳动教育关注较少，劳动课程开发的能力不足，严重影响着学生劳动素养的培养。

（二）学校对劳动教育的认识不足

尽管劳动教育已被纳入国家必修课程的行列，但是目前学校并没有将其作为学生升学的考核科目。学校对劳动教育重视有待加强，许多乡村学校的劳动课程只是存在于学校课程表内，并没有真正开设。一些教师常常将劳动作为惩罚学生的手段，比如没有按时完成作业，以打扫教室、清扫厕所等形式惩罚学生。这在一定程度上不利于学生树立正确的劳动观念。

（三）学校硬件保障机制有待完善

乡村学校劳动教育硬件不足，在一定程度上影响了劳动教育的有效实施。其主要原因包括两个方面：一是由于教育领导者对劳动教育认识不足，在教育资源的分配上，学校往往将更多的资源投入传统的学科教育和理论教学中，而劳动教育所需的硬件设施和资源分配相对较少，导致劳动教育在硬件保障方面存在不足。二是乡村学校规模普遍较小，人数较少，有的学校甚至只有十几个甚至几个学生。这导致教育经费严重不足，难以保障开展劳动教育所需的必要设备与设施。

四、新时代乡村学校开展劳动教育的优势分析

乡村学校应发挥区域特色，挖掘乡村劳动育人资源，打造乡村区域特色劳动教育。

（一）乡村学校具有开展劳动教育的场域优势

乡村学校具有开展劳动教育实践的天然场域，契合了"教育回归自然"的

育人理念[①]。一方面,乡村学校普遍占地面积较大,闲置的空地为学生开辟校内实践活动基地提供了可能性。同时,随着城镇化的推进,乡村学生人数的减少,闲置的教室为学生创建室内劳动活动室提供了场所。另一方面,乡村田园为学校开展劳动教育提供了天然的实践场域。乡村学校靠近自然,走出校门就是广袤的乡村大地。不仅有蔬菜园、果树园等种植区,还有工业区、养殖区等产业区。这为学生参与劳动实践、进行职业体验、开展研学旅行等提供了校外活动实践场域。

(二)乡村学校具有开展劳动教育的班级优势

在城镇化进程加快的社会背景下,乡村适龄儿童数量逐渐减少,乡村学校的班级规模逐渐缩小。劳动教育更加突出实践性、参与性。这是劳动课程的重要表征,直接决定着劳动课程能否真正得到落实。对比城市学校规模大、班级人数多、人均资源占有少、劳动教育实践基地不足等现实问题,乡村学校小班教学无疑有利于学生近距离深入劳动场所参与劳动活动。由此可见,乡村学校小班教学有助于将劳动教育活动形式从"大水漫灌"转向"精准培育",从而提升育人的实效性[②]。因此,乡村学校基于小班化教学更有助于开展与落实劳动教育。

(三)乡村学校具有开展劳动教育的资源优势

乡土资源是农村劳动教育最丰富、最有效的教科书。首先,人们在祖祖辈辈的乡土实践活动中,经过长期积淀而形成了民俗文化传统,比如依据二十四节气,人们在"应时、取宜、守则、和谐"的指导下进行耕种。教师积极引导学生树立人、自然与社会和谐可持续发展的理念,有助于传承、滋养和发展乡村文化。其次,身处乡村的学校,校内拥有闲置的土地资源,方便开展种植、养殖等劳动课程。而走出校门,田间地头就是学生进行知识、技能、实践的"活教材"。乡村学生作为土生土长的农村人,几乎家家户户都有劳动工具与乡间田地,这为学生参与劳动实践提供了现成劳动资源。此外,乡村以及学生家长中劳动能手、能工巧匠等专业技术人才资源强大,这为学校开展特色劳动教

---

① 贺先东,夏威.厚植劳动情怀的乡土实践[J].思想政治课教学,2022(1):27-29.
② 任卓,秦玉友.乡村学校劳动教育课程开发:深层困境与路径选择[J].河北师范大学学报(教育科学版),2023(3):116-121.

育提供了外来师资力量。

总之,在当今数字化时代背景下,尽管乡村学生生活在乡村,但是有一部分学生接触农业生产劳动机会日益减少。乡村学生作为未来乡村振兴建设的后备主体力量,对其开展劳动教育,对于增强学生"爱农"思想、"亲农"情感,储蓄农村后备人才力量具有重要意义。尽管乡村学校开展劳动教育课程存在师资水平不高、硬件保障缺位等困境,但是乡村学校也有开发劳动教育的独特优势因素,比如班级规模较小,乡土资源丰富等。因此,乡村学校及教育者应基于自身区域优势,积极挖掘学校、校外以及学生家庭中可供开发与利用的劳动资源,不断丰富乡村劳动教育的内容与形式,从而增强学生爱农、近农、亲农的情感。

第二节 新时代乡村学校乡土劳动教育资源开发的原则

乡村学校拥有丰富的乡土资源,是开展劳动教育的天然资源库。深度挖掘乡土资源是丰富劳动教育实施内容的重要路径。乡村学校开发劳动项目应坚持因地制宜、因时制宜、因校制宜的原则,教学内容应贴近学生的学习与生活,突出学农、务农、爱农的劳动主题,从学校、社区、家庭等多个场域,深度挖掘、开发与利用劳动教育资源。

一、新时代乡村学校乡土劳动教育资源分类

乡土资源主要包括自然资源、人文资源、社会资源和经济资源等多个方面,具体内涵见图 8-2-1。其中自然资源是乡村所具有的基本资源,主要包括乡村的农业、湖泊、河流、田野、山川、动植物等诸多方面。人文资源是乡土历史和文化积淀下来的资源,包括乡土建筑、文物古迹、传统手工艺、民俗风情、民间文艺等。社会资源对于乡村社会的稳定和发展起着重要作用,涵盖了乡村的社会组织、人际关系、社区活动等。经济资源则是指乡村的经济活动和经济产业,如农业、林业、渔业、旅游业等。

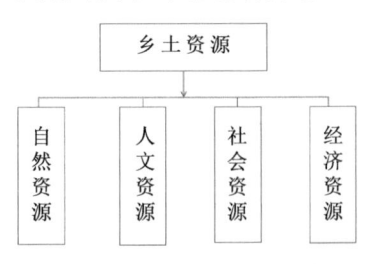

图 8-2-1 乡土资源的组成

这些资源各具特色，共同构成了乡村的丰富内涵和独特魅力，在乡村发展中起着重要作用。

由乡土资源的组成可知，乡土劳动资源主要包括：耕地、种植等自然劳动资源；传统手工艺、民俗风情、民间文艺等人文劳动资源；涉及乡村的社会组织、人际关系、社区活动等社会劳动资源；种植、养殖、畜牧等经济劳动资源。乡村学校应从自然劳动资源、人文劳动资源、社会劳动资源和经济劳动资源等多个方面，以贴近本地生活为基础，深度挖掘与开发劳动教育资源。

二、新时代乡村学校乡土劳动教育资源开发的原则

乡土资源中蕴含着丰富的劳动资源。学校应利用好这一宝贵财富，让它服务于劳动教育。新时代乡村学校乡土资源开发原则具体如下：

（一）坚持因地制宜原则

我国不同地区在自然环境、民俗风俗、地区文化等方面各具特色，可供开发的劳动教育资源也存在较大的差异。国家给予了各地区、各学校在劳动教育资源的开发方面很大的自主空间。劳动教育者和负责人应根据当地、本校的实际情况和学生的经验与兴趣，遵循因地制宜的原则，从区域劳动特色、人才优势等多维度出发，开发具有区域优势的劳动教育资源，从而促进学校特色发展，以提高劳动教育的实效性。

（二）坚持因时制宜原则

"春耕、夏耘、秋收、冬藏"是古代劳动人民在劳动实践中总结出来的生活经验。学校可以根据四季的变化，开发一系列的劳动资源，让学生经历除草、施肥、翻土、播种、移栽、浇水、间苗、收获、存储、产品制作等过程，真正体会"锄禾日当午，汗滴禾下土"的辛劳。此外，依据不同时间阶段的传统节日，开发相应的劳动活动，比如端午节包粽子，中秋节做月饼，腊八节做腊八粥、腊八蒜，春节包饺子等。

（三）坚持因校制宜原则

不同学校拥有不同的教学理念、校园文化、学校特色与资源优势。乡村学校在开发劳动资源时，应基于学校特色，挖掘校内外劳动资源，选择贴近学生日常生活的劳动内容。既要经济适用，还要便于实践操作。比如 W 小学作为

一所乡村中医药文化进校园示范学校，学校积极利用学校的土地资源，开辟了中医药种植园。学生通过种植、收获、炮制不同药材，在劳动实践中不断积累中医药知识，传承中医药文化。

三、多维度开发新时代乡村学校乡土劳动教育资源

乡土资源作为农村独特的优势资源，涵盖了自然景观、民俗风情、传统工艺等多个维度。丰富多彩的乡土资源是乡村学校开展劳动教育的天然优势。挖掘、开发与利用乡土劳动资源，是丰富劳动教育内容与形式的重要途径。

（一）开发学校中的乡土资源

学校是劳动教育开展的主阵地。乡村学校开发乡土资源应基于学校自身优势，主要从校内劳动环境塑造与校内劳动基地建设两方面出发，为学生提供参与劳动的场所和环境。一方面，善于创造劳动环境。学校应利用好学校可以开发的劳动资源，比如利用植树节、端午节等传统节日开展劳动活动，利用教室、宿舍开展卫生评比活动，利用学校食堂开展营养烹饪教育等。另一方面，建设校内劳动实践基地。学校应合理规划校园建设，利用闲置土地开辟种植区、养殖区；利用空闲教室成立劳动专用教室、农耕文化展览室等，供学生进行手工实践活动。

（二）开发家庭中的乡土资源

家庭作为学生生活的主要场域之一，是学校劳动教育的延伸和补充。一是应善于利用家庭物质资源。乡村学生家庭中不仅拥有供学生参与日常生活劳动的场所，比如厨房、卧室、客厅等，还拥有露天的院落甚至田地，可供学生进行农业生产劳动。学校应善于通过布置家庭劳动作业的形式将学生在学校学到的劳动知识用于家庭实践，比如学生通过种植蔬菜、水果，体验松土、播种、施肥、浇水等劳动过程；通过喂养鸡、鸭、鹅等牲畜，定期记录其日常生活习性，从而实现理论与实践的有效结合。二是应善于利用家庭人文资源。乡村学生家长大多从事农业生产与工业生产，其中一些家长拥有丰富的劳动技能、手工艺技能等。学校应善于挖掘学生家长中的人文劳动资源，聘请家长中的能工巧匠走进学校进行授课，从而丰富学校劳动教育资源。三是应善于开展家校合作劳动活动，鼓励家长积极参与劳动教育乡土资源的开发。学校可开展家长与

学生合作劳动活动，让家长带着孩子一同劳作。比如小学高年级学生可以设计"我给爸妈做早餐"等特色实践劳动。

（三）开发社会中的乡土资源

乡村学校远离城市的喧嚣，校外拥有丰富的乡土资源。学校教育者应深入校外调查，挖掘与开发学校附近的劳动育人资源，使其丰富学校劳动教育的内容，助力学校劳动教育的有效实施。一是深度挖掘乡土劳动资源。社会中的乡土资源内容丰富，主要涵盖了农业种植基地、家禽养殖场、传统手工坊等。这些劳动场所为学生进行职业体验提供了实践机会。二是善于组织社会活动，在活动中培养学生的责任意识。学校应与乡村社会团体建立长期合作关系，定期组织学生参加劳动实践活动或研学活动，比如走进敬老院进行志愿服务劳动。

综上所述，乡村学校在开发劳动资源时，应基于乡村资源为基础，从学校、家庭与社会等多个维度深度挖掘劳动教育资源。同时还应善于有效统筹与整合学校、家庭与社会等不同场域的劳动资源，使其形成育人合力，共同助力乡村劳动教育的有效落实。

第三节　新时代乡村学校开展劳动教育的路径

乡村学校开展劳动教育具有天然的优势。乡土资源是乡村劳动教育开展与实施的有效载体，是最丰富、最有效的"教科书"。乡村学校应基于地域特征，深度挖掘乡村劳动资源，探索乡村劳动资源与劳动教育深度融合的路径。学生在亲近自然、体验实践等劳动过程中，更好地理解乡村，提升劳动素养，从而滋养学生"近农""爱农""亲农"的乡土情感。

一、发挥校园土地优势，建设"汗水味"劳动基地

乡村学校身处乡村，办学规模普遍不大。学生人数一般较少，人均资源丰富，容易实施小班化教学。宽敞的学校活动空间有助于为乡村学生创建室内劳动活动室与校内劳动实践基地。劳动教育不能走过场，走秀、摆拍等形式主义不是真正的劳动教育。

一方面，学校可以在室内劳动活动室摆放农具，学生收获农作物种子与

劳动成果等。这不仅有助于学生对农业通用知识的掌握,还是对学生劳动成果的肯定与记录。另一方面,学校可以利用闲置的土地资源,创建"二十四节气与农耕"实践基地,传承"耕读文化",因地、因时开发蔬菜种植区、瓜果种植区、中医药种植区、果树种植区等。学生通过翻土、育种、栽种、追肥、灌溉、捉虫、除草、收获等田间管理工作,亲身经历植物生长、收获的过程。这不仅是一堂劳动教育课,更是一堂思政教育课。

从春种到秋收的实践经历中,学生领会到人与自然和谐共生的可持续发展观念;在动手、合作与汗水中,学生淬炼了良好品格,培养了做事责任感,领会到劳动是一切幸福的根源。例如,湖北省红安县永河小学基于校内劳动基地开发了实践课——"豆课程"。学生通过选种、种豆、管豆、收豆、脱粒、加工、制作,再到品尝豆制品,在种植与生产过程中经历、体验与感受劳动。比如孟楼小学依托学校闲置空地,开辟了900平方米的植物园作为学校的劳动教育实践基地。基地实行班级承包责任制,每个班级都有自己的劳动实践基地。教师引领学生根据二十四节气制订劳动计划,种植农作物。西宁市阳光小学通过劳动基地进行中草药种植、制作中草药标本、中草药采与辨、中草药香囊制作等活动将中华优秀传统文化与劳动实践相结合。学生通过劳动实践基地,制订劳动计划,实施劳动行为,在"躬行"上下功夫,使劳动教育成为学生获得成就感、荣誉感与幸福感的内心源泉。

二、跨出校门"走出去",开辟"乡土味"劳动课堂

乡村学校亲近自然、亲近乡土、亲近农民。校外的广袤大地、乡村田园等场所为学校开展劳动教育提供了天然的劳动教育实践活动场域。乡村劳动教育需要"走出去"。乡村劳动课应跨出校门走向田间地头,让学生亲眼辨识不同蔬菜、果树、中草药、植物等,认真聆听劳动者对农业知识、技能与方法的介绍,亲身体验与参与劳动实践过程;走进工厂、农场、养殖场,学生进行职业体验,开设"生态养殖""垂直农业"等多个特色劳动项目。学生通过参与农产品的深加工和农产品的创新设计,亲身感受不同部门的工作要求与过程。学生在劳动参与过程中,既掌握了劳动基本知识与技能,也培养了吃苦耐劳、精益求精、知行合一的高贵品质,让学生真正体会"幸福是奋斗出来"的道理。

学生在近距离与劳动人民的接触中，拉近了与农民的关系，有助于在劳动中学会尊重自然、敬畏自然、尊重劳动者、感恩劳动者；在劳动中懂得热爱家乡、热爱土地。乡村劳动课程通过实施"走出去"策略，让学生真实地感受到生产劳动中的"乡土味"，势必成为培养学生劳动观、劳动精神、劳模精神的"活教材"。学生对"人民的情怀""家乡的亲近"，自然水到渠成。比如孟楼小学建立了校外劳动实践基地——蔬菜园与石榴园。学生通过"体验+实践"的方式，开展"今天我来当农民"活动。学生通过与农民一起参与种菜育苗、管理田园、采摘瓜果等活动，在农业生产中感受"泥土味"，培养学生的劳动素养。

因此，乡村学校应立足乡村，走出学校，迈向大地田园，走进田间地头，打造"研学""耕读""实践""技艺""礼俗"相统一的"乡土田园"劳动教育实践项目，引导学生在体验、合作与实践中提升学生素养。这不仅拓宽了劳动教育的场域，拉近了学生与乡村的距离，还培养了学生崇农、爱农、乐农的情怀，增强了学生以强农兴农为己任的精神追求。

三、邀请专家"走进来"，构建"专业味"技术课堂

学校不仅要敢于"走出去"，还应实时地实行"引进来"。乡村拥有大有可为的广阔天地，拥有优秀、专业的各行各业的能工巧匠。学校应善于挖掘村民以及学生家长中在农业种植、手工制作、文化遗产传承等方面有特长的人才，并引入学校劳动师资队伍，从而丰富学校劳动教育内容。学校应充分发挥本土特色师资在技术支持、典型示范、文化传承、精神引领等方面的作用，使学生在劳动中增强"爱农"思想、"亲农"情感。比如一些学校举办劳模、非遗传人进校园讲座等活动。学校应邀请各行各业的劳模、能工巧匠走进学校传播劳模故事，指导劳动实践、弘扬劳动精神。例如"编草盖""扎扫帚""搓草绳"等非遗项目，让学生深刻理解新时代劳动教育的内涵，激励学生热爱劳动、热爱生命，懂得"劳动创造幸福生活"的道理，从而有助于传承发展乡村文化，为乡村振兴注入文化层面上的动力。

四、提升学生生活能力，打造"烟火味"劳动学堂

劳动不仅创造了人类，还创造了美好生活。劳动教育最终目的是教会学生

会劳动、爱劳动、懂生活，为学生未来追求美好生活做准备。正所谓，人间最美是烟火。最美的乡村劳动教育应该具有家乡特色的"生活味"。日常生活性劳动应立足学生日常生活，旨在培养学生树立自立、自强与自理能力。日常生活性劳动内容包括清洁与卫生、整理与收纳、烹饪与营养、家用器具使用与维护四个任务群[①]，尽显日常"烟火味"。由此可见，学校应重视培养学生的生活技能，把爱生活、懂生活、会生活放在非常突出的位置，为学生掌握日常生活技能打牢基础。比如一些学校利用本校食堂资源，开设"美味佳肴"课程，教授学生制作家常菜，比如西红柿炒鸡蛋、豆角炒肉等；开设"传统节日中的美食"课程，将中华传统节日与劳动教育相结合，比如在端午节组织学生包粽子、在冬至包饺子等；开设"健康养生"课程，根据二十四节气教授学生制作艾草香囊、养生汤、养生茶等。总之，立足乡村学校资源，通过打造"烟火味"劳动学堂，学生在参与、体验、实践等劳动过程中，不仅有助于提升学生的生活能力和劳动素养，还对传承中华优秀传统文化、劳动精神与乡村特色具有重要意义，从而持续为促进乡村振兴与发展"蓄能""助力"。

五、加强师资队伍建设，增强对乡村劳动教育的认同

（一）加强师资队伍建设

教师是保障乡村劳动教育有效落实的关键因素。学校应加强乡村劳动教育师资队伍建设，培养一批具备专业知识和实践经验的高素质劳动教师。一方面，学校通过组织教师认真研读课程标准，加深教师对劳动理论知识的掌握，鼓励教师积极开发适合学校发展的特色校本劳动课程。另一方面，学校要充分挖掘乡村人力资源，通过引进具有丰富实践经验的农业专家、手工艺人、非遗传人等作为学校劳动教育的兼职教师，不断丰富学校劳动教师队伍。

（二）增强乡村教师对劳动教育的认同

教师只有认同劳动教育，才能在教学活动中真正践行教育观念。学校应建立劳动教育激励机制，开展劳动教育、劳动与学科融合育人的优质课、优秀

---

① 中华人民共和国教育部. 义务教育劳动课程标准（2022年版）[M]. 北京：北京师范大学出版社，2022：11.

案例等，鼓励教师积极组织学生参加劳动实践活动。教师通过组织劳动教育活动，不仅能够培养学生的劳动技能和实践能力，以及提升自身劳动教学能力，还有助于增强师生对乡村劳动文化的理解和认同，增强"爱农""亲农"的乡土情感，从而为乡村振兴贡献自己的青春力量。

此外，随着城镇化的推进，农村地区出现了人口流失、留守儿童增多、老龄化严重等一些新的社会问题。乡村学校在实施劳动教育时应基于现实问题，拓宽教育视野，积极组织学生参加志愿服务活动，如"垃圾分类""献爱心"等公益活动，帮助孤寡老人，为老年人提供生活照料，帮助留守儿童进行作业辅导，清理乡村环境等。学生通过各种社会实践活动和志愿服务，不断增强自身的社会责任感和公民意识。

总而言之，农村教育是国家教育体系中的重要部分。有效落实乡村劳动教育是扎实推进我国教育事业高质量发展、加快建设教育强国的重要环节。乡土资源蕴含着丰富的育人价值，是乡村学校开展劳动教育的重要抓手。乡村学校要发挥其自身的天然优势，依托与开发学校区域乡土资源，拓宽劳动教育实践场域，丰富劳动教育内容，优化劳动教育的形式，从而拉近学生与家乡、自然和农民的距离。这样的劳动才是真实、有价值、接地气的劳动教育，才能让学生觉得劳动教育是有意思的、有意义的，才能使学生明白"生活靠劳动创造，幸福靠劳动创作，人生也靠劳动创造"的道理[①]，才能为孩子的人生幸福奠基，激发学生的乡土情怀，为促进乡村振兴持续"蓄能""聚力"。

小　　结

本章主要围绕"新时代乡村振兴视域下乡村学校开展劳动教育"展开论述，主要包括三节内容。第一节主要围绕"新时代乡村学校开展劳动教育的背景"展开分析，包括其现状、意义、劣势与优势等各方面。第二节对乡土劳动资源的分类以及新时代乡村学校乡土劳动教育资源开发的原则进行了探讨。第三节通过多方面对新时代乡村学校开展劳动教育的路径展开了探索。

---

① 李绪明. 新时代中小学劳动课程的构建与实施 [J]. 课程·教材·教法，2020（5）：16-21.

总之，我国是一个农业大国，农村教育是国家教育体系中的重要一环。有效落实乡村劳动教育是扎实推进我国教育事业高质量发展、促进乡村振兴、加快建设教育强国的重要环节。我国不同地区在自然环境、民俗风俗、地区文化等方面各具特色。广袤的乡村田园、自然条件、民风民俗、班级规模较小等现实是乡村中小学校开展劳动教育课程的优势和灵感之源。乡村学校拥有丰富的乡土资源，是开展劳动教育的天然资源库。希望教育工作者能够基于学校特色、区域优势、民风民俗、传统工艺等多个方面，积极挖掘与开发乡村劳动资源，从而丰富乡村劳动教育内容与形式，增强师生对乡村文化的认同，为乡村振兴储备人才。

需要指出的是，这些乡村乡土资源并非乡村开展劳动教育的专属资源。劳动教育强调教育内容选择的开放性。这意味着无论是乡村学校还是城市学校，在劳动资源开发、劳动内容选择时，都应基于学生需求、学校优势、区域特色，在一个开放的空间里开发与选择适合本校学生发展的劳动教育资源。总而言之，乡村学校与城市学校虽然所处位置不同，优势劳动教育资源不同，但两者在育人目标方面是一致的，即培养学生的劳动核心素养，促进学生的全面发展。这要求不同学校应结合学校特征、学生需要，坚持课程资源开发原则，积极开发适合本校学生发展的劳动教育课程资源。